国家社会科学基金教育学一般课题（课题编号：BFA150039）

高等教育推动跨越中等收入陷阱的国际比较

梁 军 赵 青◎著

科学出版社
北 京

内 容 简 介

本书运用教育经济学、高等教育学和发展经济学的理论，采取比较分析、理论探讨与实证研究等方法，在深入探讨中等收入陷阱和高等教育推动跨越中等收入陷阱相关理论的基础上，从经费增长、规模扩张和结构优化等方面比较分析了跨越中等收入陷阱和滞留中等收入陷阱的国家和地区的高等教育发展情况，从促进科学技术进步、提升劳动生产率和推动人均国民收入增长等方面实证研究了高等教育推动世界各国跨越中等收入陷阱的经济绩效，进而针对中国跨越中等收入阶段提出高等教育发展与改革方面的对策建议。

本书适合从事教育学、经济学及相关专业教学研究的学者与广大师生阅读。

图书在版编目（CIP）数据

高等教育推动跨越中等收入陷阱的国际比较 / 梁军，赵青著. —北京：科学出版社，2022.8

ISBN 978-7-03-072501-1

Ⅰ. ①高… Ⅱ. ①梁… ②赵… Ⅲ.①收入分配-影响-高等教育-对比研究-世界 Ⅳ.①G649.1

中国版本图书馆 CIP 数据核字（2022）第 099250 号

责任编辑：卢 森 冯雅萌 / 责任校对：杨 然

责任印制：李 彤 / 封面设计：润一文化

科学出版社 出版

北京东黄城根北街 16 号

邮政编码：100717

http://www.sciencep.com

北京虎彩文化传播有限公司 印刷

科学出版社发行 各地新华书店经销

*

2022 年 8 月第 一 版 开本：720×1000 1/16

2022 年 8 月第一次印刷 印张：15 1/4

字数：280 000

定价：99.00 元

（如有印装质量问题，我社负责调换）

前　言

经济学动态分析方法原理告诉我们，一个经济体的经济发展及其目标的动态演进过程是一个不断提升和不断推进的过程，每一阶段各有每一阶段的特征和问题，每一阶段的发展同时又为进入下一个发展阶段准备条件（张幼文，2006）。中等收入陷阱（middle income trap）就是世界诸多经济体发展到中等收入阶段（middle income stage）所要面对的一个阶段性问题。

“中等收入陷阱”这一概念是世界银行于2006年首先提出来的，其针对的主要是拉美和东亚的一些发展中国家和地区在过去几十年的经济发展实践中持续滞留于中等收入阶段的历史轨迹和经验教训。在世界银行的报告中，中等收入陷阱意指一个国家和地区的人均 GNI[①]达到中等水平后，不能顺利实现发展战略的转变和发展方式的转型，新的增长动力特别是内生增长动力不足，导致经济长期停滞不前并由此不能顺利迈入高收入国家和地区的行列的境况（印德尔米特·吉尔，霍米·卡拉斯，2008）。世界银行使用这一概念，旨在警示人均GNI突破低收入陷阱后的中等收入国家和地区，要重视人均收入长期不能进入高收入国家和地区的行列的现象，要采取有效措施，实现收入水平的阶段性跃升。自“中等收入陷阱”这一概念被提出，中等收入阶段和中等收入陷阱问题受到了世界各国政界和学界的广泛关注。

世界银行通常按照经济发展水平把世界各个国家和地区分为低收入（low-income）、中低收入（lower middle-income）、中高收入（upper middle-income）

① 人均GNI即人均国民总收入（gross national income，GNI），是用图表集法（atlas method）将国民总收入换算为美元再除以年中人口数得出的。

和高收入（high-income）四类。按照世界银行的分类标准（2017 年发布），人均 GNI 低于 1005 美元的为低收入国家和地区；人均 GNI 为 1006—12 235 美元的为中等收入国家和地区，其中，人均 GNI 为 1006—3955 美元的为中低收入国家和地区，人均 GNI 为 3956—12 235 美元的为中高收入国家和地区；高于 12 235 美元的则为高收入国家和地区。[①]按照世界银行的这一标准，2016 年，在世界银行统计的 184 个国家和地区中，属于中等收入的有 100 个（54%），其中，属于中高收入的有 52 个（28%）。在中高收入的 52 个国家和地区中，人均 GNI 最高的为哥斯达黎加，为 11 040 美元，最低的为毛里塔尼亚，为 1100 美元。[②]上述 100 个中等收入国家和地区，特别是处于中高收入阶段的 52 个，在今后的若干年中可能面临人均 GNI 从中等收入阶段不能顺利向高收入阶段迈进的问题。

按照世界银行的划分标准和中国的人均 GNI 水平，21 世纪初，中国开始迈入中等收入发展阶段，并在 2010 年左右成功迈入了中高收入阶段。[③]自此，中国的经济发展进入了一个新阶段、一个新时代。新时代之“新”，在于我们进入了一个新的发展阶段，发展环境、发展条件都发生了新的变化，目标任务也发生了新的变化，已经从“未发展起来”的时期进入“发展起来之后”的时期（中共中央宣传部，2018）。未来很长一段时期，在新的发展环境和发展条件下，保持我国经济持续健康发展，对于避免陷入中等收入陷阱、全面建成小康社会、实现中华民族伟大复兴中国梦至关重要。

一个中等收入国家或地区能否顺利跨越中等收入陷阱，取决于很多因素。显然，保持人均 GNI 水平的持续稳定增长是顺利跨越中等收入陷阱的关键。在如何保持人均收入水平的持续稳定增长方面，研究证明，政治稳定、经济转型、技术

---

① 世界银行按人均 GNI 对世界各个国家和地区的经济发展水平进行分组。值得注意的是，世界银行的国家和地区分组标准（人均 GNI 的临界值）不是固定不变的，而是随着各个国家和地区的经济发展水平不断地进行着动态调整。数据来源于世界银行网站，https://view.officeapps.live.com/op/view.aspx?src=https%3A%2F%2Fdatabank.worldbank.org%2Fdata%2Fdownload%2Fsite-content%2FOGHIST.xls&wdOrigin=BROWSELINK.

② 此外，在世界银行统计的 184 个国家和地区中，高收入国家和地区为 56 个，低收入国家和地区为 28 个。数据来源于世界银行网站，https://view.officeapps.live.com/op/view.aspx?src=https%3A%2F%2Fdatabank.worldbank.org%2Fdata%2Fdownload%2Fsite-content%2FOGHIST.xls&wdOrigin=BROWSELINK.

③ 中国的人均 GNI，2001 年为 1010 美元，2010 年为 4340 美元，2018 年为 9470 美元，2001—2018 年，中国人均GNI的年均名义增长率为14.07%。数据来源于世界银行网站，https://data.worldbank.org.cn/indicator/NY.GNP.PCAP.CD?locations=CN.

进步等的贡献都不可或缺，但从长远和根本上来说，还是要依靠教育的发展，尤其是高等教育的发展，因为后者对于一个国家在中等收入阶段实现人均收入水平的持续稳定增长尤为重要。只有通过发展教育特别是高等教育，才能从根本上提升一个国家的国民素质，优化人力资源结构，实现经济发展方式的转变，使国家经济走上持续稳定发展的道路。可以说，发展教育特别是高等教育是提升人力资本的主要途径，是技术进步、产业转型、经济高质量发展的重要基础，从而也是决定一国能否顺利跨越中等收入陷阱的关键举措。2018 年 9 月 10 日，习近平总书记在全国教育大会上对教育在新时代的重要地位做出了高度概括：教育是国之大计、党之大计，要“坚持把优先发展教育事业作为推动党和国家各项事业发展的重要先手棋，不断使教育同党和国家事业发展要求相适应、同人民群众期待相契合、同我国综合国力和国际地位相匹配”①。

近年来，我国经济增速有所放缓②、居民收入差距拉大、人口老龄化加剧等问题日益突出，实现经济高质量发展、切实提高人均收入水平、成功跨越中等收入阶段，进而如期到 21 世纪中叶把我国建成富强民主文明和谐美丽的社会主义现代化强国，是我们今后一段时期必须奋力开启的新征程。作为国家社会科学基金教育学一般课题的最终研究成果，本书以高等教育发展为研究对象，以推动中等收入陷阱跨越为目标，基于经济增长与教育发展的大数据，比较成功跨越和滞留深陷中等收入陷阱的不同国家和地区的高等教育发展，研究高等教育发展对不同国家和地区跨越中等收入陷阱的实际绩效，旨在通过理论探讨、数据比较与实证研究，探索高等教育推动不同国家和地区跨越中等收入陷阱的机理与绩效，进而为我国跨越中等收入阶段提出高等教育优先发展与结构改革的相关对策建议。

概括来说，本书整体上可以分为四部分内容。

第一部分是理论探讨，包括第一章与第二章，主要探讨中等收入陷阱和高等教育推动跨越中等收入陷阱的相关理论。第一章探讨中等收入陷阱的内涵、形成

① 习近平在全国教育大会上发表重要讲话. 2018-09-10. http://www.chinanews.com/gn/shipin/2018/09-10/news785105.shtml.

② 据统计，2012—2017 年，中国实际人均国内生产总值（gross domestic product，GDP）的年均增速为 6.7%，比 1978—2011 年 8.8%的增速下降了 2.1 个百分点。数据系笔者根据国家统计局《中国统计年鉴 2021》中的统计资料计算得来，http://www.stats.gov.cn/tjsj/ndsj/2021/indexch.htm.

机理与跨越战略，以及中国改革开放以来的收入阶段划分与当前所处的发展阶段。第二章探讨高等教育发展对跨越中等收入陷阱的重要意义，揭示高等教育发展推动经济增长、人力资本形成和科技进步的内在机制，遵循高等教育发展—人力资本形成—技术知识进步—产业结构升级—要素效率提升—人均收入提高这一逻辑关系来论证高等教育推动跨越中等收入陷阱的内在机理。

第二部分是发展比较，包括第三章到第五章，主要对迈入中等收入阶段后的典型经济体的高等教育发展实践进行多方面比较。第三章探讨高等教育经费增长的国际比较，第四章探讨高等教育规模扩张的国际比较，第五章探讨高等教育结构优化的国际比较。本部分通过纵向分析与横向比较，探寻各经济体高等教育发展的特点与规律、成就与不足，为比较研究高等教育发展推动跨越中等收入陷阱提供经验事实和数据支撑，同时结合近些年各经济体高等教育发展的绝对差距和相对差距，选取未能跨越中等收入陷阱的典型经济体和成功跨越中等收入陷阱的典型经济体，就高等教育发展推动跨越中等收入陷阱的经验教训进行典型案例分析和比较，探寻跨越中等收入陷阱绩效不同的经济体高等教育发展的特点、规律和经验教训，从推动跨越中等收入陷阱的角度出发，为中国发展高等教育、推动教育供给侧改革提供重要的实践参照和经验借鉴。

第三部分是绩效分析，包括第六章到第八章，主要研究和比较高等教育发展推动跨越中等收入陷阱的经济绩效。第六章探讨高等教育推动科技进步及其比较，第七章探讨高等教育推动劳动生产率提升及其比较，第八章探讨高等教育推动人均GNI增长及其比较。使用时间序列数据与面板数据，运用协整分析与向量自回归分析、最小二乘法回归与广义矩回归等多种数据分析技术和计量回归方法，通过绩效分析，比较并揭示了高等教育在推动跨越中等收入陷阱过程中的作用与差异。

第四部分是对策建议，包括第九章，主要是基于新时代高等教育发展的重要意义，结合当前中国高等教育发展中存在的主要问题，围绕从中高收入阶段向高收入阶段的跨越目标以及中国实现经济高质量发展对人才的迫切需要，从优先发展、结构优化和质量提升等方面提出推进中国高等教育供给侧改革与发展的对策建议。

相对于已有研究文献，本书的研究成果在学术价值和实践价值两方面做出了相应贡献。在学术价值上，第一，本书对不同中等收入陷阱跨越国家的高等教育发展及其经济绩效进行了国际比较，有助于进一步明确高等教育发展推动中等收入陷阱跨越的内在机理和重要作用，有助于推动高等教育发展与中等收入陷阱跨越的融合研究，对于丰富和发展教育经济学理论具有一定的学术价值；第二，本书系统总结了中等收入陷阱跨越的国际经验，有助于明确中国高等教育的改革方向，对于丰富和发展中国高等教育改革与创新理论具有一定的学术价值。

在实践价值上，本书的研究成果有助于纠正重产业轻教育、发展高等教育重数量轻质量的传统观念，从推动跨越中等收入陷阱的视角，强化“经济发展、教育优先”“教育发展、质量为重”的发展理念，对于中国科教兴国战略的深入推进和高等教育高质量发展战略的实施具有一定的实践指导意义。当前，中国跨越中等收入阶段相对来说更强调产业升级，但产业升级要以人力资本质量提升为基础，而人力资本质量提升必须依靠发展高等教育和深化高等教育改革。本书以大力推进高等教育发展和改革为基础来探索中等收入陷阱跨越，希望书中提出的新时代中国高等教育供给侧改革与发展的战略与对策建议能为当前中国高等教育的改革与发展实践发挥积极的引导作用。

梁　军

2022年4月

目　　录

第一章

中等收入陷阱及其跨越：概念辨析与国际比较

中低收入阶段和中高收入阶段统称为中等收入阶段。当一国的人均 GNI 水平长期徘徊在中等收入阶段而不能顺利跨入高收入水平阶段时，就意味着该国陷入了世界银行所谓的中等收入陷阱。国内外学术界从多方面、多角度对中等收入陷阱的内涵、形成机理与跨越战略等进行了研究。按照世界银行的划分标准和中国人均 GNI 水平的变动情况，可以判断，21 世纪初期中国开始进入中低收入阶段，并于 2010 年左右成功迈入中高收入阶段。

第一节　中等收入阶段与中等收入陷阱

在探讨中等收入陷阱及其跨越的理论之前，我们先对中等收入阶段与中等收入陷阱进行界定，以厘清国际社会（主要是世界银行）是如何对国家和地区进行收入阶段划分的，又是在什么情况下提出了中等收入陷阱这一概念的，以及当前世界主要国家处于哪一收入阶段，哪些国家是国际社会公认的成功跨越中等收入阶段的国家，哪些国家又是国际社会公认的陷入中等收入陷阱的国家。

一、中等收入阶段划分

2012 年，中国的财政部、国务院发展研究中心和世界银行联合发布了一份题为《2030 年的中国：建设现代、和谐、有创造力的社会》的研究报告。该报告指出：1960 年的 101 个中等收入经济体中，到 2008 年，只有 13 个成为高收入经济体，分别是欧洲的希腊、爱尔兰、葡萄牙、西班牙，亚洲的日本、韩国、新加坡、中国香港、中国台湾，中东的以色列，美洲的波多黎各，非洲的赤道几内亚和毛里求斯，其余的 88 个中等收入经济体要么继续停留在中等收入阶段，要么成为低收入经济体（世界银行和国务院发展研究中心联合课题组，2013）。按照该报告中提到的比例，87%的中等收入经济体在 1960—2008 年的将近 50 年的时间跨度里，都没能成功突破中等收入阶段进入高收入阶段。从该报告的内容中，我们不难发现，一个国家在进入中等收入阶段后在很长时间内无法进入高收入阶段的现象似乎很常见，也就是说，一国陷入中等收入阶段不能短时期跃升的概率非常大。这也意味着，一个国家如果不能很好地实现经济持续增长，则从中等收入阶段向高收入阶段的发展可能将会长达几百年时间，而如果能有效地实现经济持续增长，则能在几十年的时间内迅速从低收入国家发展成为高收入国家（姚枝仲，2014）。

保持经济的持续稳定增长对于一国收入阶段的顺利跃升至关重要。但是，对于已经处于中等收入阶段的经济体而言，该如何保持经济的持续稳定增长呢？如何才能保证经济的持续稳定增长呢？

为分析处于中等收入阶段的经济体如何保持经济的持续稳定增长，我们首先要厘清中等收入阶段的划分标准是什么，如何根据这一标准判断一国是否进入或跨越了中等收入阶段。对于中等收入阶段的划分，国际社会公认的权威划分标准是世界银行提出的国家收入分类标准。这一标准不仅是国际社会分析研究世界经济社会发展状况、发展趋势、发展水平和发展差距的重要工具，也是世界各国进行全球合作治理、行政决策、制定国家发展战略的重要统计依据。在这一标准中，世界银行对国家收入分类所使用的核心指标是人均 GNI。

人均 GNI 反映的是一国在一定时期内（通常为 1 年）按人口计算出来的平均国民收入占有量。1993 年前，世界银行用的是 GNP（gross national product，国民生产总值）指标；1993 年后，世界银行用 GNI 代替 GNP。GNI 指的是一个国家和地区所有常住单位在一定时期内所获得的初次分配收入总额。通常来说，一国常住单位从事生产活动所创造的增加值在初次分配中主要是分配给该国的常住单位，但也有一部分以生产税及进口税（扣除生产和进口补贴）、劳动者报酬和财产收入等形式分配给了非常住单位；同时，国外的生产所创造的增加值中也有一部分以生产税及进口税、劳动者报酬和财产收入等形式分配给了该国的常住单位，由此产生了 GNI 的概念。[①]严格说来，GNI 不完全等于 GDP，在计算方法上，GNI=GDP+来自国外的净要素收入。[②]

世界银行以人均 GNI 指标作为国家收入分类的标准，主要源于如下理由：一

---

① GNI 的内涵界定来源于世界银行国民经济核算数据及经济合作与发展组织国民经济核算数据文件。参见世界银行网站，https://data.worldbank.org.cn/indicator/NY.GNP.MKTP.CD.

② 根据《中国统计年鉴 2018》，2017 年中国的 GNI 为 82.48 万亿元人民币，而同期中国的 GDP 为 82.71 万亿元。不过需要注意的是，与 GNP 和 GDP 指标不同，GNI 是收入概念，而 GNP 和 GDP 都是产出概念。

是作为国民核算体系的核心指标之一，人均 GNI 指标核算的统计基础较好，各个国家和地区能按时提供该数据，便于及时更新和实际操作；二是全球绝大多数国家和地区均遵循和执行国际组织制定的这一套完整的国民核算体系标准开展国民核算，人均 GNI 指标的国际可比性较强；三是人均 GNI 指标与其他指标，如国际贫困发生率、中学净入学率、儿童营养不良患病率等的相关性较强，有利于全面综合衡量一国的经济社会发展状况（余芳东，2016）。

世界银行于 1987 年首次在其发展报告中发布了国家收入分类的人均 GNI 标准，并按人均 GNI 的高低，将所有经济体的发展阶段划分为低收入阶段、中低收入阶段、中高收入阶段和高收入阶段。由于一国人均 GNI 会随经济增长而不断变动，相应地，一国在不同时期就会处于不同的收入阶段。需要注意的是，为了更好地反映世界各国人均 GNI 的相对情况及其动态变化，世界银行对上述四个阶段进行分类的临界收入标准并非固定不变的，而是按照通货膨胀水平、各国汇率等不断进行动态调整。虽然有反复，但总体来说，各阶段的临界收入标准在不断提高。以 2011 年发布的标准为例，按照 2010 年的美元价格衡量，人均 GNI 小于等于 1005 美元的经济体处于低收入阶段，人均 GNI 为 1006—3975 美元的处于中低收入阶段，人均 GNI 为 3976—12 275 美元的处于中高收入阶段，人均 GNI 为 12 275 美元之上的则处于高收入阶段（表 1-1）。

中低收入阶段和中高收入阶段合称为中等收入阶段。按照世界银行 2018 年公布的划分标准，在 218 个经济体中，2017 年，人均 GNI 为 996—12 055 美元的中等收入经济体有 103 个（47%），其中，人均 GNI 为 996—3895 美元的中低收入经济体有 47 个（22%），人均 GNI 为 3 896—12 055 美元的中高收入经济体有 56 个（26%）。①

① 人均 GNI 为 995 美元或更低的经济体共 34 个，而人均 GNI 为 12 056 美元或更高的经济体共 81 个。需要注意的是，各国提供的人均 GNI 数据是以各国的本币表示的，需要转换成可比的统一货币，即美元。世界银行进行货币转换时并不是根据市场的简单汇率进行转换的，而是采用图表集法，以减少汇率波动的影响。在之后的研究中，鉴于阶段分类临界标准的动态调整，为分析简便，我们并没有严格按照每年的标准界定中等收入阶段，而是按照 2010 年以来的大体标准来界定，具体来说，我们把跨入中低收入、中高收入、高收入等阶段的标准分别界定为 1000 美元、4000 美元和 12 000 美元。数据来源于世界银行网站，https://view.officeapps.live.com/op/view.aspx?src=https%3A%2F%2Fdatabank.worldbank.org%2Fdata%2Fdownload%2Fsite-content%2FOGHIST.xls&wdOrigin=BROWSELINK.

表 1-1 1987—2017 年世界银行划分经济体发展阶段的人均 GNI 临界标准①

（单位：现价美元）

年份	低收入	中低收入	中高收入	高收入
1987	≤480	481—1 940	1 941—6 000	＞6 000
1988	≤545	546—2 200	2 201—6 000	＞6 000
1989	≤580	581—2 335	2 336—6 000	＞6 000
1990	≤610	611—2 465	2 466—7 620	＞7 620
1991	≤635	636—2 555	2 556—7 910	＞7 910
1992	≤675	676—2 695	2 696—8 355	＞8 355
1993	≤695	696—2 785	2 786—8 625	＞8 625
1994	≤725	726—2 895	2 896—8 955	＞8 955
1995	≤765	766—3 035	3 036—9 385	＞9 385
1996	≤785	786—3 115	3 116—9 645	＞9 645
1997	≤785	786—3 125	3 126—9 655	＞9 655
1998	≤760	761—3 030	3 031—9 360	＞9 360
1999	≤755	756—2 995	2 996—9 265	＞9 265
2000	≤755	756—2 995	2 996—9 265	＞9 265
2001	≤745	746—2 975	2 976—9 205	＞9 205
2002	≤735	736—2 935	2 936—9 075	＞9 075
2003	≤765	766—3 035	3 036—9 385	＞9 385
2004	≤825	826—3 255	3 256—10 065	＞10 065
2005	≤875	876—3 465	3 466—10 725	＞10 725
2006	≤905	906—3 595	3 596—11 115	＞11 115
2007	≤935	936—3 705	3 706—11 455	＞11 455
2008	≤975	976—3 855	3 856—11 905	＞11 905
2009	≤995	996—3 945	3 946—12 195	＞12 195
2010	≤1 005	1 006—3 975	3 976—12 275	＞12 275
2011	≤1 025	1 026—4 035	4 036—12 475	＞12 475
2012	≤1 035	1 036—4 085	4 086—12 615	＞12 615
2013	≤1 045	1 046—4 125	4 126—12 745	＞12 745

① 如无特殊说明，下文表格中出现的美元均为现价美元。

续表

年份	低收入	中低收入	中高收入	高收入
2014	≤1 045	1 046—4 125	4 126—12 735	>12 735
2015	≤1 025	1 026—4 035	4 036—12 475	>12 475
2016	≤1 005	1 006—3 955	3 956—12 235	>12 235
2017	≤995	996—3 895	3 896—12 055	>12 055

资料来源：根据世界银行网站整理，https://view.officeapps.live.com/op/view.aspx?src=https%3A%2F%2Fdatabank.worldbank.org%2Fdata%2Fdownload%2Fsite-content%2FOGHIST.xls&wdOrigin=BROWSELINK

二、中等收入陷阱及其跨越国家和地区

（一）中等收入陷阱概念的提出与争论

当一个国家和地区长期徘徊在中等收入阶段而不能顺利进入高收入阶段时，就出现了所谓的中等收入陷阱问题。在一般意义上，中等收入陷阱是指，一个国家和地区的人均 GNI 达到中等收入水平后，由于不能顺利实现经济发展方式的转变，其经济增长动力不足，经济陷入停滞或长期低迷的一种状态（林岗等，2011；郑秉文，2011；王一鸣，2011；张德荣，朱翔宇，2013；田国强，陈旭东，2015）。

通过查询现有文献，“中等收入陷阱”的概念最早见于世界银行总结亚洲金融危机十年来东亚经济表现的一份研究报告[①]中。该报告由时任世界银行首席经济学家印德米尔特·吉尔和世界银行经济顾问霍米·卡拉斯共同主持撰写，并于2007 年出版发行。这份报告指出：历史表明，许多经济体常常都能迅速地达到中等收入发展阶段，但只有很少的国家能够跨越这个阶段，因为实现这一跨越所必需的那些技术、政治和社会方面的政策和制度变化更复杂、更具挑战性，许多拉美和中东经济体数十年都停留在中等收入水平。根据报告原义，我们不难理解，许多步入中等收入的经济体往往会陷入经济增长的停滞期。这些经济体既无法在

① 该书的中文版本由中信出版社于 2008 年出版（印德尔米特·吉尔，霍米·卡拉斯，2008）。中国部分学者误认为中等收入陷阱的概念出现于 2006 年，很大程度上源于世界银行在 2006 年发布的《东亚经济半年报》中指出：鲜有中等收入的经济体成功地跻身为高收入国家，这些国家往往陷入经济增长的停滞期，既无法在工资方面与低收入国家竞争，又难以在尖端高技术研制方面与富裕国家竞争。其实，这只是世界银行对中等收入陷阱的最初解释和表达方式，而没有真正提出这一概念（转引自田春生，2013）。

工资方面与低收入国家竞争，又无法在尖端技术研制方面与富裕国家竞争。一个经济体从中等收入向高收入迈进的过程中，既不能重复又难以摆脱以往由低收入阶段进入中等收入阶段的发展模式，因此很容易出现经济增长的停滞和徘徊，人均 GNI 迟迟难以迈入高收入阶段的门槛。通常，一个经济体进入中等收入阶段后，经济快速发展所积累的矛盾会集中爆发，原有的增长机制和发展模式无法有效应对由此形成的系统性风险，经济增长容易出现大幅波动或陷入停滞，致使其长期在中等收入阶段徘徊。该报告指出，一国进入中等收入阶段后，所有跨越低收入陷阱时所采用的政策和发展战略基本上都不适用了，必须要有新的发展战略和新的策略促使其成功实现阶段跨越。

世界银行提出中等收入陷阱问题，旨在警示人均 GNI 突破低收入陷阱后的中等收入经济体，要重视人均 GNI 长期不能进入高收入阶段的现象，要采取适当的发展战略来应对伴随着经济增长与社会转型而暴露出的问题。“中等收入陷阱”的概念提出后不久，伴随着 2008 年美国金融危机的爆发，世界经济整体上陷入困境和动荡，与此同时，中国的经济增长速度开始明显放缓，从而大大激发了人们对中国是否也会陷入中等收入陷阱的担忧，由此也激发了中国政府、媒体和学界对这一问题热烈而持续的讨论。

国内许多学者认可中等收入陷阱概念与中等收入陷阱的存在。蔡昉（2008，2011）、马岩（2009）、周学（2010）、姚洋（2011）、郑秉文（2011）、江时学（2013）等从不同视角对中等收入陷阱的概念进行了深入阐述。其中，江时学（2013）提出，中等收入陷阱的内涵是指，一个国家在跻身于中等收入国家行列后，由于劳动力成本上升及自身产业结构缺乏科技创新，其出口产品的国际竞争力下降，在进一步发展方面面临困境，这一内涵与世界银行发布的中等收入陷阱概念的内涵比较接近。厉以宁（2012）提出，中等收入陷阱包含发展制度陷阱、社会危机陷阱和技术陷阱，要通过不同方式来解决。蔡昉（2011）认为，中等收入陷阱与主流的经济增长理论框架是相容的，因此中等收入陷阱是一个可以用来分析特定阶段经济发展现象的有用概念；大量国家的经验证实，在中等收入的特定阶段，高速增长的经济体表现出减速甚至增长停滞的趋势；从人口转变、资源禀赋变化以及增长方式等一系列经济发展阶段特征看，中国正面临着如何跨越中等收入阶段的严峻挑战。

但与此同时，国内也有一些学者对中等收入陷阱的概念提出了质疑，甚至直接否认中等收入陷阱的存在。例如，高伟（2010）认为，并不是所有中等收入国家都会陷入陷阱，“中等收入陷阱”只是个例，而不是通论，并非魔咒。刘福垣（2011）提出，中等收入阶段是大多数国家的必经之路，不能称之为“中等收入陷阱”。中等收入陷阱是一个伪命题，是人们对现代化陷阱的一种错觉。杨承训和张新宁（2012）认为，中等收入陷阱论具有非科学性和误导性，其没有充分的事实根据，用数量掩盖了经济发展的本质，模糊了国际列强的插手，抹杀了矛盾的特殊性，甚至认为这一提法是“华盛顿共识”的延续和变种。清华大学社会学系社会发展课题组等（2012）认为，一国进入中等收入阶段之后，最需要警惕的不是中等收入陷阱，而是“转型陷阱”。华生和汲铮（2015）提出，中等收入陷阱的概念虽然相当具有吸引力，但其定义并不准确且有很大缺陷，援引世界银行报告中的比较意义上的“中等收入陷阱”并不存在，用相对收入追赶指数来划分发展阶段的赶超意义上的“中等收入陷阱”也有明显缺陷；此外，从多数学者认同的定义来看，中等收入陷阱的含义在讨论中已被转换，“陷阱”成为“阶段”的同义词，与经历了几千年的低收入阶段相比，把只有几十年时间的中等收入阶段说成中等收入陷阱并不恰当，并认为讨论的真实问题是发展中国家如何跨越中等收入阶段。王绍光（2018）提出，长期流行的“中等收入陷阱”的观念并没有坚实的立论依据，面对当前中国经济转型的阵痛，我们没有必要谈虎色变，以为中等收入是一道难以迈过的坎。①

尽管存在质疑与争论，但学者普遍认为，一国进入中等收入阶段后，会面临着经济快速发展积累的矛盾集中爆发的问题，原有的增长机制和模式无法有效应对由此形成的风险，发展战略的调整和发展模式的转型势在必行。如果将中等收入陷阱界定为一个国家进入中等收入之后长期停留在中等收入水平甚至发生倒退的状态，那么中等收入陷阱不是臆想（姚洋，2011）。如果能够成功实现发展战略的调整和发展模式的转型，那么一个国家有望在较短时间里越过中等收入阶段，否则很有可能长时间无法逾越这一阶段。

① 王绍光（2018）在其文末注释中列举了一批质疑“中等收入陷阱”的实证研究文献。

（二）跨越与陷入中等收入陷阱的国家和地区

当今世界，绝大多数国家仍然是发展中国家，因此所谓的中等收入陷阱问题实际上主要是针对发展中国家来说的。如上文所述，截至 2017 年年底，在世界银行统计公布的 218 个经济体中，人均 GNI 为 996—12 055 美元的中等收入经济体有 103 个（47.2%），其中，中低收入经济体有 47 个（21.6%），中高收入经济体有 56 个（25.6%）。今后若干年，这些经济体，特别是处于中高收入阶段的经济体都面临着如何成功迈入高收入阶段的问题。

当然，并非所有的中等收入国家和地区都会陷入中等收入陷阱，陷入中等收入陷阱的国家和地区指的只是那些经济陷入停滞或长期低迷，从而很长时间滞留于中等收入阶段的国家和地区。典型的陷入中等收入陷阱的国家如巴西、墨西哥、马来西亚等，这些国家在 20 世纪 70 年代均进入了中等收入国家行列，但直到 2017 年，这些国家的人均 GNI 仍然处在 7000—12 000 美元的水平，长期游离于高收入国家的门槛之外。①

袁振国等（2013）对第二次世界大战后不同国家跨越中等收入陷阱的时期与跨越用时进行了细致统计，结果表明，第二次世界大战后人口数量超过 1000 万人且成功跨越中等收入陷阱的国家有 22 个。其中，20 世纪 70 年代跨越的只有沙特阿拉伯 1 个国家；20 世纪 80 年代跨越的国家有 10 个，分别是美国、荷兰、比利时、加拿大、澳大利亚、法国、德国、日本、英国和意大利；20 世纪 90 年代跨越的国家有 4 个，分别是西班牙、希腊、葡萄牙和韩国；2000 年后跨越的国家有 7 个，分别是捷克、匈牙利、波兰、委内瑞拉、智利、巴西②和俄罗斯。上述各国实现人均 GNI 从 4000 美元到 12 000 美元即从中高收入阶段到高收入阶段跨越的平均用时为 11.9 年。其中，20 世纪 80 年代实现跨越的国家平均用时为 10.7 年，90 年代实现跨越的国家平均用时为 11.5 年，2000 年以后实现跨越的国家平均用时为 14.7 年，实现跨越所需要的时间似乎呈现出逐步延长的趋势。

拉美各国被公认为是陷入中等收入陷阱的典型国家。自 20 世纪 50 年代起，

---

① 2017 年巴西的人均 GNI 为 8700 美元，墨西哥为 8920 美元，马来西亚为 9950 美元。

② 值得注意的是，巴西 2012 年的人均 GNI 为 12 310 美元，按照世界银行的标准，已经达到了高收入国家水平，但因为此后的经济衰退，其 2014 年的人均 GNI 下降至 12 120 美元，又重回中高收入国家行列。巴西的案例表明，若不能保证经济持续稳定的增长，要实现对中等收入陷阱的真正跨越并不容易。

拉美各国经济出现迅速增长，到 20 世纪 70 年代末，多数拉美国家的人均 GDP 超过了 1000 美元。但是，从 20 世纪 80 年代初期开始，因为片面追求经济的高速增长，相对忽视了经济社会改革，拉美国家相继出现了贫富悬殊、失业人口大幅增加、城乡差距拉大等一系列问题，同时因其长期奉行进口替代战略（import substitution strategy），贸易体制封闭，货币对外汇率扭曲，并因国内大规模投资而大举举借外债，从而加剧了外债负担，最终爆发了债务危机（debt crisis）。整个 20 世纪 80 年代，拉美国家陷入了“失去十年”的经济困境。20 世纪 90 年代以来，拉美国家的经济增速明显放缓，且呈现出逐年递减的趋势，阿根廷、巴西、乌拉圭、秘鲁、委内瑞拉等国家的人均实际收入增速都出现了明显的下降趋势，致使拉美各经济体长期滞留于中等收入陷阱之中（表 1-2）。例如，智利在中等收入阶段滞留了 40 年，乌拉圭滞留了 38 年，而巴西自 1975 年进入中等收入阶段后，至今尚未真正进入高收入阶段。①

表 1-2 1966—2017 年一些拉美国家的人均 GNI （单位：美元）

国家	1966 年	1975 年	1980 年	1990 年	1995 年	2000 年	2010 年	2017 年
巴西	280	1 180	2 200	2 730	3 760	3 930	9 650	8 700
墨西哥	510	1 460	2 560	2 790	4 790	6 210	9 040	8 920
秘鲁	450	1 080	1 020	840	1 950	1 970	4 410	6 060
委内瑞拉	820	2 140	3 610	2 670	3 040	4 120	11 810	—

资料来源：世界银行网站，https://data.worldbank.org.cn/indicator/NY.GNP.PCAP.CD?view=chart

东亚地区的日本和“亚洲四小龙”（中国香港、中国台湾、韩国和新加坡）则被国际社会公认为是典型的成功跨越中等收入阶段的经济体。表 1-3 给出了 1965—2017 年日本、新加坡、韩国和中国香港人均 GNI 的变化情况。以韩国为例，1965 年，韩国的人均 GNI 只有 130 美元，经过 20 世纪六七十年代的经济高速增长，1980 年的人均 GNI 达到了 1870 美元；1990 年进一步达到了 6380 美元，从而步入了中高收入阶段；到 1995 年，韩国的人均 GNI 达到了 11 820 美元，按照 1995 年世界银行的标准，韩国已经成功步入高收入阶段。日本和“亚洲四小

① 此处数据是笔者根据世界银行网站（https://data.worldbank.org.cn/indicator/NY.GNP.PCAP.CD?view=chart）相关数据计算得来的。

龙”从成功进入中等收入阶段到迈过高收入经济体的门槛，所用时间普遍较短，因此被普遍认为是成功跨越中等收入阶段的典型经济体。

表 1-3 1965—2017 年日本、新加坡、韩国和中国香港的人均 GNI （单位：美元）

经济体	1965 年	1975 年	1980 年	1990 年	1995 年	2000 年	2010 年	2017 年
日本	900	5 170	10 850	27 820	42 090	36 230	43 440	38 490
新加坡	540	2 660	4 730	11 450	23 630	23 680	44 930	54 460
韩国	130	660	1 870	6 380	11 820	11 030	22 290	30 300
中国香港	700	2 450	5 730	12 660	23 570	26 930	33 620	46 390

资料来源：世界银行数据库，https://data.worldbank.org.cn/indicator/NY.GNP.PCAP.CD?view=chart

第二节　中等收入陷阱的成因与跨越战略

虽然不同国家的具体情况存在着不小的差异，但是各国在跨越中等收入阶段的进程中还是表现出了许多相同或相似的地方。国内外学者从多方面对各国中等收入陷阱的形成机理和跨越战略进行了深入探讨，并由此形成了较为丰富的研究成果。

一、中等收入陷阱的成因

通常来说，一国在其经济增长的长期进程中，增长速度有时会快一些，有时会慢一些，经济增速的快慢是经济发展进程中比较正常的现象。然而，为什么一些国家进入中等收入阶段后，在从中等收入阶段向高收入阶段迈进的过程中会出现经济增长速度长期停滞而迟迟不能顺利进入高收入阶段的现象？步入中等收入阶段的国家陷入中等收入陷阱的内在机理是什么呢？国内外学者从诸多方面对这些问题进行了理论探讨。

学者多从比较优势真空（comparative advantage vacuum）论、贫困恶性循环（vicious circle of poverty）论（罗格纳·纳克斯，1966）、经济成长阶段（stages of economic growth）论（沃尔特·罗斯托，2001）和新增长理论（new growth theory）

（Romer，1986；Lucas，1988）来论证中等收入陷阱形成的理论基础（蔡昉，2011），并提出了“平面六要素框架”（马岩，2009）和“经济大循环理论”（周学，2010）等，作为解析中等收入陷阱成因的理论框架，还从发展战略调整缓慢（印德尔米特·吉尔，霍米·卡拉斯，2008）、主导消费萎缩（周学，2010）、人口红利（demographic bonus）消失（蔡昉，2012）、创新能力不足（林岗等，2011）、产业升级断档（Ohno，2009；伍业君，张其仔，2011）、全要素效率下降（蔡昉，2013）、结构转型缓慢（马晓河，2011）、收入分配不合理（马岩，2011）、经济增长动力缺乏（黄梅波，朱丹丹，2015）等诸多方面揭示了中等收入陷阱的发生机制。

具体来说，处在中等收入阶段的经济体既缺乏更高阶段的国家因技术先进而在资本密集型和技术密集型产业上具有的比较优势，又缺乏较低阶段的国家因劳动力成本低廉而在劳动密集型产业上具有的比较优势，比较优势的真空导致其容易陷入中等收入陷阱。进入中等收入国家行列后，农村剩余劳动力日益枯竭，劳动力对工资要求的进一步提高使得劳动密集型出口产品在世界市场上的竞争力越来越弱。当从产业调整和技术追赶中所获得的生产率提升的优势消失时，这些国家和地区的经济就会衰退，随即陷入中等收入陷阱（田春生，2013）。高世楫和卓贤（2011）分析了中等收入陷阱的综合成因，认为可以从经济制度、发展战略、收入分配、宏观政策、体制机制等五个方面分析部分发展中国家落入中等收入陷阱的原因，具体包括僵化的经济制度降低了资源配置效率、长期封闭的或内向的发展战略延缓了技术能力的提高、要素升级与产业能力建设步伐迟缓、不能有效解决好收入分配差距与社会公平问题、制度建设与制度质量难以满足高收入阶段的需要。在某一具体国家陷入中等收入陷阱的原因分析上，卢万青和史怡好（2013）总结了巴西的经验教训，提出创新不足、国企改革脱离政府期望、腐败现象严重、收入差距扩大与内需不足使巴西陷入了中等收入陷阱。

分析相关研究文献和许多国家的现实情况，我们不难发现，中等收入陷阱的出现与中等收入阶段这一特殊发展时期密切相关。确切地说，进入中等收入阶段，经济发展的本质和要求与低收入阶段大不相同，主要表现在劳动本质出现差异、要素积累出现变化、社会保障任务加重、收入差距不断扩大等。一国如果不能正视这些特征，不去顾及这些变化，仍然采用固有的发展模式，就会很容易陷入中等收入陷阱之中（陈彩娟，2015）。

通常来说，一国在从低收入阶段发展到中等收入阶段之前的经济增长模式通常是粗放型的，具体表现为：劳动更多的是重复性劳动而非创造性劳动，劳动力更多的是需要量的增加而非质的变化；再生产主要以外延式扩大再生产为主，要素积累主要是资本积累而非技术提升；社会保障水平以基本保障为主，水平低下；社会收入分配差距不大；等等。然而，当一国跨过低收入阶段后，在由中等收入阶段向高收入阶段跨越的过程中，阶段的跨越需要经济增长模式发生重大变化，劳动不应再仅仅是重复性劳动和劳动数量的增加，而更需要创造性劳动和劳动质量的提升，创造性劳动要逐步成为经济社会实现阶段性跃进的重要决定力量；要素积累也不再只是资本量的积累，而应从资本积累转变到技术进步，技术进步是提升劳动和资本等要素生产效率（即全要素生产率，total factor productivity，TFP）的基本力量；人们也不再只是满足于基本的社会保障水平，而是要求大幅提高收入、公共福利和社会保障水平，而这又是许多处于中等收入阶段的国家的经济实力无法充分满足的；社会贫富差距加速扩大，这一方面会减少社会总需求，使经济增速乏力，另一方面则会进一步激化社会矛盾，从而有可能引发社会分裂与动荡，进而损害国家和地区经济持续稳定发展的良好环境。

因此，从根本上说，一国或地区要想满足中等收入阶段向高收入阶段的推进要求，迫切需要转变其原有的经济发展方式，并处理好社会经济的各种矛盾。一旦经济发展方式转型受阻，往往会引发国家和地区微观经济的低效率和宏观经济的停止乃至倒退，从而使国家和地区陷入中等收入陷阱而无法自拔。

二、中等收入陷阱的跨越战略

针对中等收入陷阱的成因，国内外学者从提高全要素生产率（斯蒂芬·帕伦特，爱德华·普雷斯科特，2010；蔡昉，2013）、加快人力资本积累（Aoki，2012；高世楫，卓贤，2011）、转变政府职能（霍米·卡拉斯，2011）、推动产业升级（马晓河，2011；张其仔，2014）、加快经济发展方式转型（王一鸣，2011；清华大学社会学系社会发展课题组等，2012；黄梅波，朱丹丹，2015）、实施结构性改革、促进创新和社会公平公正（卢万青，史怡好，2013）等方面探讨了跨越中等收入陷阱的战略及相关路径。姚洋（2011）更进一步提出，实现从中等收入到高收入的飞跃，一个必不可少的条件是全民教育水平的提高，其关键则是深入的工业化。

在文献研究的基础上总结高收入国家和地区成功跨越中等收入阶段的实践经验，分析长时间落入中等收入陷阱、至今仍未进入高收入行列国家和地区的跨越失败案例的经验教训，对于我们理解中等收入陷阱的跨越战略无疑更具有积极的现实意义。

日本和“亚洲四小龙”被国际社会公认为典型的成功实现中等收入陷阱跨越的经济体。其中，日本和韩国因经济规模较大而更具参考意义。日本和韩国从进入中等收入阶段到成为高收入国家的过程中，经济增长平稳而迅速，几乎没有出现停滞或反复问题；居民消费快速扩张，强劲的消费成为推进经济增长的重要动力；创新实力强劲，专利申请量和高科技产品出口占出口总量的比重持续增长；经济开放活跃，外贸依存度普遍较高；居民收入差距总体较小，基尼系数（Gini coefficient）普遍位于国际安全警戒线以下①；产业结构合理，第一产业在国民经济中的地位不断下降，第三产业的地位不断上升，第二产业的地位稳中趋降。日本和韩国在这一阶段采取的共同的战略措施包括如下方面：加快调整产业结构，大力推动产业转型升级；充分发挥科技优势，不断加大科技投入，以科技创新促进经济跨越发展；着力改善消费环境，激发居民消费意愿，提高居民消费能力；积极扩大开放，充分利用国外资源和国际市场；重视公共产品和公共服务的供给，改善社会福利，保障居民权益。这些战略措施的实施有力地推动了其对中等收入陷阱的顺利跨越。全毅（2012）指出，20世纪70和80年代以前，日本和“亚洲四小龙”不同程度地采取了依赖出口导向的低成本优势战略，但是在进入中等收入阶段后，这些经济体放弃了这一战略，更多地依靠科技进步与人力资源开发，转变经济增长方式，实现产业结构的转型以及城乡与地区的均衡发展，促进中等收入阶层的形成以及经济增长动力结构的转变，实现了社会结构和政治民主化转型，保证了经济社会的持续发展，从而成功地避开了中等收入陷阱。

① 基尼系数是1943年美国经济学家赫希曼根据劳伦兹曲线所定义的用来判断收入分配公平程度的一个指标，该系数的范围为0—1，国际上通常把0.4作为贫富差距的警戒线。数据显示，1998年韩国的基尼系数为0.31，较1980年的0.39下降了0.08（陈彩娟，2012）。

反观被公认为典型的陷入中等收入陷阱的墨西哥、巴西等拉美经济体，它们在从中等收入阶段向高收入阶段的推进过程中，在经济社会发展方面遭遇到诸多的瓶颈制约，经济发展速度明显减缓，甚至不进反退，经济停滞或反复成为其主要特征；国民消费增长乏力，居民消费热情不高，消费对经济增长的拉动作用明显不足；创新驱动不足，居民专利申请量[①]和高科技产品出口量占出口产品总量的比重增长缓慢；居民收入差距总体较大，基尼系数普遍位于国际安全警戒线以上[②]。拉美诸多国家陷入中等收入陷阱的教训包括：忽视了经济的均衡发展，片面追求一时的经济增速；过度依赖外向型经济而忽视了本国的消费与投资，过度重视大城市发展，忽视了中小城市的协调推进和在城市化进程中对农民权益的保护；忽视了科技创新发展，科技投入不足，科技创新对经济发展的驱动力不足；忽视了社会公平发展，造成了大量贫困和失业人口的出现，并引发了社会的分裂和动荡；忽视了对环境的保护和有效利用，生态环境持续恶化，从而直接影响到了投资环境和经济的可持续发展。

第三节 中等收入阶段的中国经济及其国际比较

中国的改革开放已经走过了 40 多年。进入 21 世纪以来，中国也跨过了低收入阶段，迈入中等收入阶段。进入中等收入阶段后的中国在某种程度上也呈现出产能过剩、需求不足、收入差距拉大、人口老龄化加剧、生态环境恶化、社会矛盾突出等陷入中等收入陷阱的经济体所表现出的某些特征，但与典型陷入中等收入陷阱的经济体长期停留在中等收入水平或发生倒退的状态不同，进入中等收入阶段后的中国依然保持了较高的经济增速。应该承认，中国跨越中等收入阶段与其他发展中国家的跨越既有相似性也有差异性，要顺利跨越中等收入阶段，必须要保持经济持续稳定增长，而要在中等收入阶段保持经济的持续稳定增长，关键

① 例如，2007 年，巴西的居民专利申请量为 4023 件，与日本相同发展阶段 270 000 件的居民专利申请量显然是无法比拟的。

② 在整个中高收入阶段，阿根廷的基尼系数基本为 0.45—0.53，智利为 0.52—0.56，巴西为 0.54—0.59，都远高于 0.4 的国际安全警戒线。

之处在于切实转变经济发展方式。从科学发展到高质量发展，中国已经意识到发展方式转变的必要性并在大力推进这一实践。在推进这一实践进程中，通过大力发展教育特别是高等教育从而为经济发展供给足量优质的人力资本至关重要。

一、改革开放以来中国的收入阶段演进

改革开放以来的 40 多年里，中国始终坚持以经济建设为中心，不断推进改革开放，经济增长实现了世人瞩目的奇迹。据统计，中国的 GDP 由 1978 年的 3679 亿元跃升至 2017 年的 82.7 万亿元（现价美元接近 13 万亿美元），按不变价计算，年均增长 9.5%，是同期世界经济年均增长率的 3 倍多。中国经济总量占世界经济的比重由 1978 年的 1.8%上升到 2017 年的 14.8%左右，并成为仅次于美国的世界第二大经济体。近年来，中国对世界经济增长的贡献率超过 30%，日益成为世界经济增长的动力之源、稳定之锚。[①]

伴随着经济的持续高速增长，中国的人均 GNI 也在不断提高，表 1-4 给出了 1981—2017 年中国人均 GNI 的变动情况。从绝对量来看，1978 年，中国的人均 GNI 仅为 200 美元，1988 年达到了 330 美元，1998 年达到了 800 美元，2008 年提高到了 3100 美元，2017 年则上升到了 8740 美元。从增长速度看，1978—2017 年，中国的人均 GNI 提高了 42.7 倍，年均增长 10.17%，其中，1978—2000 年的年均增速为 7.29%，2001—2017 年的年均增速上升为 14.44%。这意味着，进入 21 世纪以来，中国的人均 GNI 增长速度呈现出明显加快的趋势。

根据世界银行的划分标准和中国的实际人均 GNI 水平，1978—1997 年，中国处于低收入阶段（人均 GNI 低于 785 美元，按照 1997 年的标准）；1998 年，中国的人均 GNI 为 800 美元，超过了中低收入阶段的下限 760 美元（按照 1998 年的标准），进入中低收入阶段；2010 年，中国的人均 GNI 达到 4340 美元，超过了中高收入阶段的下限 3976 美元，进入中高收入阶段。按照 2017 年的标准，12 055 美元是迈入高收入阶段国家的门槛。2017 年，中国的人均 GNI 为 8740 美元，距离高收入阶段的门槛还有一段距离。

---

① 波澜壮阔四十载 民族复兴展新篇——改革开放 40 年经济社会发展成就系列报告之一. 2018-08-27. http://www.stats.gov.cn/ztjc/ztfx/ggkf40n/201808/t20180827_1619235.html.

表 1-4　1978—2017 年的中国人均 GNI　　（单位：美元）

年份	人均 GNI	年份	人均 GNI
1978	200	1998	800
1979	210	1999	860
1980	220	2000	940
1981	220	2001	1010
1982	220	2002	1100
1983	220	2003	1280
1984	250	2004	1510
1985	290	2005	1760
1986	310	2006	2060
1987	320	2007	2510
1988	330	2008	3100
1989	320	2009	3690
1990	330	2010	4340
1991	350	2011	5050
1992	390	2012	5930
1993	420	2013	6770
1994	470	2014	7510
1995	540	2015	7940
1996	650	2016	8270
1997	750	2017	8740

资料来源：世界银行网站，https://data.worldbank.org.cn/indicator/NY.GNP.PCAP.CD?locations=CN

二、中等收入阶段中国的经济发展及其国际比较

（一）中等收入阶段中国的经济发展

总体来说，进入 21 世纪后，中国的经济增长在 2008 年前后呈现出两种明显不同的态势。2007 年之前，中国的 GDP 增速不断提高，2007 年达到了 14.2%，2008 年之后则呈现出明显下降的趋势，如果说 2010 年 10.6%的增速是 2008 年和 2009 年增速下降后的反弹，2010 年之后的增速则是逐年下降的。与中国的 GDP 增速相一致，或者说受 GDP 增速明显放缓的影响，2008 年以来，中国的人均 GDP 增速总体上也呈现出不断下降的趋势，这与 2000—2007 年的人均 GDP 增速形成

了较为鲜明的对比。[①]

伴随着 GDP 和人均 GDP 增速的下降，2010 年以来，中国呈现出产能过剩、收入差距拉大、人口老龄化加剧、生态环境恶化、社会矛盾突出等经济社会问题。仅就人口老龄化来说，2000 年，中国 65 岁及以上人口的比重为 7.0%，2010 年上升到了 8.9%，2017 年进一步上升至 11.4%，老年抚养比[②]则从 2000 年的 9.9%上升到了 2010 年的 11.9%和 2017 年的 15.9%，上升速度之快令人担忧。[③]劳动年龄人口比重的不断下滑与非劳动老年人口比重的不断上升，在很大程度上加大了中国人均 GNI 提高的难度。

切实提高人均 GNI、顺利跨越中高收入阶段是新时代中国经济社会发展的重要任务。很显然，要想避免陷入中等收入陷阱，并尽可能快地跨越这一阶段，我国必须保持经济总量的增量和人均 GNI 的中高速增长。尽管问题和困难众多，但正如李克强总理所说，“发展是硬道理，是解决我国所有问题的关键。今后五年是跨越‘中等收入陷阱’的重要阶段，各种矛盾和风险明显增多。发展如逆水行舟，不进则退。必须毫不动摇坚持以经济建设为中心，推动科学发展，妥善应对风险挑战，使中国经济这艘巨轮破浪远航”[④]。对此，习近平主席进一步指出，“对中国而言，‘中等收入陷阱’过是肯定要过去的，关键是什么时候迈过去、迈过去以后如何更好向前发展。我们有信心在改革发展稳定之间，以及稳增长、调结构、惠民生、促改革之间找到平衡点，使中国经济行稳致远”[⑤]。

（二）21 世纪以来中高收入经济体经济增速与人均 GNI 增速比较

尽管 21 世纪以来特别是近些年来中国的经济增长速度有所放缓，但与其他中等收入经济体特别是中高收入经济体相比，中国的经济增速与人均 GNI 增速仍

---

① 数据来自中国国家统计局，http://www.stats.gov.cn/tjsj/ndsj/2018/indexch.htm.

② 老年抚养比是指 65 岁及以上人口数与 15—64 岁劳动年龄人口数之比。

③ 数据来自中国国家统计局，http://www.stats.gov.cn/tjsj/ndsj/2018/indexch.htm.

④ 两会授权发布：政府工作报告（全文）. 2016-03-16. http://www.china.com.cn/lianghui/news/2016-03/17/content_38052034_3.htm.

⑤ 习近平：“中等收入陷阱”是肯定要迈过去的. 2016-10-10. http://theory.people.com.cn/n1/2017/0609/c40531-29329099.html.

然要高出很多。在 2000—2017 年的多数年份中，中国的经济增长率都高于其他中高收入经济体，经济增速的差异也导致各经济体人均 GNI 提高程度的差异，从而影响到各经济体跨越中等收入阶段时间的长短。

在表 1-5 中所列的中高收入国家中，2000 年，中国的人均 GNI 最低，墨西哥的人均 GNI 最高，中国仅为墨西哥的 15.1%，而到了 2017 年，中国的人均 GNI 已超过了南非、秘鲁、巴西、泰国。从人均 GNI 的年均增长速度看，2000—2017 年，中国的增速最高，达到了 14.02%，墨西哥的增速最低，只有 2.15%。计算可知，2000—2017 年，中国的人均 GNI 年均增速分别为罗马尼亚的 1.27 倍、俄罗斯的 1.35 倍、秘鲁的 2.05 倍、泰国的 2.10 倍、马来西亚的 2.19 倍、巴西的 2.93 倍、南非的 4.14 倍和墨西哥的 6.52 倍。

表 1-5　2000—2017 年部分中高收入国家的人均 GNI（美元）及其年均增速（%）

年份	中国	泰国	马来西亚	巴西	墨西哥	秘鲁	南非	俄罗斯	罗马尼亚
2000	940	1 980	3 460	3 930	6 210	1 970	3 070	1 710	1 710
2005	1 760	2 790	5 270	4 000	8 050	2 540	4 990	4 450	3 880
2010	4 340	4 580	8 260	9 650	9 040	4 410	6 190	9 980	8 640
2015	7 940	5 710	10 680	10 190	10 160	6 340	6 050	11 780	9 600
2016	8 270	5 700	10 150	8 920	9 390	6 110	5 470	9 730	9 620
2017	8 740	5 950	9 950	8 700	8 920	6 060	5 410	9 210	10 110
年均增速	14.02	6.69	6.41	4.79	2.15	6.83	3.39	10.41	11.02

资料来源：世界银行数据库，https://data.worldbank.org.cn/indicator/NY.GNP.PCAP.CD

三、高质量发展与中等收入阶段跨越

如上所述，按照世界银行的划分标准和人均 GNI 水平，2010 年以来，中国已经迈入中等收入阶段的中高收入阶段，未来一段时期内保持国民经济的持续稳定增长，对于其顺利实现中等收入阶段的跨越至关重要。在如何保持经济持续稳定增长、避免陷入中等收入陷阱的问题上，国内学者仁者见仁、智者见智，提出了诸多的跨越战略与政策措施，虽有差异，但基本达成了一个共识，就是要切实转变中国的经济发展方式。

从某种程度上说，中国改革开放初期的经济发展方式是一种典型的粗放型发展方式。重资源和资本投入而轻科技进步的产出模式[①]、产业和产品的低端化、过多追求产出增长的高速度构成了中国粗放型发展方式的主要特征。应该说，这种粗放型发展方式在一定时期内是成功的，在不算长的时期内快速提高了中国的经济总量水平，使中国跨过了低收入发展水平，进入中等收入发展阶段。但是，在经过改革开放 40 多年的经济高速增长之后，中国经济开始面临进入“刘易斯拐点”（Lewis turning point）和“人口红利”消失等诸多情况，因劳动力在部门间的大规模转移而获得的资源优化配置效应，以及因劳动力近乎无限供给而获得的稳定的资本报酬效应与集聚海外全球化要素的优势源泉都在逐渐消失。2008 年美国金融危机后，中国经济开始不可避免地步入了增长速度换挡期、结构调整阵痛期和前期刺激政策消化期等三期叠加的“经济新常态”（economic new normal）时期。经济新常态下，中国的经济增长还主要依靠劳动和资本的大规模投入已变得越来越不可能，一条必然的出路是把经济增长从依靠要素投入转到依靠全要素生产率，特别是转到与人力资本提升和技术进步有关的全要素生产率提高上来。加快转变经济发展方式、实现新旧动能接续转换势在必行。

实际上，进入 21 世纪以来，中国共产党基于中国经济发展的新阶段，对新阶段如何更好地发展、实行怎样的发展方式进行了持续探索。党的十六大以来，以胡锦涛同志为总书记的党中央立足于社会主义初级阶段的基本国情，总结中国改革开放的发展实践，借鉴国外发展经验，适应中国新阶段的发展要求，提出了科学发展观的重大战略思想。党的十七大进一步将科学发展观写入党章，并强调实现未来的经济发展目标，关键要加快转变经济发展方式。在党的十九大报告中，习近平总书记进一步指出，“我国经济已由高速增长阶段转向高质量发展阶段，正处在转变发展方式、优化经济结构、转换增长动力的攻关期，建设现代化经济体系是跨越关口的迫切要求和我国发展的战略目标”[②]。高质量发展是新时代处于中高收入阶段的中国对经济发展模式做出的新的定位。对于步入中高收入阶段的中国来说，切实转变经济发展方式，实现经济高质量发展，关键是深化供给侧

① 大量经济增长核算文献揭示出这样一个事实：改革开放以来中国经济增长主要依靠生产要素的投入而非技术进步（舒元，徐现祥，2002）。

② 习近平：决胜全面建成小康社会 夺取新时代中国特色社会主义伟大胜利——在中国共产党第十九次全国代表大会上的报告. 2017-10-18. http://www.12371.cn/2017/10/27/ARTI1509103656574313.shtml.

结构性改革（supply-side structural reform），建设现代化经济体系，不断提高供给体系质量，增强国民经济质量的优势。

深化供给侧结构性改革、推动经济高质量发展对于中国顺利跨越中等收入阶段并最终建成社会主义现代化强国至关重要。要深化供给侧结构性改革、推动经济高质量发展，政治稳定、经济转型、技术进步等的贡献都不可或缺，但从长远和根本上说，还是要靠教育，特别是高等教育的发展。这是因为，教育发展是人力资本形成的决定性因素，进而构成了技术进步和产业升级的基础。只有通过发展教育特别是高等教育，才能提升一个国家的整体国民素质，优化人力资本结构，变"人口红利"为"人才红利"（talent bonus），也只有要素结构特别是劳动力素质和能力真正提升了，经济发展方式的转变才能真正实现，进而真正实现产业升级和人均收入提高，真正推动经济高质量发展，并保持经济持续稳定的增长，进而顺利实现收入阶段的跨越。

袁振国等（2013）通过对过去 50 年跨越中等收入陷阱国家的教育变革进行国际比较发现，普遍来说，已跨越中等收入陷阱的国家教育发展起步较早、起点较高，人均受教育年限居世界领先地位，而未能跨越中等收入陷阱的国家则教育发展起步较晚、起点较低，人均受教育年限偏低。毋庸置疑，在现代化大生产条件下，合格的劳动力是生产中最为重要的条件，由此，教育的发展成为经济增长的基础和先决条件。已跨越中等收入陷阱的国家正是在高水平的教育发展的基础上实现了稳定而高速的经济增长，从而带来了人均 GNI 水平的不断提升；而未跨越中等收入陷阱的国家，因教育发展起步晚、水平低，没有足够充分的人力资本存量支撑其现代化经济增长，致使其人均 GNI 水平无法实现持续提升，导致这些国家多年滞留在中等收入陷阱之中而未能实现向更高收入阶段的跨越。

此外，学术界大量的理论与实证研究表明，从第二次世界大战后到现在，全世界只有 2 个经济体从低收入变成中等收入然后进入高收入经济体（中国台湾与韩国），有 13 个经济体从中等收入变成高收入经济体，绝大多数发展中经济体则长期陷在低收入或中等收入陷阱之中。一个重要的研究结论是：教育的停滞不前与这些经济体陷入中等收入陷阱有密切关系。亚洲一些经济体却成功实现了由中等收入经济体到高等收入经济体的历史性转变，这些经济体成功跨越中等收入陷阱有多个因素，但最为关键的是重视教育与人力资源的开发。经济学家埃森格林联合两位亚洲经济学者共同发表的研究报告《经济减速：中等收入陷阱的新证据》中指出，东亚经济体之所以能跨越中等收入陷阱，关键是重视教育，这为其奠定了雄厚的人力资源优势（李立国，黄海军，2015）。

21 世纪以来，经济全球化深度发展，知识经济日新月异。一国要想在当今世界各国的激烈竞争中占据优势，自主创新能力的提升成为关键。“我们在国际上腰杆能不能更硬起来，能不能跨越‘中等收入陷阱’，很大程度取决于科技创新能力的提升。”[①]“创新能力不强，这是我国这个经济大块头的‘阿喀琉斯之踵’。”（习近平，2019）。总体来说，中国的自主创新能力还相对不足，其原因除了创新体制改革滞后、创新投入不足以及创新要素配置不合理之外，人力资本质量不高和创新性人才培养水平的滞后是更为基础的原因，因为从根本上说，人的因素才是一国自主创新能力提升的根本（张幼文，梁军，2007）。显然，人力资本质量不高和创新性人才培养水平滞后的瓶颈，需要我们大力发展教育特别是高等教育。为此，中国需要更加坚定地加快高等教育改革和发展的步伐，深入推进科教兴国战略的实施，加快高级人力资本的数量积累和质量提升，努力为国家培养出大批创新型人才。只有这样，中国才能真正实现经济结构的优化和经济发展方式的转变，实现对中等收入陷阱的现实跨越。

① 受权发布：《习近平关于科技创新论述摘编》（三）科技创新是提高社会生产力和综合国力的战略支撑. 2016-02-27. http://www.xinhuanet.com/politics/2016-02/27/c_128754760.htm.

第二章

高等教育推动中等收入陷阱跨越：理论与机制

一国能否顺利跨越中等收入陷阱，取决于很多因素，从长远和根本上来说，要靠发展教育特别是高等教育。一国只有通过大力发展教育特别是高等教育，才能提升国民的整体素质，优化人力资本结构，为产业升级和经济发展方式的转变提供基本的要素条件，为国家经济持续稳定发展奠定坚实的基础。如果说教育是有意识地以影响人的身心发展为目标的社会实践活动，高等教育则是培养高等专业人才的社会实践活动，其基本功能是促进人的进一步发展，通过培养高等专业人才的教育活动来对经济社会的发展起作用。发展高等教育对跨越中等收入陷阱意义重大，不仅能促进高层次人力资本形成，培养出创新型高级人才，而且会推动一国的知识积累和技术的持续创新。如果说中等教育的大众化是一国从低收入阶段迈进中等收入阶段的基础，那么高等教育的大众化则是一国从中等收入阶段迈入高收入阶段的基础。

第一节　教育推动经济增长的理论与机制分析

在中国，有关教育与经济相互关系的论述可以追溯到春秋战国时期。中国春秋时期的管仲强调劳动教育是富国之道[①]；孔子认为，教育既能给社会创造经济效益，也能为个人带来经济上的好处（转引自王玉珣，1991）；春秋战国之际的墨子主张提高生产必须施之以教[②]。近代以来，马克思主义的教育经济思想对于我们理解高等教育对经济发展的作用具有根本性的指导意义，而西方经济增长理论特别是内生增长理论的进展为我们理解教育包括高等教育对经济增长的作用机制提供了多种视角。

① 管子在《管子·侈靡》中提出，“劳教定而国富”，意指劳动教育能提高个体劳动者的生产技能，从而在相同条件下会有更多的国民产出。

② 墨子在《墨子·鲁问》中提出，“教人耕者其功多”，强调把耕作技术传授给多人更能够促进整个社会的生产。

一、马克思主义教育经济思想

（一）马克思和恩格斯的教育经济思想

马克思和恩格斯在他们的论著中，站在人类社会发展的高度，提出了教育与经济关系的重要思想，这些重要思想对于我们深刻理解教育对经济发展的作用具有根本性的指导意义。马克思和恩格斯基于历史唯物论，在肯定教育的发展和改革最终是由经济发展决定的同时，从社会生产力和人类社会发展的高度多方面阐述了教育所具有的社会经济功能。

第一，马克思和恩格斯认为，“教育会生产劳动能力”[①]。科技革命引发的产业革命和就业革命，要求劳动者必须接受相应的教育和培训，从而具有专门的、熟练的劳动技能，以适应不断变化的产业变革对劳动力的需求。显然，教育最为重要的经济功能正是培养劳动者的劳动能力。对此，马克思认为，“要改变一般的人的本性，使它获得一定劳动部门的技能和技巧，成为发达的和专门的劳动力，就要有一定的教育和训练，而这就得花费或多或少的商品等价物”[②]。

第二，马克思和恩格斯认为，教育可以提高凝结复杂劳动的商品的价值和劳动力价值。马克思提出，劳动是创造价值的唯一源泉，而劳动可以分为简单劳动和复杂劳动，商品的价值量是由生产商品的社会必要劳动时间决定的，当社会必要劳动量按简单劳动量来计算时，复杂劳动量应该折合为倍加的简单劳动量。之所以如此，是因为复杂劳动需经过一定时间的学习和训练才能进行。马克思指出，教育能够提高劳动力价值，因为从事复杂劳动的劳动力“比普通劳动力需要较高的教育费用，它的生产要花费较多的劳动时间，因此它具有较高的价值。既然这种劳动力的价值较高，它也就表现为较高级的劳动，也就在同样长的时间内物化为较多的价值”[③]。

第三，马克思和恩格斯认为，教育可以提高劳动者自身的劳动力配置能力。

---

① 马克思恩格斯全集（第二十六卷第一册），中共中央马克思恩格斯列宁斯大林著作编译局译，北京：人民出版社，1972 年，第 210 页。

② 马克思恩格斯全集（第二十三卷），中共中央马克思恩格斯列宁斯大林著作编译局译，北京：人民出版社，1972 年，第 195 页。

③ 马克思恩格斯全集（第二十三卷），中共中央马克思恩格斯列宁斯大林著作编译局译，北京：人民出版社，1972 年，第 223 页。

马克思提出，机器工业革命引发的社会化大生产，产业结构和劳动力结构的快速变化需要劳动者具有劳动力配置能力。“大工业还使下面这一点成为生死攸关的问题：用适应于不断变动的劳动需要而可以随意支配的人员，来代替那些适应于资本的不断变动的剥削需要而处于后备状态的、可供支配的、大量的贫困工人人口；用那种把不同社会职能当作互相交替的活动方式的全面发展的个人，来代替只是承担一种社会局部职能的局部个人。”[①]教育无疑是培养和提高劳动者的劳动力配置或转换能力的重要途径。在马克思看来，教育可以改变人的劳动能力的性质和形态。具体地说，作为一种服务形式，教育可以使劳动能力改变形态，并使劳动能力具有专门性。

第四，马克思和恩格斯认为，教育可以通过传递、积累、发展科学技术而推动经济增长。马克思和恩格斯在分析完资本主义的发展历史后，明确提出了科学技术是生产力的思想。马克思指出，生产力里面也包括科学在内。科学技术通过教育和培训转化为劳动者的技能从而提高生产力是科学转化为生产力的重要途径，对此，恩格斯指出，科学的发展“同前一代人遗留下的知识量成比例”[②]。教育通过科学技术转化为现实的生产力，通过教育与培训，受教育者掌握了现代的科学技术，也为科学技术的进一步发展奠定了基础。

马克思和恩格斯从整个人类社会发展的高度对教育与经济关系所做的诸多论述，对于我们正确认识教育和经济发展的辩证关系具有重要的指导作用，对于我们理解高等教育对跨越中等收入陷阱的作用也具有重要的启示意义。

（二）习近平关于教育经济的重要论述

党的十八大以来，党中央在实践中形成了以新发展理念为主要内容的习近平新时代中国特色社会主义经济思想。作为党和国家新一代领导核心，习近平同样高度重视中国教育事业的发展，并提出，“我们必须把创新作为引领发展的第一动力，把人才作为支撑发展的第一资源，把创新摆在国家发展全局的核心位置，

---

① 马克思恩格斯全集（第二十三卷），中共中央马克思恩格斯列宁斯大林著作编译局译，北京：人民出版社，1972 年，第 535 页。

② 马克思恩格斯全集（第一卷），中共中央马克思恩格斯列宁斯大林著作编译局译，北京：人民出版社，1956 年，第 621 页。

不断推进理论创新、制度创新、科技创新、文化创新等各方面创新，让创新贯穿党和国家一切工作，让创新在全社会蔚然成风”[①]。在“三个面向”“科教兴国”“人才强国”等思想的基础上，习近平对教育与经济协调发展、创新与人才战略互动、教育公平与质量建设推动生产力发展等做了进一步重要论述。

党的十八大以来，习近平提出我国经济发展进入“新常态”的科学论断，并不断探索新常态下中国经济发展的新路径。习近平提出，在经济新常态背景下，要大力发展教育，进一步巩固教育优先发展的地位，为未来经济建设储备更多高素质人才，提出建设“双一流”、深化教育公平，提出教育与经济的协调互动发展是实现生产力水平的总体跃升和整体改善的重要路径。面对当今世界科学技术作为第一生产力的作用越来越凸显的现实，习近平指出，“我国要建设世界科技强国，关键是要建设一支规模宏大、结构合理、素质优良的创新人才队伍”[②]。创新和人才均离不开教育，教育培养人才推动创新，教育科研本身亦在推动创新，同时，教育培养人才投身劳动推动生产力更好发展，教育机构开展科研活动促进科技创新亦会推动生产力更好发展，教育培养人才投身科技创新更会推动生产力更好发展。

习近平提出以教育公平和质量建设实现“教育强国梦”。习近平非常强调教育公平，2013 年 9 月提出“努力让 13 亿人民享有更好更公平的教育”，2016 年 9 月进一步明确提出“教育公平是社会公平的重要基础，要不断促进教育发展成果更多更公平惠及全体人民，以教育公平促进社会公平正义”的论断（周洪宇，2017）。此外，习近平非常重视教育特别是高等教育的高质量建设，强调要扎根中国大地办大学，办中国特色社会主义大学，推动教育资源公平分配，使得“双一流”和职业教育都有各自的发展空间，都能在新时代夯实生产力发展基础，促进经济建设，为实现中华民族伟大复兴中国梦发挥重要作用。

综上所述，马克思和恩格斯从整个人类社会发展的高度对教育与经济关系进行了辩证论述，习近平等中央领导人从中国经济发展实践出发对社会主义教育的地位、本质和方式进行了深刻而精辟的阐述，这些重要论断对于我们正确认识新

---

① 习近平总书记谈创新. 2016-03-03. http://cpc.people.com.cn/xuexi/n1/2016/0303/c385474-28168741.html.

② 学习路上——习近平叮嘱加快科技人才建设：功以才成，业由才广. 2016-06-11. http://cpc.people.com.cn/xuexi/n1/2016/0611/c385474-28425138.html.

时期教育特别是高等教育发展对中国顺利实现中等收入阶段跨越的作用具有重大的理论指导意义。

二、西方经济增长理论中的教育经济思想

顺利实现中等收入陷阱的跨越，需要保持经济总量的持续稳定增长。经济增长，从一般的意义上是指经济体产出的商品和劳务总量（或人均产出量）的增加，而在更深层次的意义上是指一个经济体生产商品与劳务的潜在生产能力的提高，即生产可能性边界（production possibility frontier，PPF）的扩张。如何有效地促进经济增长，采取怎样的作用机制有助于经济产出持续稳定的提高，一直是宏观经济学家关注的重点。经济增长理论的进展就反映了经济学家在经济增长这一领域不断深入研究的成果。

传统的经济增长理论强调，要素（包括物质资本，如机器存量、设备和建筑等有形资产，以及劳动力）的积累投入是促进一国经济增长的主要力量。新古典增长模型的创建者索洛（Solow，1956，1957）对资本积累对增长的影响做出了重要贡献。多年来，经济学家也一直在探索通过建立“增长核算”[①]方法来实际度量不同要素投入对产出增长的贡献。在经济增长的具体核算中，索洛（Solow，1957）的研究发现，经济增长的全部并不能完全由资本量和劳动量的投入来解释，存在一个“索洛余值”（Solow residual）。除了要素投入的影响之外，什么因素影响着经济增长，或者说，“索洛余值”来源于什么因素的贡献问题引起了众多经济学家的研究兴趣。

正是在对 20 世纪 50 年代末 60 年代初“索洛余值”进行学术研究的实践背景下，舒尔茨（Schultz，1961）提出了较为系统的人力资本理论，并尝试用人力资本理论来解释产出的剩余部分。舒尔茨提出：“我对这种事实迷惑不解（索洛余值——笔者注），我们经常衡量资本和劳动力的概念几乎无法解释一定产量时期发生的产量增长……我开始认识到，确定为资本和劳动力的生产要素不是一成

① 增长核算背后的中心思想是，产出的增长能被分解为可归因于投入要素增加的增长和未归因于投入要素增加的剩余增长。归因于特定投入的产出增长率等于此投入在产出中的份额乘以此投入的增长率。更准确地说，投入的贡献等于产出水平对投入的弹性乘以此投入的增长率（埃尔赫南・赫尔普曼，2007，P21）。

不变的，但在一定时期可以改进，而且在作为资本和劳动力来衡量时，这些改进被忽视了。这使我豁然明了，在美国许多人对自己进行大量投资，作为人的因素，这些人的投资对经济增长有一种渗透的影响，而人力资本的关键投资就是教育。”①此后，宇泽弘文（Uzawa，1965）进一步提出了人力资本驱动生产率改进的经济增长模型，在其模型中，产出是有形要素和教育部门带来的技术进步的函数。20 世纪 80 年代以来，伴随着罗默（Romer，1986）和卢卡斯（Lucas，1988）等经济学家的开创性研究，新增长理论不断发展壮大起来，人力资本积累以及作为人力资本积累的主要途径的教育对经济增长的重要性在经济增长理论中日益得到重视。

不同于将技术变化设定为固定且外生的索洛模型，新增长理论不再把技术进步看作外生变量，而是将其内生化。在揭示技术进步的决定因素中，新增长理论明确提出了劳动力通过教育增加人力资本积累进而促进经济增长的机制。在卢卡斯（Lucas，1988）的研究中，总产出就被设定为物质资本（如机器、设备和建筑）、总的人力资本（对技巧总和的度量）以及劳动力人力资本的平均水平的函数。

教育是人力资本形成的重要途径。随着人力资本积累日益被作为经济持续增长的一个重要源泉，经济学家认识到，作为人力资本投资的重要途径，教育在经济增长中也必然起着不可忽视的作用。随着研究的深入，教育作为经济增长的重要推动因素成为学者的共识，并在经济核算理论的诸多实证研究中得到了证实。杨（Young，1995）的研究发现，学校教育年限上升对东亚新兴工业化国家和地区的经济增长发挥了中心作用；戈尔丁和卡茨（Goldin，Katz，2001）的研究发现，20 世纪，约 25%的美国工人的平均收入增长可归因于教育进步；米奇（Mitch，2001）的研究发现，20 世纪，中等教育和高等教育的普及对欧洲的经济增长产生了重大影响。

三、高等教育推动经济增长的机制

马克思主义经济理论与西方经济增长理论模型的进展及经济增长核算实证

---

① 出自舒尔茨的《教育的经济价值》一书，此处转引自范先佐《教育经济学》，中国人民大学出版社，2014 年版，第 77 页。

研究的深入，为我们探讨高等教育推动经济增长的内在机制提供了多种视角。大体来说，高等教育对经济增长的影响有内外两重机制。一是内部机制，按照卢卡斯（Lucas，1988）的定义，高等教育影响经济增长的内部机制是指“个人的人力资本对其生产力（率）的作用”。作为凝聚在劳动者身上的知识、技能及其表现出来的能力，人力资本积累具有提高劳动生产率的作用。高等教育作为培养高等专业人才的社会实践活动，恰恰是人力资本形成的最为重要的途径。二是外部机制，高等教育影响经济增长的外部机制是指高等教育除了可以直接形成人力资本进而提高生产力之外，还可以通过其他渠道促进经济增长（赵青，梁军，2010）。

进一步来说，我们可以从宏观和微观两个角度分析高等教育影响经济增长的内部机制。从宏观角度看，高等教育提升了人力资本，并从两条路径上影响经济增长：一是作为独立要素，人力资本通过提高劳动者自身的劳动生产率直接促进经济增长，进而推动一国收入水平提高；二是人力资本存量水平的提高会促进国内技术的研发和对国外技术的引进、吸收与采用，通过促进技术进步进而对经济增长产生作用。这是因为，相比于一般的劳动力，凝聚了知识和能力的人力资本不仅具有更高的自主科技创新能力，而且具有更好的对技术知识的吸收、转化和利用能力。从微观角度看，雇主往往根据受教育年限或学历来识别不同能力的求职者，并根据受教育年限或学历来确定求职者的职位和薪酬，之所以如此，是因为雇主认为他们具有相对较高的生产力或至少具有较高生产力的潜力。①雇员整体的受教育程度高、高学历雇员处于较高职位会促进公司生产效率的提高，高等教育通过促进公司人力资源的合理配置来提高社会整体的资源配置水平，进而促进经济增长。

我们可以从狭义和广义两个方面对高等教育的外部机制进行分析。狭义的外部机制主要是指高等教育能够间接地提高经济部门生产要素的集聚程度和品质，从而改善经济活动效率，加快经济增长速度。从宏观角度看，人力资本存量通过高等教育投资得到提高后，往往会促进对物质资本的吸引与积累，通过提高要素聚集度进而改善活动效率，从而间接地促进经济增长。从微观角度看，受教育程

① 20 世纪 70 年代初，美国经济学家迈克尔·斯宾塞（Michael Spence）和罗伯特·索洛（Robert Solow）等提出的筛选假说（screening hypothesis）认为，教育具有对不同能力的人进行筛选的功能，能帮助雇主识别不同能力的求职者，并将他们安排到不同的职业岗位上。

度较高的个人往往会提高受教育程度较低的同事的生产力，人力资本具有技术知识溢出机制，“看中学”（learning by watching）与“干中学”（learning by doing）等技术知识溢出机制使得个体人力资本提升不仅会提高个人劳动生产率，还有助于群体中的其他个体劳动生产率的提高，进而有助于经济增长。人力资本平均水平较高的环境往往会激发人们进一步学习并向教育投资，从而也会间接促进经济增长。广义的外部机制主要是指高等教育除了能够提升经济部门要素的品质和效率外，还会通过促进非经济部门的发展来间接促进经济增长。一般来说，这种间接促进包括提高子女的品质、提高家庭内部劳动的生产率、有助于改善受教育者本人及其配偶和家庭成员的健康状况、降低生育率、提高消费者选择效率、提高婚姻选择效率、提高储蓄率、降低犯罪率、提高社会和谐程度、促进技术进步与提高传播速度、促进社会民主化程度、提高环境质量等（姚益龙，2004）。这些方面的提高无疑会大大改善经济活动赖以进行的社会与自然环境，从而间接地提高经济增长的速度和质量。

此外，高等教育发展和经济增长往往还会形成发散型的正反馈机制：一方面，高等教育发展或者说高等教育投资加速了经济的不断增长；另一方面，经济的进一步增长反过来又对高等教育的发展提出了更高的要求，并为高等教育投资提供更多的物力和财力支持，而高等教育发展规模的扩大与质量的提高又会进一步促进经济发展的规模与质量。正是在这种发散型的正反馈机制的作用下，高等教育和经济增长相互影响、相互推动，从而得以共同发展（梁军，2009，2016b）。

第二节　高等教育、人力资本形成与收入陷阱跨越

对于跨越中等收入陷阱的经济体来说，高等教育最为重要的作用是增加经济发展所需要的人力资本。同样，对于当前处于中高收入阶段的中国来说，其能不能实现经济增长方式的转变和经济的高质量发展，依赖于方方面面的协调改革，而人力资本投资无疑是其中至关重要的基础环节。高等教育作为培养高等专业人才的社会实践，在高层次人力资本培养的各种途径中又是最为重要的一环。

一、人力资本与跨越中等收入陷阱

作为一个与物质资本相对应的概念，人力资本指的是凝聚在劳动者身上的知识、技能及其所表现出来的能力。作为一种高于人们原始劳动能力的个人自身的技能与能力，就其实体来说，人力资本是活的个体所拥有的体力、健康、经验、知识和技能，以及其他精神存量的总称，可以在未来的特定经济活动中给有关经济行为主体带来剩余价值或利润收益（范先佐，2014）。1958 年，明瑟（Mincer）在其博士论文《人力资本投资与个人收入分配》中使用了“人力资本”这一概念[①]，舒尔茨（Schultz，1961）则首先系统地阐述了人力资本理论，之后的贝克尔（Becker，1964，1985）和罗默（Romer，1986）等经济学家进一步拓展并深化了人力资本的概念及其对经济增长影响的机制。

众所周知，经济产出是自然资源、物质资本和劳动等诸多要素有效组合和共同作用的结果，但从根本上说，在影响经济产出的所有要素中，人的劳动是最为基本的要素，其他要素的作用实际上都是围绕人并通过人这一核心要素起作用的。正如马克思所指出的，生产力“是人以自身的活动引起、调整和控制人和自然之间的物质变换的过程”[②]。

伴随着现代人力资本理论的形成和发展，经济学家越来越认识到，人不仅仅是一般的劳动力，更重要的是，人是人力资本的载体，而人力资本对现代经济增长和发展的意义越来越重要。舒尔茨（1982）甚至认为，当代经济的增长、国家财富的构成，主要是人力资本发挥作用的结果。他说：“当代高收入国家的财富是由什么构成的？主要是人的能力……在这些高收入国家中发生的现象是：来自财产方面的收入与来自工资薪金以及企业活动的收入相比是显著降低了。在美国，国民经济收入的 1/5 是来自人力资本。”在一国经济增长和发展过程中，人力资本存量的增加比物质资本存量和劳动力数量的增加重要得多。如果说物质资本是一国经济起飞的先决条件之一的话，人力资本则是最终影响经济发展成效的决定性因素。在人力资本投资过程中形成的知识积累和经济增长之间存在如下关

---

① 该文于 1958 年发表于《政治经济学杂志》（Mincer，1958）。

②马克思恩格斯全集（第二十三卷），中共中央马克思恩格斯列宁斯大林著作编译局译，北京：人民出版社，1972 年，第 201-202 页。

系：知识提升人力资本存量，促进经济增长→人们在经济增长中积累更多的新知识→人们增加的知识存量又推动了经济增长（刘志民，2007）。西方的人力资本理论及相应的实证研究结论重新证明了人，特别是具有专业知识和技术的高质量的人，是推动经济增长和经济发展的重要动力。

大体来说，人力资本的增长会从以下几个方面对一国的经济增长和发展起作用。一是人力资本存量越大，即劳动力的科技文化水平和生产能力越高，劳动力质量就越高，其结果是同一劳动将会在同样的物质生产要素条件下有更大的产出，导致人均产出不断增长。二是人力资本的提高会导致物质资本生产效率的改善。这是因为，一方面，人力资本提高将通过劳动者技能的提高、技术操作工艺水平的改善进而提升物质资本的使用效率；另一方面，人力资本提高还会直接推动物质资本的不断更新，因为随着科技的进步，人们将会使用更高质量、更高效率的新资本设备替换原有的资本设备。三是人力资本在现代生产过程中会越来越多地替代其他生产要素。四是人力资本本身具有收益递增的特点，并由此会从根本上使生产可能性边界以越来越快的速度向外扩张。五是人力资本发展有助于重塑人的思想品格与精神素质，更新思想观念，提高创新意识与奋斗精神，促进人的全面发展，从思想观念和精神素质方面为一国经济的增长和发展提供重要的精神动力。

人力资本形成对跨越中等收入陷阱有什么重要意义呢？从国际经验来看，迈入中等收入阶段的国家往往同时也进入了工业化的中后期。在这一时期，国家的工业产出占经济总量的比重会保持稳定或缓慢提高，工业内部结构开始逐渐升级，工业部门就业劳动人口比例逐步提升，城市化率不断上升，而经济要想保持之前的高速增长已经变得越来越困难。在此阶段，国家经济的重心将实现从制造业到服务业、从一般制造业到高科技先进制造业的转换，整个社会对从事单纯物质产品生产劳动者的需求量相对减少，而对人力资本、研究与开发（research and development，R&D）、技术进步等知识资本的要求大大增加。如果不能顺利地实现经济结构的转换，经济增速的减缓势必会影响人均 GNI 的持续增加，进而会影响跨越中等收入陷阱的顺利与否。处于类似时期的日本、韩国、新加坡等成功跨越中等收入陷阱的国家，通过宏观政策的转变和人力资本的投资，有力地支持了产业结构的升级调整，促进了技术创新能力的持续提升，同时推动了社会民生事业的持续发展，从而较快地实现了由中等收入阶段向高收入阶段的跨越。在这一跨越过程中，这些国家人力资本的快速积累与提升为实现这一跨越准备了坚实的高素质劳动力基础。

从中国实际情况看，改革开放初期的粗放型经济增长主要依靠的是生产要素投入规模的大幅扩张，过于注重产出的数量，相对忽视了产业结构的升级、收入分配的改善以及需求结构的平衡等，因此造成了近些年来产能过剩的不断加剧、经济结构的失衡、分配差距过大等诸多问题，并严重影响到经济增长和人均收入提高的可持续性。正如上一章所分析的，要迈过中等收入阶段，中国的经济增长要从依靠要素投入规模扩张转向注重全要素生产率的提高和经济结构的优化，从粗放型经济增长方式转变为集约型经济增长方式，实现经济高质量发展。经济增长方式转变的实现，依赖于方方面面的协调改革，人力资本提升无疑是其中至关重要的环节。

具体来说，人力资本积累与提升会从以下方面推动经济体实现中等收入陷阱的跨越。

第一，人力资本的增加会大大提高劳动者的工作效率，缩短劳动者的学习时间，提高劳动者工作的准确性，降低工作中失误及事故发生的概率，提高劳动者的创造性，使其在工作中注入新思维、提出新方法，从而使经济增长更有效率。正如马克思对于复杂劳动与简单劳动在价值量形成中的差别分析的那样，“少量的复杂劳动等于多量的简单劳动”①，也就是说，高质量劳动力的劳动与低质量劳动力的劳动存在显著差别，高质量劳动力的生产能力可以是低质量劳动力生产能力的数倍。

第二，人力资本投资可以通过“人力资本红利”（human capital bonus）替代“人口红利”，解决经济体迈入中等收入阶段后长期劳动力绝对投入数量逐步减少的问题。人力资本增加可以在很大程度上弥补劳动力数量的不足，因此，通过努力挖掘人力资本红利，可以塑造经济体经济进一步发展的新动力。有研究表明，从 2010 年起，中国进入了人口红利下降期，劳动年龄人口（16—64 岁）占总人

① 马克思恩格斯全集（第二十三卷），中共中央马克思恩格斯列宁斯大林著作编译局译，北京：人民出版社，1972 年，第 58 页。

口的比例从 74.5%降至 2014 年的 73.4%，下降了 1.1 个百分点。但与此同时，大专以上文化程度人口占总人口的比例从 8.75%上升至 2014 年的 11.01%，提高了 2.26 个百分点，明显超过了劳动年龄人口的下降幅度，教育红利、人力资本红利大大抵消了人口红利下降的影响。[①]世界经济黄皮书《2016 年世界经济形势分析与预测》也指出，中国经济未来的增长点在于“人力资本红利”，“人力资本红利”将在很大程度上缓解“人口红利”下降带来的负面影响，并有望使 2020 年之前中国经济的潜在增长速度继续维持在 8%以上。[②]

第三，人力资本投资可以通过促进要素有效配置和知识溢出效应促进经济体的产业结构升级。产业结构升级是指产业结构从低级形态向高级形态转变的过程或趋势，其本质是对包括物质资本、劳动力和人力资本等生产要素进行重新配置的动态过程。人力资本对产业结构升级的重要作用，一方面表现为作为经济增长的核心要素，促进其他生产要素向人力资本存量高的产业和地区聚集，实现生产要素在产业间和地区间的有效转移和配置，提高产业转化速度，促进产业结构升级；另一方面表现为作为技术进步的载体，通过“干中学”效应[③]和知识溢出效应（knowledge spillover effect）[④]诱发技术创新，并促进技术引进和吸收。此外，人力资本的提高可以通过节约和替代投入到生产过程中的物质资本数量和低技能劳动力数量来实现，进而提高劳动生产率和资本生产率，推动产业结构升级。迈入中等收入阶段经济体的产业结构升级，无论是产业间的还是产业内的，都依赖于人力资本的总量增长和质量提升。此外，人力资本的增加不仅有助于提高企业其他生产要素的使用效率，延长设备使用时间，提高产品标准化程度，而且能促进物质生产要素的革新，创造更加高效、先进的生产设备以替代原有陈旧落后

① 张晓鸽：教育部举行发布会 专家：我国已进入“人才红利期”. 2015-12-11. http://www.cssn.cn/shx/shx_gcz/201512/t20151211_2778495.shtml.

②《2016 年世界经济形势分析与预测》——中国经济未来的增长点在于“人力资本红利”. 2015-12-23. http://world.people.com.cn/n1/2015/1223/c1002-27966066.html.

③ 即学习效应，意指在工作或生产的过程中，通过对经验的积累总结，从而实现生产率的提高和知识的不断创新。这一概念是美国经济学家阿罗（Arrow）于 1962 年在其著名的《干中学的经济含义》一文中提出来的，用来强调知识累积的重要途径是经验，即在生产中产生并尝试解决问题的实践将会极大促进生产效率的提高。

④“知识溢出”这一概念是美国经济学家罗默（Romer）提出来的。不同于阿罗用外部性解释溢出效应对经济增长的作用，罗默提出了知识溢出模型。罗默认为，知识不同于普通商品之处在于知识具有溢出效应。知识溢出效应使得任何厂商所生产的知识都能提高全社会的生产率。

的生产工具。人力资本投资具有的配置效应有助于企业减少生产的无序性，实施更加便捷高效的科学管理。一方面，劳动者素质的提高有助于增强劳动者对企业的认同感及归属感，提高自律意识，树立企业责任感；另一方面，劳动者素质的提高有助于企业内部形成良好的竞争及激励机制，节约企业资源，提高资源利用率，优化和升级生产方式，实现企业内部的高效率生产。

第四，人力资本带来的知识的溢出性与扩张性有助于弱化社会经济的收益递减规律，实现经济的高速发展。就知识的溢出性而言，新的生产技术及方法一旦被某个部门或企业应用，就会很快渗透到企业中的其他部门及其他企业乃至整个行业，从而提高整个行业的生产效率及生产水平，促进社会经济的发展。就知识的扩张性而言，当一种知识或技术逐渐积累和发展直至得到创新时，生产方式将会因此发生重大变革，生产能力也会获得极大提高并因此使得产出获得成倍增长。知识的溢出性与扩张性需要高素质的人力资本作为传播载体，受教育程度高和生产技能熟练的工人对新知识的接受性及适应性更强，尤其对于经济发展水平较低的发展中国家而言，其在吸收发达新技术的同时需要培养高素质的人才作为传播新技术的后盾支持，才能更好地推动新技术的推广及使用。因此，人力资本的提升在现代社会经济中的重要性是不容忽视的，人力资本的积累是社会经济发展的重要的决定性因素，是社会经济增长的源泉，对于身处中等收入阶段的经济体来说尤其如此。

第五，人力资本投资有助于促使经济体的经济发展方式由资源消耗型向科技创新型转变。人力资本理论与新经济增长理论的研究表明，在现代经济增长条件下，与物质资本相比，人力资本在促进经济增长特别是经济发展方式转变中的作用更具有持续性。赵曙明和陈天渔（1998）对 20 世纪 60—70 年代不同国家经济增长经验的研究发现，注重人力资本积累战略的国家和地区的实际人均 GNP 平均增长率为 4.68%，实施物质资本积累战略的国家和地区仅为 3.86%，进入 80 年代以后，两者的差距进一步扩大。在曼昆等（Mankiw et al.，1992）的研究中，要素投入的差异特别是人力资本方面投入的差异——解释了 80%以上的跨国收入差别。就中国来说，几十年制造业的粗放发展使得中国既是一个能源消费大国，又是一个污染排放大国，经济的可持续发展必须要实现节能减排。人力资本提升则有助于中国的节能减排和生产方式转变。一方面，人力资本提高能够有力地促进科技发展，创造出新的生产技术和新的要素投入—产出关系，更好地发挥全要素生产率对产出的促进作用，进而在实现同样产出目标的前提下减少要素投入，节约能源原材料的使用，实现节能；另一方面，人力资本提高可以促进绿色经济和环保经济的充分发展，用更清洁的能源生产出更清洁的产品，减少废弃物质的排放，实现减排。此外，人力资本达到较高水平后，国家会更为重视经济发展的质量，对绿色产品和环保产品的需求会随之增加，从而刺激绿色产业和新兴能源产业的发展，引导经济发展方式从粗放型向集约型转变，由资源消耗型向科技创新型转变（巫和懋，冯仕亮，2014）。

第六，人力资本提升可以改善经济体的居民收入分配，促进社会和谐发展，进而推动经济增长和人均 GNI 的提高。经济发展停滞与收入分配恶化之间具有互为因果和互相强化的关系，可能是导致一些经济体陷入中等收入陷阱的重要原因（蔡昉，王美艳，2014）。就较早迈入中等收入国家的拉丁美洲和一些亚洲国家来说，经济增长缓慢甚至停滞致使这些国家至今未能跨进高收入国家行列。在“蛋糕”不能继续做大的情况下，经济增长的分享程度日益弱化，在缺乏良好、有效制度的条件下，根据政治经济学的逻辑，富人具有更强的谈判能力并能获得较大的“蛋糕”份额，这会导致收入和财富积累的马太效应（Matthew effect），从而导致经济体的居民收入差距不断扩大。政治家无论是出于良好的动机，还是为了选票的需要，虽然也会一次次地做出改善收入状况的承诺，却因经济增长处于停滞而难以兑现，在政治上多会陷入民粹主义政策的困境（Dornbusch，Edwards，1989）。因此，一国经济的持续发展重要的不仅仅是将国民总产出的“蛋糕”做多做大，同时也需要将“蛋糕”进行更为公平的分配，实现包容性增长，使全体社会成员都能够从经济的增长和发展中增进福利。人力资本的提升将促使传统的资源密集型行业和资本密集型行业被人力资本密集型行业逐渐取代，使不同层次人力资本的劳动者都将通过产业结构的升级得到劳动报酬不同程度的增加，从而有助于改善之前收入分配过于偏向资本的状况，降低基尼系数并实现全社会和谐稳定。

二、高等教育与人力资本积累

根据教育经济学理论，教育可以增加人力资本。诺贝尔经济学奖获得者贝克尔（Becker，1985）就把教育看成是一种生产、积累和维持人力资本的方式。增加一国人力资本的投资形式通常包括用于教育训练的支出、卫生保健的支出、移民入境的支出等，其中，教育被公认为是人力资本形成和发展的最主要途径。在国民教育体系中，高等教育作为培养高等专业人才的社会实践活动，在各经济体的人力资本形成和发展的各种途径中又是最为重要和关键的一环。

具体来说，高等教育会从以下几个方面推动高层次人力资本的形成。

首先，高等教育能够提高劳动者的思想道德素质。劳动者的思想道德素质是衡量一国人力资本发展水平高低的重要方面。秦其文（2007）指出，人的思想道德素质之所以是人力资本的最重要的影响因素，是因为它依附在人身上并通过支配人的经济行为影响经济增长和经济发展，这也正是思想影响经济增长和经济发展的总机制和总路径。一国的国民思想素质、道德水准越高，奋斗精神越强，创新意识越浓，对现代化的追求越迫切，该国的人力资本水平也就越高。教育特别是高等教育是提高国民思想道德素质的重要途径。正如德国著名伦理学家鲍尔生（Paulsen）所认为的，教育和科学知识是促进人类道德进步的重要力量，是构成人的美德的重要方面；马克思也说，良心是由人的全部知识和全部生活来决定的（转引自范先佐，2014）。显然，高等教育的发展程度和水平对劳动者的思想道德价值观念的形成和进步有重大的促进作用。

其次，高等教育能够提高劳动者的智力素质。劳动者的智力素质，特别是劳动者的文化知识和科技水平的提高，是现代人力资本形成和发展的主要标志。劳动者的科学文化知识的掌握、科学素养的提高、创造力的培养，都与教育特别是高等教育关系密切（范先佐，2014）。科学文化知识的传递、积累和发展主要靠教育，因为教育是人类自觉地、系统地向受教育者传授知识和培养他们能力的主要形式，也是效率最高、发展最成熟的知识传递、积累和发展的形式。相对于初等教育与中等教育，一国高等教育的发展情况更能直接影响其劳动力的智力素质。劳动者的科学素养也是人力资本的重要内容，而要使劳动者深入掌握科学的内在特点与规律，主要也是通过高等教育进行的。劳动者智力素质中最有价值的部分是劳动者的创造力。在当代科学技术高速发展的条件下，劳动者的创造力主要表现在新技术、新思想的创新上，而这需要一国的教育特别是高等教育不仅仅要传授前人的科学知识成果，更重要的是要激发受教育者的创造潜能，激发其想象力和创造力。

最后，高等教育能够影响劳动者的身心健康。身心健康也是人的素质结构中不可缺少的一项基本素质，并且是人的素质结构中起关键作用的素质。无论是劳动者生理健康素质的提高，还是心理健康素质的培养，都离不开教育特别是高等教育的作用。首先，高等教育对劳动者的生理素质的提高有着较大的影响。一般来说，受过高等教育的劳动者会掌握程度较高的保健知识和安全知识，在工作和生活中患病、负伤和致残的概率会比未受过高等教育的劳动者相对小一些。通常，受教育程度越高的劳动者越易接受科学知识（包括卫生保健知识）。因此，受过高等教育的劳动者的生理素质相对较高。其次，高等教育对劳动者心理素质的健康水平也有重大影响。接受过高等教育的劳动者普遍接受过一定程度的高等心理学教育，而心理学教育的直接目标就是使受教育者个体的认知能力、情感、意志等得到发展，提高受教育者的心理健康水平，充分挖掘受教育者的心理潜能，培养其良好的心理素质，增强其社会适应能力。

正是鉴于教育特别是高等教育在人力资本形成中的重要作用，国内外大量实证文献通常用教育的相关指标作为人力资本的代理变量，研究人力资本提升对经济增长的影响。因此，大量有关人力资本影响经济增长的实证研究，实际上探讨的也是教育发展对经济增长的影响。

在国外学者的研究中，一项对美国 1948—1986 年经济增长因素核算的研究表明，人力资本对经济增长的贡献率为 26%（Jorgenson，Fraumeni，1992）；一项对 98 个国家人均产出增长的跨国差异研究发现，人力资本提高的作用占所有因素对经济增长作用的 6%—12%（Klenow，Rodriguez-Clare，1997）；一项对 127 个国家人均产出跨国差异水平的核算研究表明，人力资本对经济增长的作用占总份额的 22%（Hall，Jones，1996）；还有一项使用经济合作与发展组织（Organization for Economic Co-operation and Development，OECD）国家 1971—1998 年的数据进行的实证研究表明，成年人口平均受教育的年数每提高 1%，劳动者的人均 GDP 会增长 0.57%（Bassanini，Scarpetta，2002）。随着实证研究的不断深入，学者们发现，在不同经济发展水平下，教育对经济的促进效用有所差异；在经济水平相同的情况下，不同层级的教育对经济增长的影响也存在差异。有研究者把研究对象分为经济发达地区和经济欠发达地区，分别讨论了教育对经济增长的影响，其研究结果表明，一个国家和地区的经济发展程度越高，层级较高的教育对经济增长的影响就会越大（Petrakis，Stamatakis，2002）。

在国内学者的研究中，韩宗礼（1990）依据不同受教育程度劳动者的劳动生产率，估算出中国在 1964—1987 年教育对国民收入增长的贡献率为 36%；蔡增正（1999）利用 194 个国家和地区的数据得出了教育对经济增长的贡献巨大且溢出作用最为显著的结论；陆根尧和朱省娥（2004）运用教育与非教育两部门模型研究发现，中国教育对经济增长的贡献与国际平均水平相比相对较低，教育对非教育部门的溢出作用与国际相比则相对较高；郭海湘等（2008）认为，教育对经济增长的贡献率等于教育对实际人力资本的贡献率和实际人力资本对经济增长的贡献率的乘积，其实证研究结果表明，2003—2006 年，中国教育对经济的贡献率为 8.28%；田庆华和李廷瑞（2012）的实证研究表明，中国东部地区教育转化为现实生产力的效率低下，教育产业每增长 1%，经济增长只提高 0.16%。

近些年来，国内学者除了从人力资本积累这一基本方面进一步揭示教育发展对经济增长的重要意义之外，也进一步探讨了教育发展通过改善社会基础结构、促进知识和技术创新、推动社会价值观与社会文明进步对国家经济发展的促进作用（项贤明，2010），也有学者从缩小贫富差距和地区差距、提高社会素质和民主素质等方面研究教育对经济发展的基础性作用（陆铭等，2005；姚先国，张海峰，2008），更有学者把实现教育发展特别是高等教育发展看成是推动中国跨越中等收入陷阱的关键，强调增加教育投资、加快实现以创新能力培养为核心的教育转型的重大意义（张勇等，2012；梁军，2016a）。

三、提升人力资本跨越中等收入陷阱的国际经验

在被公认为成功跨越中等收入陷阱的经济体中，日本和韩国是典型。1973 年，日本人均 GDP 达到 3800 美元，1985 年超过 11 000 美元；韩国人均 GDP 在 1987 年接近 3500 美元，1995 年超过 11 000 美元。从跨越中等收入阶段所用时间来看，日本用了 12 年时间，韩国用了 8 年时间（高文书，2014）。日本和韩国通过发展高等教育积累人力资本跨越中等收入陷阱的发展经验，可以为许多国家特别是像中国这样的发展中大国提供有益的启示。

进入中等收入阶段后，日本在采取加大公共教育投入、发展普通教育、加强

职业技术教育[①]等措施的基础上，快速推进了高等教育大众化的进程。一般认为，高等教育毛入学率达到 15%—50%则可被认为进入高等教育大众化阶段。日本开始进入高等教育大众化阶段是在 20 世纪 70 年代初期。1971 年日本的高等教育毛入学率为 17.6%，1973 年为 20.8%，此后快速增长，1975 年达到 24.6%，1980 年达到 31.2%，平均每年提高约 1.5 个百分点。1980 年之后，日本的高等教育毛入学率一直维持在 30%左右的水平。[②]高等教育大众化为日本跨越中等收入阶段奠定了坚实的人力资本基础。

1987—1995 年，韩国仅用 8 年时间就跨越了中等收入阶段。在这一过程中，通过发展教育特别是高等教育和培训等进行的人力资本投资，支撑了韩国的产业结构调整和经济增长方式转变，并成为韩国快速跨越中等收入陷阱的关键因素。高文书（2014）的研究指出，第二次世界大战后，韩国将人力资本培养视为国家战略。20 世纪六七十年代，韩国政府在发展教育方面采取了“巩固初等义务教育，普及中等教育，提高高等教育，加强职业技术教育”的方针，积极推进各级各类教育的全面发展，并把教育提高到与国家发展直接联系的高度。在跨越中等收入阶段期间，韩国人力资本投资的显著特点表现为高等教育规模的快速扩张，韩国高度重视高等教育的战略性地位，提出把高等教育作为知识产业、技术革新和文化发展战略的重要组成部分，以应对经济发展阶段跨越过程中可能出现的人才不足问题。1980 年之前，韩国的高等教育毛入学率约 10%；1981 年，韩国的高等教育毛入学率达到 15.3%，首次突破 15%，标志着韩国开始进入高等教育大众化阶段。在跨入中高收入阶段的 1987 年，韩国的高等教育毛入学率达到了 35.2%；到韩国越过中等收入阶段的 1995 年，其高等教育毛入学率已经达到 48.9%，基本进入高等教育普及化阶段。在整个中等收入阶段期间，韩国的高等教育毛入学率每年提高近 2 个百分点，提高速度之快在全世界是首屈一指的。在整个中等收入

① 进入中等收入阶段后，日本将教育的重点放在职业技术人才的培养上，着重针对中等教育和高等教育采取了一系列改革措施，以加强职业技术教育。20 世纪 70 年代，日本相继建立了一系列职业培训学校，并出台了国家层面的相关法律制度，为职业技术人才的培养提供了法律保障。

② 日本在进入中等收入阶段之前，就显著地加大了公共教育投入。1971 年日本公共教育支出占 GDP 的比重为 3.72%，1972 年提升到 4.08%。1973 年跨入中等收入阶段时，日本公共教育支出占 GDP 的比重达到 4.11%，1975 年达到 4.75%，1980 年达到 5.15%，到 1983 年日本跨越中等收入阶段时，该比重仍保持在 5%左右（高文书，2014）。

阶段期间，韩国初中文化劳动者所占比例为 40%—44%，受过高等教育的劳动者所占比例达到 15%—20%，良好的人力资源为韩国跨越中等收入阶段奠定了坚实的劳动力基础（高文书，2014）。

第三节　高等教育、科技进步与收入陷阱跨越

相对于其他技术研发创新机构，高等学校具有处于研发技术前沿、注重基础技术研发、科研人员众多、交叉科技研发能力突出等诸多优势，是各国科技研发的重要阵地。现代经济增长是建立在先进技术以及相应的制度和思想意识基础上的，科技进步对于跨越中等收入陷阱具有极为重要的意义。为此，高等教育的发展对于一国加快科技进步进而实现收入阶段的跨越意义重大。

一、科技进步与跨越中等收入陷阱

从静态角度看，科学是建立在实践基础上的、经过实验验证的、具有严密逻辑论证的关于客观世界各个领域事物现象的本质、特征、必然联系或运动规律的理性认识和知识体系；从动态角度看，科学是探索真理的一种特殊的认识活动。技术是科学的应用，是与生产实践紧密联系的知识，是生产某种物品或完成某项任务的实用方法，是根据生产时间和科学原理发展而成的各种工艺、操作方法与技能等。

就科学与技术的关系看，前者是后者的基础和出发点，往往起着更为先导性的作用；后者是前者的结果，技术进步的成果反过来又为科学的进一步研究提供了重要的工具和手段。西蒙·库兹涅茨（1989）精辟地分析了科学知识储存和新知识大量应用的关系。他提出，对于有用知识和科学储存的高增长率来说，新知识和技术革新的大规模应用是一项必要（纵然不是充足的）的条件。因为只有这样，新知识和技术革新才有可能真实地带来更多的人均产值，并进而为生产新知识的投资提供额外的资源。通常来说，一项重大发明的广泛应用及其在大量生产中的传播，必然会为作为其基础的理论意义、过程和资料增添更多的细节和情报，

还可能会产生新的工具。这种新增添的知识和工具反过来又为基础科学的新进展，而且往往是未预料到的方向和途径方面的新进展提供重要基础。

科学技术在现代经济增长中具有极为重要的意义。西蒙·库兹涅茨（1989）强调，现代经济增长主要是建立在先进技术以及相应的制度和思想意识调整的基础上的，并明确指出，标志着现代经济时代的划时代创新在于科学被广泛地应用于解决经济生产领域的问题。众多的经济史学家也认为，科技进步处于现代经济增长的中心地位。兰德斯（Landes，1969）、罗森伯格（Rosenberg，1982）和莫基尔（Mokyr，1990）通过对科技变化的细致研究发现，不仅科技变化对于现代工业的形成必不可少，而且科技在塑造经济活动的过程中长期发挥着重要作用。

对典型的先发展起来的工业化国家各自所具有的代表性技术对经济增长的贡献的比较分析（表 2-1），进一步说明了科学技术发展在现代经济增长中所起的重要作用。

表 2-1 代表性技术创新对经济增长的贡献 （单位：%）

技术-国家	时期	资本深化	生产方面的技术进步	应用方面的技术进步	总计
蒸汽机-英国	1780—1860 年	0.19	—	0.32	0.51
铁路-英国	1840—1870 年	0.13	0.10	—	0.23
	1870—1890 年	0.14	0.09	—	0.23
铁路-美国	1839—1870 年	0.12	0.09	—	0.21
	1870—1890 年	0.32	0.24	—	0.56
电力-美国	1899—1919 年	0.34	0.07	—	0.41
	1919—1929 年	0.23	0.05	0.70	0.98

资料来源：吴敬琏：《中国增长模式抉择》，上海远东出版社，2006 年，第 70 页

科学技术发展对于跨越中等收入陷阱有什么意义呢？通常来说，当一国进入中等收入阶段后，其资本深化的作用会日益下降，经济产出和人均 GNI 要想保持稳定而持续的增长，必须依靠劳动生产率的提高和经济结构的优化，而科技进步则是劳动生产率提高和经济结构优化的重要保障。就第二次世界大战后多数发展中国家的经济发展现实来说，其经济增长和人均收入的提高主要依靠的是生产要素投入规模的扩张，在经济增长过程中相对忽视了产业结构的升级和技术的自主创新，从而影响到了经济发展的可持续性。进入中等收入阶段后，要想顺利跨越

中等收入阶段，其根本路径是切实加快转变经济发展方式。为此，要实现收入阶段跨越，这些国家必须根据国内外经济形势的新变化，立足创新驱动，加快结构调整，走出一条低能耗、低污染、高附加值的产业发展新路，使经济发展和人均收入提高转向更多地依靠现代服务业和战略性新兴产业的带动，而这就需要依靠劳动者素质的提高和科技进步。

大体来说，科技进步会通过以下途径推动国家实现中等收入阶段跨越。

首先，科技进步能够提高一国的劳动生产率，解决或替代“人口红利”逐步消失以及由此带来的资本报酬递减的制约，促进经济产出和人均 GNI 的持续提高。如上所述，现代经济增长主要依靠科技进步，科技进步是经济长期可持续发展的主要动力源泉。就中国来说，经过几十年的高速增长之后，当前的经济发展面临进入“刘易斯拐点”以及“人口红利”消失等情况，劳动生产率的进一步提升受到制约，而科技进步则可以在原有要素投入不间断的条件下，通过提高劳动者素质和资本质量提升要素产出的效率，促进经济产出水平和人均收入水平的不断提高。

其次，科技进步有利于一国经济结构的调整优化。任何国家的经济结构都不是一成不变的，经济在快速发展的过程中必然会累积一系列的结构性问题，并引发国内要素重新优化配置的要求。近些年来，我国政府一再强调供给侧结构性改革，实际上也正是认识到了经济结构特别是供给结构方面出现了问题。要实现经济结构的有效调整，促进科技进步是重要基础。科技进步会促使实现技术的交替转换，新技术的应用会引起新兴产业的蓬勃兴起，而原有技术所涉及产业则被淘汰，使得经济结构不断优化。

最后，科技进步还有利于促进一国经济发展方式的转变。进入中等收入阶段后，传统的粗放型经济发展方式的弊端会越来越明显地暴露出来，并成为阻碍经济增长和人均 GNI 进一步提高的重要因素。要想实现收入阶段跨越，经济发展方式必须转变，而要实现经济发展方式的顺利转变，推动创新驱动特别是技术创新驱动最为关键。对此，习近平提出“创新是引领发展的第一动力”[①]和“抓住了

① 习近平关于科技创新论述摘编：创新是引领发展的第一动力. 2016-02-26. http://www.cac.gov.cn/2016-02/26/c_1118163021.htm.

创新，就抓住了牵动经济社会发展全局的‘牛鼻子’”[①]的重要论断。只有实现了持续的科技进步，一国才能摆脱经济增长过度依赖劳动和资本等要素投入的情况；只有实现科技进步，一国才能够真正提高经济发展的质量，引导经济发展方式从粗放型向集约型演变。正如党的十八大报告中所指出的，科技创新是提高社会生产力和综合国力的战略支撑，必须摆在国家发展全局的核心位置。[②]

二、高等教育与科技进步

随着社会经济的迅猛发展，科技进步对经济发展的作用日益突出。有关数据显示，20 世纪初期科技进步使发达国家的劳动生产率提高了 20%。1970—1980 年，科技和人才的贡献率占发达国家 GDP 的 75%，设备与资本的贡献率仅占 25%。美国经济增长的支柱性行业由汽车行业、石油行业到软件行业的发展过程，也充分地说明了科技进步在现代社会生产过程中所具有的至关重要的作用（支济祥，2015）。

在一国的科技进步中，高等教育的作用日益突出。从理论上说，高等教育发展对科技进步主要通过以下三种方式起作用。

第一，高等教育是科学技术大规模有效传递和传播的主要途径。人类科学技术的发展是一个不断传递、积累和发展的过程，科学技术是在不断传递和积累的过程中不断进步的。教学活动是高等学校的基本职能，而传授前人的科学技术构成了高校教学活动的主要内容。高等教育的教学活动可以使人类历史上积累起来的科学原理、知识和技术世代相传、继承下去，为新的科学发明、技术创新打下坚实的基础。进一步来说，高等教育所进行的科学技术传播，是一种有组织、有计划、高效率的传播。只因如此，后人才能继承前人的技术知识成果，并在前人所取得科技成果的基础上进行进一步创新，从而把科学技术推到新高度。正如英国科学巨匠牛顿所说，“如果我比别人看得更远，那是因为我站在巨人的肩上”

① 习近平：抓住牵动经济社会发展全局的“牛鼻子”. 2016-04-12. http://politics.people.com.cn/n1/2016/0412/c1001-28270255.html.

② 胡锦涛：坚定不移沿着中国特色社会主义道路前进 为全面建成小康社会而奋斗——代表第十七届中央委员会向中国共产党第十八次全国代表大会作报告. 2012-11-09. http://cpc.people.com.cn/18/n/2012/1109/c350821-19529915.html.

（转引自 Chen，2003）。在科学技术的继承和传播方面，人类的教育活动特别是高等教育活动是最为重要的途径。

第二，高等院校是一国科学技术研究的重要阵地。科学研究是高院学校的重要职能，这意味着高校本身同样是国家重要的科研机构和科研基地。实际上，高等院校不仅传递和传播已有的科学技术，而且同时从事新的科学技术的研发工作，是科技发现、发明和创造的重要基地，并且在国家科技研发中扮演着极为重要的角色。通常来说，高等院校汇集了大量的科学家和学者，有着技术设备先进的实验室和源源不断的、具有创新精神和创新能力的年轻科技队伍，也是国家大量科技研发基金资助的主要地方，并承担着国家基础研究和应用研究的大量科研项目，因而具有从事科学技术研究的独特优势。从各国实践结果看，世界上大量的科学技术发明和创新是在高等院校里完成的，而多数诺贝尔科学奖的获得者普遍具有大学教授的职业身份。

第三，高等院校通过服务社会、与企事业单位合作等促进了科学技术的开发和应用。社会服务是高等院校的第三项重要职能，与企事业单位合作研究、开发与推广新技术，是高校服务社会的重要内容。科学技术是生产力甚至是第一生产力，但科学技术在没有物化或者说没有在生产中使用之前只是知识形态的生产力，只有把科学技术从知识形态转化为生产工具、劳动资料等，科学技术才能转化为现实的生产力。服务社会则是把高等院校研发的知识形态的技术转化为现实的生产技术的重要途径。通过服务社会，高等院校实现了科学技术的转化，推动了科学技术的实际应用，促进了企业生产率的提高。通过服务社会，高等院校又进一步筹集到研发基金并能够实现研发技术的市场收益，从而为高校进一步深入研究科学技术提供了动力。

从实践来看，高校是诸多国家科学技术研发的重要阵地。就美国来说，第二次世界大战后，美国被公认为是世界科技头号强国。在美国的科技创新体系中，大学（包括科研机构）的科技创新一直起着重要的支撑作用。有研究发现，美国任何一个创新产业集聚的地区都有大学环绕。以著名的硅谷和波士顿为例，硅谷依傍着全球知名的斯坦福大学，斯坦福大学被认为是硅谷成功的摇篮，是硅谷成功之源。诺贝尔经济学奖得主加里・贝克尔认为，硅谷附近的两所大学——斯坦福大学和加利福尼亚大学伯克利分校——的教授和大学毕业生在建设充满活力的新创公司的过程中起着重要作用（转引自钟坚，2002）。波士顿拥有 35 所大学，其中就包括哈佛大学和麻省理工学院等一流学府。波士顿的 8 个研究型大学仅在 2001 年就为该地区贡献了 740 亿美元，为 48 750 名大学教员和其他 3700 名各类人才提供了工作机会（沈桂龙，2015）。高校的云集与发展使得波士顿拥有高度密集的技术创新人才资源，年轻人和受过高等教育的人群所占的比例位于全美前列。另外，沈红（1992）的研究表明，美国历史上几次重大的高等教育改革在促进高等教育自身进步（或结构趋于完善，或质量得到提高）的同时，也推动了美国的科技发展登上一级新的台阶。美国高等教育的发展与美国注重教育的投入不无联系。美国联邦政府在教育方面的投入巨大，美国的 R&D 投入每年都在增加，对教育的投入更是如此。1990 年，美国教育开支达到 3530 亿美元，占 GDP 的 6.8%，超过了军费开支，此后美国的教育开支一直维持在占 GDP 总量的 7%—10%的水平，是世界上教育经费投入最多的国家（沈桂龙，2015）。

从中国的科学技术发展实践来看，高校也一直是科学技术研发的重要阵地，在中国的科学技术创新中起着极为重要的作用。据统计，2011—2015 年，中央对高等教育的财政投入达 20 多亿元，实施高等学校创新能力提升计划，建立 38 个国家级“2011 协同创新中心”；投入 20 多亿元，实施“高校哲学社会科学繁荣计划”。在国家相关政策的大力扶持下，中国高校的科研能力显著提升。“十二五”期间，中国高校承担了 60%以上的“973 计划”和重大科学研究计划项目、80%以上的国家自然科学基金面上项目、85%以上的哲学社会科学项目，科研产出量显著增加。在 2014 年度国家科技三大奖中，高校获奖项目超过 70%。2013 年，中国作者（第一作者）发表 SCI 论文 20.41 万篇，其中 82.2%出自高校（翟振元，2016）。2003—2015 年，中国国家自然科学奖一等奖共授奖 7 项，高校获得 5 项；技术发明奖一等奖共授奖 24 项，高校获得 21 项（姜耀东，2016）。这些都说明，中国高等学校的科研实力在不断提升，高校成为科学技术原始创新的“领头羊”，对中国科技创新和经济发展的贡献越来越大，充分体现了高校的基础研究和重大原始性创新研究所占的举足轻重的地位。

当今世界，面对日新月异的科技革命，科技创新能力无疑成为国家竞争的核心能力。大力发展高等教育，重视、支持并充分挖掘高等学校的科学技术研究能力，创设条件推动高校与企业的技术开发与应用合作，是中国提升自主技术创新能力进而提高国家经济能力的重大措施之一。

对于人力资本积累和成功跨越中等收入陷阱，相对于基础教育，高等教育具有怎样的差异和重要性呢？有学者发现，在低收入阶段到中等收入阶段的发展过程中，基础教育发挥着重要作用，而从中等收入到高收入的发展阶段，教育质量相比于教育数量、高等教育相比于基础教育，对于成功跨越中等收入陷阱具有更为重要的作用（李立国，黄海军，2015）。以高等教育占比作为对人力资本水平的衡量指标，研究结果表明，人力资本存量的提升速度与经济增长速度及跨越中等收入陷阱成功与否之间存在着密切的正向关系（巫和懋，冯仕亮，2014）。

陷入中等收入陷阱的国家，各有各的原因，但是都有一个较为普遍的共同点，那就是高等教育的发展不能和一个国家的社会经济发展水平相适应。这是因为一个国家在不同的发展阶段对教育发展水平的要求也不相同，通常，在经济发展的初期，基础教育的快速发展为经济发展培养了大量劳动力，因而能够很快发展起劳动密集型产业，并由此促进了经济增长与国民收入的提高，但迈入中等收入阶段后，若想进一步提高经济竞争力，更为需要的不是受过初等教育的大量劳动力，而是国家科技与创新能力的提升，为此，需要的是大量接受过高等教育的专业人才。由此，一个国家能否避免落入中等收入陷阱，在很大程度上取决于其能否提升高等教育带来的人力资本、知识水平和科技创新对经济增长的贡献。对于中等收入国家来说，要顺利实现中等收入阶段的跨越，需要逐渐摆脱自主核心技术水平低、科技转化率低、过多依赖低端劳动密集型产业带动经济的局面，需要通过自主创新，不断提升劳动生产率，提高产业和产品的附加值，而高等教育的发展恰恰是在产业转型升级、生产方式转变进程中支撑和引领人才、科技、创新发展的核心因素。

综合本章分析，高等教育发展对中等收入陷阱跨越具有重要意义，其对经济发展的作用机制不仅仅在于促进高层次人力资本形成，培养创新型高级人才，而且还会推动知识积累和技术创新，从而为国家实现经济发展方式的转变提供高素质人力资源的支撑。一个国家进入中等收入阶段后能否快速跨越中等收入阶段、避免陷入中等收入陷阱，关键就在于能否实现由主要依靠资源与劳动力投入的粗放型发展方式向以科技创新和效率提升为主要驱动力的内涵式发展方式的转变。厘清了高等教育推动跨越中等收入陷阱的机制，我们将在后面几章筛选出第二次世界大战后成功跨越中等收入阶段和落入中等收入陷阱的典型经济体，对这些经济体迈入中等收入阶段以来高等教育发展的实践进行多方面的国际比较，通过比较探寻出跨越中等收入阶段期间各经济体高等教育发展的特点与规律、成就与不足，为进一步比较研究高等教育发展推动各国跨越中等收入陷阱的绩效准备经验事实和数据支撑。

第三章

高等教育经费增长的国际比较

任何一种社会实践活动，都要投入一定的人力、物力和财力等资源。高等教育作为培养高等专业人才的社会实践活动，也要以一定的资源投入为基础。高等教育肩负着培养人才、创新科技、服务社会的重要使命，作为必要的物质保障，高等教育经费投入及其增长水平直接关系到高等教育的发展水平，并最终会影响到国家的经济社会发展。

本章将以长期滞留中等收入陷阱的巴西、墨西哥等拉美国家，以及韩国、新加坡和日本等成功跨越中等收入阶段的东亚经济体为典型案例，对这些国家和地区迈入中等收入阶段后的经济发展表现特别是其高等教育经费及其增长情况进行国际比较，对长期滞留中等收入陷阱与顺利跨越中等收入阶段的国家和地区的高等教育经费投入情况进行比较，并进一步分析迈入中等收入阶段后中国高等教育经费投入的增长程度。高等教育经费投入的国际比较有助于更好地理解高等教育经费投入增长对高等教育发展和中等收入陷阱跨越的重要意义。

第一节　典型经济体的选择及其经济数据比较

一、跨越中等收入陷阱典型经济体的选择

如第一章所述，截至 2017 年底，在世界银行统计公布的 218 个经济体中，人均 GNI 位于中等收入阶段的经济体有 103 个，占世界银行公布总数的 47%，其中，中低收入经济体有 47 个，中高收入经济体有 56 个，分别占世界银行公布总数的 22%和 26%。本章中，我们并不是对所有 103 个经济体及已步入高收入阶段的经济体进行国际比较，而是选择一定数量的具有代表性的经济体进行分析与比较。

考虑到经济体的代表性，特别是与当前中国中等收入阶段跨越的可比较性与可借鉴性，我们选取以下 16 个经济体作为典型经济体来分析。它们分别是长期滞留中等收入陷阱的巴西、阿根廷、墨西哥、乌拉圭、哥伦比亚、秘鲁、智利和委内瑞拉等拉美八国，马来西亚、泰国、印度尼西亚、菲律宾等亚洲新兴发

展中国家，以及韩国、新加坡、日本和中国香港等已经成功跨越中等收入阶段的东亚经济体。在上述16个经济体中，拉美八国在20世纪60年代和70年代陆续迈入中等收入阶段，但它们在中等收入阶段滞留的平均时间超过了40年。根据世界银行的衡量标准，到2018年，这八个国家中只有三国（阿根廷、乌拉圭、智利）刚刚跨过高收入阶段的门槛，其余五国依旧处于中等收入阶段。马来西亚、泰国、印度尼西亚和菲律宾这四个东亚发展中国家进入中等收入阶段的时间比上述拉美国家平均晚10—12年的时间。就进入中等收入阶段后的上述东亚四国的人均GNI的增长速度看，其并没有显著高于同一时期的拉美八国，这四国现仍处于中等收入阶段，并已滞留于这一阶段达20—40年不等。韩国、新加坡、日本和中国香港等东亚经济体在进入中等收入阶段后，经济增速以及相应的人均GNI增速的表现令世人瞩目，这四个东亚经济体平均仅用了20年甚至不到20年的时间，就实现了从中等收入经济体向高收入经济体的跨越，其中，从迈入中高收入阶段到步入高收入阶段，四个经济体平均仅用了11年时间（表3-1）。

表3-1　中等收入发展关键点的经济数据

经济体	进入中等收入阶段时的人均GNI（美元）及年份	进入中高收入阶段时的人均GNI（美元）及年份[a]	进入高收入阶段时的人均GNI（美元）及年份[b]	中等收入阶段滞留时间[c]
巴西	1 180（1975）	4 450（1996）	8 610（2017）[d]	42
阿根廷	1 120（1964）	6 050（1992）	12 770（2013）	49
墨西哥	1 190（1974）	4 390（1993）	8 610（2017）	43
乌拉圭	1 060（1973）	4 350（1993）	12 000（2011）	38
哥伦比亚	1 030（1979）	4 030（2007）	5 890（2017）	38
秘鲁	1 100（1975）	4 360（2010）	5 960（2017）	42
智利	1 080（1971）	4 450（1995）	12 390（2011）	40
委内瑞拉	1 000（1971）	4 060（1981）	12 480（2012）[e]	46
马来西亚	1 130（1978）	4 050（1995）	9 650（2017）	39
泰国	1 160（1988）	4 140（2009）	5 950（2017）	29
印度尼西亚	1 090（1996）	3 540（2017）	—	21
菲律宾	1 020（1995）	3 660（2017）	—	22
中国香港	1 060（1971）	4 700（1979）	12 660（1990）	19

续表

经济体	进入中等收入阶段时的人均 GNI（美元）及年份	进入中高收入阶段时的人均 GNI（美元）及年份[a]	进入高收入阶段时的人均 GNI（美元）及年份[b]	中等收入阶段滞留时间[c]
韩国	1 270（1978）	4 460（1988）	13 040（1996）[f]	18
新加坡	1 090（1971）	4 000（1979）	12 980（1991）	20
日本	1 030（1966）	4 410（1973）	13 820（1986）	20

资料来源：世界银行网站，https://databank.worldbank.org/data/indicator/NY.GNP.PCAP.CD/1ff4a498/Popular-Indicators

注：a. 未进入中高收入阶段的经济体，表中列出的是其 2017 年的人均 GNI。b. 未进入高收入阶段的经济体，表中列出的是其 2017 年的人均 GNI。c. 截止时间为 2017 年。d. 巴西的人均 GNI 曾在 2012—2014 年超过 12 000 美元，从而跃升高收入阶段，但好景不长，其在 2015—2017 年的人均 GNI 持续下降，重新又降入中等收入阶段。e. 委内瑞拉的人均 GNI 在 2012 年超过了 12 000 美元，曾短暂升入高收入阶段，但近几年人均 GNI 大幅下降，按世界银行的分类标准，委内瑞拉重又回到中高收入阶段。f. 韩国的人均 GNI 在 1996 年和 1997 年连续两年超过 12 000 美元，但 1998—2001 年的人均 GNI 重又降至 12 000 美元以下，2002 年又升至 12 000 美元以上

二、典型经济体关键时点的经济数据比较①

如第一章所述，世界银行对低收入、中低收入、中高收入和高收入四个阶段进行分类的临界收入标准并不是固定不变的，而是会按照通货膨胀水平、各国汇率等不断地进行动态调整，导致不同年份的临界收入标准不完全一致。为便于进行国际比较，我们参考国内学者（袁振国等，2013；巫和懋，冯仕亮，2014；陈彩娟，2015）的做法和世界银行 2010 年的划分标准，主要以 1000 美元、4000 美元和 12 000 美元作为进入中低收入阶段、中高收入阶段和高收入阶段的临界人均 GNI 标准，以此进行国际比较。表 3-1 给出了上述 16 个典型经济体在中等收入发展的不同关键点的经济数据（截至 2017 年）。

表 3-1 显示，上述拉美和东亚 16 个经济体中，日本是第一个跨越中高收入阶段的，其跨入高收入阶段的时间是 1986 年，当时其人均 GNI 为 13 820 美元，人均 GDP 为 17 100 美元，而其进入中等收入阶段的时间是 1966 年，当时其人均 GNI 为 1030 美元，人均 GDP 为 1058.5 美元，其进入中高收入阶段的时间是 1973 年，当时其人均 GNI 为 4410 美元，人均 GDP 为 3997.8 美元。通过计算可知，

① 本部分的人均 GDP 及年均增速数据、2017 年的人均 GNI 数据均来自世界银行网站并经笔者计算得出，https://data.worldbank.org.cn/indicator/NY.GNP.PCAP.CD?view=chart.

日本跨越中等收入阶段的时间是 20 年，在这 20 年中，日本的人均 GNI 年均增长率为 13.9%，人均 GDP 年均增长率为 14.9%，其从中低收入阶段进入中高收入阶段的时间跨度是 7 年，其间人均 GNI 和人均 GDP 的年均增长率分别为 23.1%和 20.9%，从中高收入阶段进入高收入阶段的时间跨度是 13 年，其间人均 GNI 和人均 GDP 的年均增长率分别为 9.2%和 11.8%。自 1986 年进入高收入阶段后，日本的人均 GNI 和人均 GDP 继续提升，2017 年分别达到了 38 500 美元和 38 400 美元。

中国香港是上述 16 个经济体中继日本之后第二个进入高收入阶段的经济体，其跨入高收入阶段的时间是 1990 年，当时中国香港的人均 GNI 为 12 660 美元，人均 GDP 为 13 500 美元，而其进入中等收入阶段的时间是 1971 年，当时其人均 GNI 为 1060 美元，人均 GDP 为 1106 美元，其进入中高收入阶段的时间是 1979 年，当时其人均 GNI 为 4700 美元，人均 GDP 为 4569 美元。通过计算可知，中国香港跨越中等收入阶段的时间是 19 年，在这 19 年中，中国香港的人均 GNI 年均增长率为 13.9%，人均 GDP 年均增长率为 14.1%，其从中低收入阶段进入中高收入阶段的时间跨度是 8 年，其间人均 GNI 和人均 GDP 的年均增长率分别为 20.5%和 19.4%，由中高收入阶段进入高收入阶段的时间跨度是 11 年，其间人均 GNI 和人均 GDP 的年均增长率分别为 9.4%和 10.4%。2017 年，中国香港的人均 GNI 和人均 GDP 进一步提高到 46 310 美元和 46 200 美元。

新加坡跨入高收入阶段的时间是 1991 年，当时新加坡的人均 GNI 为 12 980 美元，人均 GDP 为 14 500 美元，其进入中等收入阶段的时间是 1971 年，当时其人均 GNI 为 1090 美元，人均 GDP 为 1071 美元，进入中高收入阶段的时间是 1979 年，当时人均 GNI 为 4000 美元，人均 GDP 为 3899.6 美元。通过计算可知，新加坡跨越中等收入阶段的时间是 20 年，在这 20 年中，新加坡的人均 GNI 年均增长率为 13.2%，人均 GDP 年均增长率为 13.9%，其在中低收入阶段滞留的时间是 8 年，其间人均 GNI 和人均 GDP 的年均增长率分别为 17.6%和 17.5%，由中高收入阶段进入高收入阶段的时间跨度是 12 年，其间人均 GNI 和人均 GDP 年均增长率分别为 10.3%和 11.6%。2017 年，新加坡的人均 GNI 和人均 GDP 进一步提高到 54 500 美元和 57 700 美元。

韩国跨入高收入阶段的时间是 1996 年，当时韩国的人均 GNI 为 13 040 美元，人均 GDP 为 13 100 美元，其进入中等收入阶段的时间是 1978 年，当时人均 GNI 为 1270 美元，人均 GDP 为 1398 美元，进入中高收入阶段的时间是 1988 年，当时人均 GNI 为 4460 美元，人均 GDP 为 4686 美元。通过计算可知，韩国跨越中等收入阶段的时间是 18 年，在这 18 年中，韩国的人均 GNI 年均增长率为 13.8%，人均 GDP 年均增长率为 13.2%，其处于中低收入阶段的时间是 10 年，其间人均 GNI 和人均 GDP 的年均增长率分别为 13.4%和 12.9%，处于中高收入阶段的时间跨度是 8 年，其间人均 GNI 和人均 GDP 的年均增长率分别为 14.4%和 13.7%。2017 年，韩国的人均 GNI 和人均 GDP 分别提高到 28 400 美元和 29 700 美元。

尽管步入中低收入、中高收入和高收入阶段的年份不同，但中国香港、韩国、新加坡和日本这四个东亚经济体在成功跨越中等收入阶段过程中具有某些共同的特征。一是跨越时间较短。四个经济体的跨越时间全部没有超过 20 年，其中韩国最短，仅用了 18 年。二是跨越期间经济增长表现优异。整个跨越期间，四个经济体的人均 GNI 和人均 GDP 的年均增长率均超过了 13%，高速而持续的经济增长保证了四个经济体能够在较短的时间里实现中等收入阶段的顺利跨越。

不同于上述四个经济体，拉美八国在中等收入阶段的经济表现逊色很多。其中，阿根廷是最早进入中等收入行列的国家，进入时间是 1964 年，当时该国的人均 GNI 为 1120 美元，人均 GDP 为 1166 美元，而其进入中高收入阶段的时间是 1992 年，当时其人均 GNI 为 6050 美元，人均 GDP 为 6798 美元，进入高收入阶段的时间是 2013 年，当时人均 GNI 为 12 770 美元，人均 GDP 为 12 800 美元。通过计算可知，阿根廷跨越中等收入阶段的时间是 49 年，在这 49 年中，阿根廷的人均 GNI 年均增长率为 5.1%，人均 GDP 年均增长率为 5.0%。智利和乌拉圭都在 2011 年成为高收入国家，两国滞留在中等收入阶段的时间分别为 40 年和 38 年，其间，智利的人均 GNI 和人均 GDP 的年均增长率分别为 6.3%和 6.7%，乌拉圭则分别为 6.6%和 6.3%。

除了上述三国外，其余拉美五国至今仍滞留在中等收入阶段，其中又以巴西最为典型。作为当今拉美第一经济大国，巴西 2017 年的 GDP 为 20 600 亿美元，其中 2011 年曾达到 26 200 亿美元。自 20 世纪 70 年代中期人均 GNI 突破 1000 美元大关以来，巴西已在中等收入阶段滞留超过 40 年，而且自 2013 年以来，其人均 GNI 不升反降。在身处中等收入陷阱的 1975—2017 年，巴西的人均 GNI 和人均 GDP 的年均增长率分别只有 4.8%和 5.2%。其余四国，即墨西哥、哥伦比亚、秘鲁和委内瑞拉均在 20 世纪 70 年代相继步入了中等收入阶段，但截至 2017 年，四国仍未跨越该阶段，滞留于中等收入陷阱的时间分别为 43 年、38 年、42 年和 46 年。除委内瑞拉的人均 GNI 接近高收入阶段的临界标准外，其余三国与高收入阶段临界标准仍相去甚远。统计表明，上述四国滞留中等收入阶段期间的人均 GNI 年均增长率分别为 4.3%、4.7%、4.1%和 6.3%，人均 GDP 年均增长率分别为 4.7%、4.9%、4.3%和 6.4%。

马来西亚、泰国、印度尼西亚和菲律宾都是东盟国家。其中，马来西亚进入中等收入阶段的时间最早，为 1978 年，当时该国的人均 GNI 为 1130 美元，人均 GDP 为 1247 美元，进入中高收入阶段的时间是 1995 年，当时该国的人均 GNI 为 4050 美元，人均 GDP 为 4328 美元，截至 2017 年，马来西亚仍未跨越中等收入阶段。在 1978—2017 年的这 39 年中，马来西亚的人均 GNI 年均增长率为 5.7%，人均 GDP 年均增长率为 5.5%。泰国自 1988 年步入中等收入阶段后，截至 2017 年已处于中等收入阶段达 29 年，其间该国的人均 GNI 和人均 GDP 年均增长率分别为 5.8%和 6.3%。印度尼西亚和菲律宾步入中等收入阶段的时间较晚，分别为 1996 年和 1995 年，截至 2017 年，两国滞留中等收入阶段的时间分别为 21 年和 22 年，考虑到 2017 年两国的人均 GNI 分别只有 3540 美元和 3660 美元，尚未进入中高收入阶段，除非未来若干年出现高速经济增长，否则可以预期，两国将还有很长时间会滞留于中等收入阶段。两国滞留中等收入阶段期间的人均 GNI 年均增长率分别为 5.8%和 6.0%，人均 GDP 年均增长率分别为 6.0%和 4.8%。

不管是上述巴西等拉美八国，还是马来西亚等东亚四国，在中等收入阶段均具有某些共同的特征。一是普遍跨越时间较长。拉美八国的平均跨越时间超过了 40 年，东亚四国至今都在 20 年以上，特别是印度尼西亚和菲律宾当前的人均 GNI 水平与高收入门槛还有较大距离，预期这些经济体跨越这一阶段还需要更长时间。二是跨越期间的经济增长表现与日本、新加坡、韩国、中国香港等经济体相比差距明显。这 12 个经济体在整个跨越期间的人均 GNI 和人均 GDP 年均增速虽有差异，但普遍在 4%—7%，与日本等成功跨越中等收入阶段的四个经济体普遍超过 13%的人均 GNI 和人均 GDP 的年均增长率相比，差距明显。经过简单计算可知，某一经济体若要在 20 年实现人均 GNI 从 1000 美元到 12 000 美元的跨越，则需要年均增速达到 13.2%；若要在 25 年实现，则需要年均增速达到 10.5%；若要在 30 年实现，也需要年均增速达到 8.6%以上；如果年均增速低于 6.4%，则至少需要 40 年的时间。年均增速的巨大差异使得巴西、墨西哥等拉美八国和马来西亚、泰国等东亚四国滞留于中等收入陷阱长达数十年之久，而中国香港、韩国、新加坡和日本等四个东亚经济体则用了平均不到 20 年的时间就成功跨越了中等收入阶段。

第二节　高等教育支出的国际比较

鉴于不同经济体的人口与经济体量存在较大差别，对高等教育经费投入总额、高等教育公共经费投入总额等反映经费投入总量的指标进行直接比较的意义不大，我们主要选取使用比例指标，如公共教育支出占 GDP 比重与生均高等教育经费支出，来比较跨越中等收入陷阱成功与失败的典型经济体高等教育经费投入及其增长程度。涉及的经济体依然是上述 16 个典型经济体，包括巴西、墨西哥、阿根廷等拉美经济体，马来西亚、泰国等亚洲新兴发展中经济体，以及中国香港、韩国、新加坡和日本等成功跨越中等收入阶段的东亚经济体。

一、公共教育支出占 GDP 比重的比较

公共教育支出占 GDP 的比重是衡量一国政府对教育发展的重视程度和投入强度的比较常用的指标，其变化能够反映出一国政府对教育的支持程度以及全社会发展教育的努力程度。16 个典型经济体在 1970—2016 年的公共教育支出占 GDP 比重数据来自世界银行[①]。

在跨越中等收入陷阱期间，阿根廷等拉美八国的公共教育支出占 GDP 的比重普遍较低。以阿根廷为例，其在 1964—2013 年这 49 年滞留期间的多数年份，该比重都低于 2.00%，特别是当其滞留于中低收入阶段时，该比重一直在低位徘

① 世界银行网站，https://data.worldbank.org/indicator/SE.XPD.TOTL.GD.ZS.

徊。墨西哥和乌拉圭两国与阿根廷类似，特别是乌拉圭，公共教育支出占 GDP 的比重在跨越期间持续保持在 2.16%—2.88%。拉美八国中，相对来说比较例外的是委内瑞拉，其在 1971 年即进入中等收入阶段初期，当时该国公共教育支出占 GDP 的比重就达到了 3.75%，此后虽有反复，但总体保持不断提高的趋势，2009 年这一比重达到了 6.88%。

菲律宾、印度尼西亚等东盟四国总体上与上述拉美八国类似，在跨越中等收入陷阱期间的公共教育支出占 GDP 的比重较低。特别是印度尼西亚和菲律宾，1990 年，印度尼西亚的公共教育支出占 GDP 的比重仅为 0.87%，2001 年为 2.46%，2010 年为 2.81%，之后虽有上升，但上升幅度不大。菲律宾的公共教育支出占 GDP 的比重在 1985 年之前一直低于 2.00%，2000 年提升至 3.27%，但 2009 年又下降至 2.65%。四国中，该比重相对较高的是马来西亚，其在进入中低收入阶段初期的 1980 年就达到了 5.73%，1985 年更是提升至 6.11%，此后虽有下降，但 2016 年仍然达到了 4.83%。

成功跨越中等收入阶段的日本、新加坡、韩国等经济体在跨越期间的公共教育支出占 GDP 的比重相对较高。1970 年，日本的该比重为 3.66%，步入中高收入阶段后的 1975 年，该比重上升到 4.67%，而到了 1980 年和 1987 年，该比重进一步上升至 5.07%和 5.60%。韩国从 20 世纪 70 年代中后期至 80 年代中后期即从中低收入阶段进入中高收入阶段时期，公共教育支出占 GDP 的比重不断上升，从 1975 年的 2.10%上升至 1980 年的 3.48%，并进一步升至 1985 年的 4.03%，此后虽有所下降，但一直维持着相对较高的比重，在进入高收入阶段后的 2011 年和 2015 年，该比重分别升至 4.86%和 5.25%。

由于数据可得性问题，上述 16 个典型经济体跨越中等收入期间的公共教育支出占 GDP 的比重未能全部获得，不过仅就获得的数据进行的对比分析来看，有如下结论：平均来说，成功跨越中等收入陷阱的经济体在跨越期间的公共教育支出占 GDP 的比重相对较高，而长期未能跨越中等收入阶段的多数经济体在跨越期间的公共教育支出占 GDP 的比重相对较低。

另一项涉及 19 个成功跨越中等收入陷阱国家的数据分析研究同样证明了上述结论。表 3-2 是具有代表性的 19 个成功跨越中等收入陷阱的国家在不同跨越节点上的公共教育支出占 GDP 比重的情况。

表 3-2 19 个国家在不同跨越节点上的公共教育支出占 GDP 比重 （单位：%）

国家	4 000 美元	8 000 美元	12 000 美元
澳大利亚	4.45	5.95	5.42
比利时	5.83	6.06	5.38
巴西	4.57	5.40	5.72
加拿大	7.85	6.85	6.55
智利	2.64	3.19	4.53
捷克	4.20	4.51	4.26
法国	3.27	4.40	4.79
希腊	1.77	2.15	2.56
匈牙利	5.95	5.91	5.29
意大利	4.00	4.32	4.80
日本	4.17	5.05	5.50
韩国	2.93	4.01	3.48
荷兰	6.27	6.61	6.36
波兰	6.40	5.25	5.08
葡萄牙	3.20	4.13	5.13
俄罗斯	3.55	4.10	4.10
西班牙	2.30	3.22	3.74
英国	6.54	5.27	4.61
美国	7.39	7.31	6.51
平均	4.59	4.93	4.94

资料来源：袁振国等：《跨越中等收入陷阱国家教育变革的重大启示》，教育科学出版社，2013 年，第 38 页

表 3-2 显示，当人均 GDP 跨越 4000 美元这一节点时，19 个国家的公共教育支出占 GDP 比重的平均值为 4.59%，其中高于 4.59%的有 7 国，低于 4.59%的有 12 国。当人均 GDP 跨越 8000 美元这一节点时，19 个国家的公共教育支出占 GDP 比重的平均值为 4.93%，其中高于 4.93%的有 10 国，低于 4.93%的有 9 国。当人均 GDP 跨越 12 000 美元这一节点时，19 个国家的公共教育支出占 GDP 比重的平均值为 4.94%，其中高于 4.94%的国家有 10 国，低于 4.94%的国家有 9 国。总体来说，在跨越中等收入陷阱的整个期间，19 个成功跨越中等收入陷阱的国家的公共教育支出占 GDP 的比重是不断升高的。比较来看，成功跨越中等收入阶段的这 19 个国家在不同关键节点上的公共教育支出占 GDP 比重的平均值，要远高

于上述长期滞留中等收入阶段的拉美八国和东亚四国该比重的平均值。

二、高等教育支出占公共教育支出比重的比较

表 3-3 给出了 16 个典型经济体 1970—2016 年的高等教育支出占公共教育支出比重的变动情况。仅看表 3-3 中的数据，成功跨越中等收入阶段的日本、新加坡等经济体在跨越中等收入陷阱期间的高等教育支出占公共教育支出的比重，并没有显示出比长时间未能跨越中等收入阶段的巴西、墨西哥等经济体普遍较高的特征，如阿根廷在 1990 年的该比重高达 47.35%，委内瑞拉在 20 世纪 80 年代的该比重一直高于 40%。然而，在成功跨越中等收入阶段的东亚各经济体中，除了中国香港外，其他几个经济体的该比重并不算高，如韩国在 1990 年的该比重仅

表 3-3 1970—2016 年典型经济体高等教育支出占公共教育支出的比重（单位：%）

经济体	1970 年	1975 年	1980 年	1985 年	1990 年	2000 年	2010 年	2016 年
巴西	—	—	—	—	—	6.53	8.67	10.06
阿根廷	19.33[b]	30.72	21.79	34.96	47.35	18.14	19.86	20.37
墨西哥	—	—	—	—	16.39	14.5[h]	19.66	21.48[l]
乌拉圭	—	—	17.79	23.2	25.92[f]	20.48	—	—
哥伦比亚	—	—	25.53	22.49	18.79[e]	19.88	22.11	22.98
秘鲁	—	—	—	—	—	20.66[h]	—	—
智利	—	27.35	35.84	—	20.15	14.53	22.33	25.4
委内瑞拉	28.76	37.49	40.67	45.5[c]	41.84	—	22.6[i]	—
马来西亚	11.31[a]	—	14.78	17.97	—	32.06	34.45	23.39
泰国	15.72[a]	12.14	13.78	12.37[d]	13.37[e]	20.30	16.51	15.55[k]
印度尼西亚	13.58[b]	—	—	—	22.40[e]	—	16.15	15.8[l]
菲律宾	—	—	23.76	24.37[d]	—	13.82	11.96[i]	—
中国香港	24.58[a]	22.95	31.85	26.67	31.76	—	45.51[i]	30.44
韩国	8.23	10.7	11.4	11.54	9.72	13.54[g]	17.06[i]	20.76[l]
新加坡	15.78[b]	18.97	15.87	24.37[d]	—	—	35.06	35.28[k]
日本	13.02[a]	9.75	10.5	—	23.86[e]	—	20.14[j]	18.84

资料来源：世界银行网站，https://data.worldbank.org/indicator/SE.XPD.TOTL.GD.ZS

注：a. 1971 年的数据；b. 1972 年的数据；c. 1984 年的数据；d. 1986 年的数据；e. 1989 年的数据；f. 1991 年的数据；g. 1999 年的数据；h. 2001 年的数据；i. 2009 年的数据；j. 2012 年的数据；k. 2013 年的数据；l. 2015 年的数据

为 9.72%。不过，如果考虑不同经济体的 GDP 规模和公共教育支出占 GDP 比重的话，我们通过比较仍然能够得到成功跨越中等收入阶段经济体在跨越期间的高等教育支出远高于未能跨越中等收入陷阱经济体的高等教育支出这一结论。例如，同是 1989 年，日本公共教育支出中的高等教育支出为 386.13 亿美元，而哥伦比亚则仅为 2.01 亿美元。

三、高等教育生均公共支出占人均 GDP 比重的比较

下面，我们再来比较高等教育生均公共支出占人均 GDP 比重的情况。表 3-4 给出了 16 个典型经济体 1997—2016 年的高等教育生均公共支出占人均 GDP 比重。根据表 3-4 中的数据，平均来说，成功跨越中等收入阶段的新加坡、韩国等

表 3-4 1997—2016 年典型经济体高等教育生均公共支出占人均 GDP 的比重 （单位：%）

经济体	1997 年	2000 年	2005 年	2010 年	2013 年	2016 年
巴西	78.75	54.94	34.78	27.82	30.02	33.28[h]
阿根廷	—	17.42	11.78	16.28	16.90	16.26
墨西哥	38.87[a]	30.61[c]	38.47	41.48	38.06	37.62[h]
乌拉圭	—	18.30	17.81	29.31[g]	—	—
哥伦比亚	34.30	30.18	19.52	29.26	19.51	21.11
秘鲁	—	11.18[d]	9.28	—	—	10.60
智利	19.22	18.52	11.08	15.99	17.26	19.68
委内瑞拉	—	—	—	19.92[f]	—	—
马来西亚	—	80.83	57.48[e]	45.32	44.48	26.35
泰国	44.57	35.34	23.69	16.04	18.17	—
印度尼西亚	24.05	—	—	21.89	21.62	—
菲律宾	18.49	14.48	11.19	10.54[f]	—	—
中国香港	—	—	52.22	25.68	34.79	24.33
韩国	6.48[a]	7.68[b]	8.97[e]	12.20[f]	—	15.27[h]
新加坡	—	—	25.46	25.46	21.27	—
日本	—	—	—	—	—	—

资料来源：世界银行数据库，https://data.worldbank.org/indicator/SE.XPD.TOTL.GD.ZS

注：a. 1998 年的数据；b. 1999 年的数据；c. 2001 年的数据；d. 2002 年的数据；e. 2006 年的数据；f. 2009 年的数据；g. 2011 年的数据；h. 2015 年的数据

经济体在相同年份的高等教育生均公共支出占人均 GDP 比重远低于长时间未能跨越中等收入阶段的巴西、墨西哥等经济体，如巴西在 2000 年的该比重高达 54.94%，马来西亚则为 80.83%，而在成功跨越中等收入阶段的东亚经济体中，韩国仅为 7.68%。实际上，高等教育生均公共支出占人均 GDP 的比重这一指标体现的是一个经济体每年产出的GDP可以支撑多少名高等教育在校生的问题。以2000年的韩国、巴西和马来西亚为例，按照各自的高等教育生均支出占人均 GDP 的比重计算，韩国的人均 GDP 可以供 13.02 名大学生上学，而巴西和马来西亚的人均 GDP 分别只能供 1.82 名和 1.24 名大学生上学。

高等教育生均经费支出是保障高等教育质量的重要因素。表 3-5 给出了具有代表性的 14 个成功跨越中等收入陷阱经济体在不同跨越节点上的高等教育生均经费支出数据，能让我们进一步了解跨越中等收入陷阱期间各经济体高等教育生均经费支出的变动趋势。

表 3-5 显示，当人均 GDP 跨越 4000 美元这一节点时，14 个国家的高等教育生均经费支出的平均值为 838.7 美元，高于 838.7 美元的有 6 国，其中比利时最

表 3-5 14 个国家高等教育生均经费支出在不同跨越节点的数据 （单位：美元）

国家	4 000 美元	8 000 美元	12 000 美元
比利时	1 620.9	2 119.5	2 949.4
捷克	1 259.4	1 940.9	2 605.9
英国	1 225.0	1 701.1	2 996.6
匈牙利	1 141.3	2 147.9	3 347.5
荷兰	1 058.2	2 191.7	3 255.2
日本	850.3	2 006.9	5 404.7
意大利	817.2	1 276.6	3 028.2
葡萄牙	705.8	1 766.1	2 670.6
法国	681.8	1 670.0	2 742.1
波兰	657.4	2 000.7	3 152.8
韩国	472.2	1 275.1	1 467.6
智利	433.9	1 122.3	1 766.4
西班牙	419.3	987.0	1 395.2
希腊	399.7	994.2	1 680.7

资料来源：袁振国等：《跨越中等收入陷阱国家教育变革的重大启示》，教育科学出版社，2013 年，第 38 页

高，为 1620.9 美元，低于 838.7 美元的有 8 国，最低的是希腊，为 399.7 美元。当人均 GDP 跨越 8000 美元这一节点时，14 个国家的高等教育生均经费支出的平均值为 1657.1 美元，高于 1657.1 美元的有 9 国，低于 1657.1 美元的有 5 国。当人均 GDP 跨越 12 000 美元这一节点时，14 个国家的高等教育生均经费支出的平均值为 2747.4 美元，高于 2747.4 美元的有 7 国，低于 2747.4 美元的有 7 国。在跨越中等收入陷阱的整个期间，14 个成功跨越中等收入陷阱国家的高等教育生均经费支出都是不断增加的，这再一次表明了高等教育发展与中等收入陷阱跨越的密切相关性。

第三节　中国高等教育经费变动及其比较

本节就高等教育经费增长情况进行中外比较，为了更好地把中国与其他跨越中等收入陷阱的经济体进行比较，我们先来分析迈入中等收入阶段后中国的高等教育经费变动。

一、迈入中等收入阶段后中国的高等教育经费变动[①]

（一）经费投入总量变动

改革开放 40 多年来，中国的教育事业实现了跨越式发展。教育经费投入的持续增长，为国家教育实现跨越式发展提供了坚实的物力与财力基础。统计显示，1978—2017 年，中国全社会教育经费总投入累计达到 36.2 万亿元，其中国家财政性教育经费总投入累计达到 27.7 万亿元；从增长率来看，1991—2017 年，全社会教育经费和国家财政性教育经费年均增长率分别为 16.2%和 16.0%。

伴随着全社会教育经费大幅增长的同时，中国的高等教育经费投入也随之快速增长。从高等教育经费投入总量看，2000 年以来，中国的高等教育经费投入总

① 本部分除有特别说明外，所用数据均来自中国国家统计局的统计数据并经笔者计算得出，http://data.stats.gov.cn/easyquery.htm?cn=C01.

额呈持续增长趋势：2000 年的高等教育经费总投入为 983.1 亿元，2011 年增长到 7020.9 亿元，增长了 6.14 倍，年均增长 19.6%，比同期全社会教育经费 18.0%的年均增长率高出 1.6 个百分点。

普通高等学校是各国实施高等教育的主体机构，因此，在高等教育经费总投入中，普通高等学校的教育经费占有相当大的比重。从普通高等学校教育经费投入总量来看，2000 年以来，中国的普通高等学校教育经费总投入同样呈现出持续快速增长的趋势：2000 年的普通高等学校教育经费总投入为 913.4 亿元，2011 年增长到 6880.2 亿元，增长了 6.53 倍，年均增长 20.1%，比同期全社会教育经费年均增长率高出 2.1 个百分点，比高等教育经费年均增长率高出 0.5 个百分点。

改革开放后的很长时间里，我国的高等教育经费投入主要依靠国家财政性经费投入。《中华人民共和国教育法》明确提出，国家建立以财政拨款为主、其他多种渠道筹措教育经费为辅的体制，逐步增加对教育的投入，保证国家举办的学校教育经费的稳定来源。由此，中国高等教育经过了由政府财政全部负担到政府与社会多元化投入之路，高等教育的多元化投入体制逐步形成，经费来源已由先前单一的政府财政资金过渡到以财政拨款与学杂费为主、其他多种渠道筹措资金为辅的多元化筹资体制。但不可否认的是，国家财政性教育经费投入仍然是我国高等教育经费投入的主要来源，在我国高等教育经费投入中占据着不可替代的主导地位。

根据目前使用的数据统一口径，中国高等教育经费主要由财政性教育经费和非财政性教育经费两部分构成。国家财政预算内资金、企业办学经费、校办产业以及各级政府征收和社会服务用在教育上的经费，还有其余国家财政性质的教育经费，都属于财政性教育经费的主要内容；社会筹资学校经费、学生家庭和自身学杂费，以及社会团体和公民个人投入的高等教育费用都在非财政性教育经费范围之内。数据显示，2000 年以来，中国高等学校国家财政性教育经费投入同样增长迅速。2000 年，中国高等学校国家财政性教育经费总投入为 563.7 亿元，2011 年增长到 4096.3 亿元，增长了 6.27 倍，平均每年增长 19.8%，比同期全社会教育经费年均增长率高出 1.8 个百分点，比同期高等教育经费年均增长率高出 0.2 个百分点，比同期普通高等学校教育经费年均增长率低 0.3 个百分点。从普通高等学校国家财政性教育经费投入看，2000 年的教育经费总投入为 531.2 亿元，2011

年增长到4023.5亿元，增长了6.57倍，年均增长20.2%，比同期全社会教育经费、高等教育经费、普通高等学校教育经费及高等学校国家财政性教育经费总投入的年均增长率分别高2.2%、0.6%、0.1%和0.4%。

最后，我们来比较高等教育经费总投入、普通高等学校教育经费总投入、高等教育国家财政性经费总投入、普通高等学校国家财政性经费总投入的增长率与同期中国GDP的增长率。统计数据显示，2001—2011年中国高等教育经费总投入、普通高等学校教育经费总投入、高等教育国家财政性经费总投入、普通高等学校国家财政性经费总投入的增长率均高于同期GDP增长率，尤其是财政性高等教育经费投入的增长率更是远远超过了GDP增长率。这说明，伴随着一系列相关政策的实施，我国政府对高等教育的重视在经费投入上得到了较为充分的体现。

（二）经费投入比例变动

相对于高等教育经费、高等教育国家财政性经费等总量指标，教育经费投入的各项比例指标更能反映出高等教育经费投入变动的程度，特别是政府及全社会对高等教育发展的重视与支持力度。统计数据显示，自21世纪初迈入中等收入阶段以来，中国教育经费占GDP的比重一直稳中有升，具体来说，这一比重从2001年的4.21%上升至2011年的4.93%，提高了0.72个百分点。与教育经费占GDP比重变动趋势一致，中国财政性高等教育经费占GDP的比重也一直稳步上升，具体来说，2001年该比重为0.60%，2011年上升至0.83%，提高了0.23个百分点。从高等教育经费占全社会教育经费的比重看，2001年为26.9%，此后迅速提高，2005年达到31.57%，随后几年略有回落，2010年下降到28.78%，2011年重又上升至29.41%。从财政性高等教育经费占高等教育经费的比重看，其走势与高等教育经费占全社会教育经费比重的走势正好相反。2001年，中国财政性高等教育经费占高等教育经费的比重为53.39%，随后几年持续回落，2006年降到33.77%，2007年转为上升，此后不断提高，2011年该比重上升至58.34%。

总体来说，伴随着中国经济发展阶段的演变，其教育重心也在逐步变化。迈入中等收入阶段后，中国的教育由之前的大力发展和普及初高级教育逐渐过渡到越来越重视发展高等教育，在此期间，一个显著的表现就是高等教育经费投入在教育经费投入中的比重稳步上升，体现出国家政府对高等教育的重视程度在不断提高。

（三）生均经费变动

高等教育的基本职能是教书育人，使学生在道德修养、文化知识、专业技能等各方面得到切实提高，从而在未来的社会实践活动中为社会创造财富，所以，高校学生是高等教育事业活动的最终成果。高校生均经费是指在一定时期内，高校为实现高等教育职能、达到高等教育培养目标，为培养一位学生所投入的经费。毫无疑问，生均经费支出是保障高等教育质量的重要因素，高等学校生均教育经费的变动更好地体现了国家和社会为高等学校学生所投入的真实花费。

在生均教育经费指标中，生均公共财政预算教育事业费和生均公共财政预算公用经费是两个比较重要的指标。生均公共财政预算教育事业费等于公共财政预算教育事业费除以年平均学生数，生均公共财政预算公用经费等于公共财政预算公用经费除以年平均学生数。具体来说，公共财政预算教育事业费是指中央、地方各级财政或上级主管部门在预算年度内安排，并划拨到各级各类学校、教育行政单位、教育事业单位，列入国家预算支出科目的教育经费。公共财政预算教育事业费由公共财政预算人员经费和公共财政预算公用经费构成。生均公共财政预算公用经费是指公共财政预算教育事业费中按在校生平均的用于教学业务与管理、教师培训、实验实习、文体活动、水电、取暖、交通差旅、邮电、仪器设备及图书资料等购置，以及房屋、建筑物及仪器设备的日常维修维护等方面的实际支出。表 3-6 给出了 2001—2014 年中国普通高等学校生均公共财政预算教育事业费和生均公共财政预算公用经费的变动情况。

表 3-6　2001—2014 年中国普通高等学校生均公共财政预算经费

年份	教育事业费（元）	比上年增长率（%）	公用经费（元）	比上年增长率（%）
2001	6 816.23	−6.75	2 613.56	−10.53
2002	6 177.96	−9.36	2 453.47	−6.13
2003	5 772.58	−6.56	2 352.36	−4.12
2004	5 552.50	−3.81	2 298.41	−2.29
2005	5 375.94	−3.18	2 237.57	−2.65
2006	5 868.53	9.16	2 513.33	12.32

续表

年份	教育事业费（元）	比上年增长率（%）	公用经费（元）	比上年增长率（%）
2007	6 546.04	11.54	2 596.77	3.32
2008	7 577.71	15.76	3 235.89	24.61
2009	8 542.30	12.73	3 802.49	17.51
2010	9 589.73	12.26	4 362.73	14.73
2011	13 877.53	44.71	7 459.51	70.98
2012	16 367.21	17.94	9 040.02	21.19
2013	15 991.72	−4.74	7 899.07	−12.62
2014	16 102.72	3.28	7 637.97	−3.31

资料来源：根据历年全国教育经费执行情况统计公告整理，http://www.moe.gov.cn/was5/web/search

就普通高等学校生均公共财政预算教育事业费来看，2001 年为 6816.23 元，此后几年略有回落，2005 年降到 5375.94 元，出现这一结果的一个主要原因是这一时期中国高校开始大规模扩招。2006 年，生均公共财政预算教育事业费由跌转升，当年达到 5868.53 元，同比增长 9.16%，此后除 2013 年外，一直持续上升，2014 年达到 16 102.72 元，其中 2011 年的增长率高达 44.71%。通过计算可知，2014 年的普通高等学校生均公共财政预算教育事业费是 2001 年的 2.36 倍，2001—2014 年的生均公共财政预算教育事业费年均增长率达到 6.84%。从普通高等学校生均公共财政预算公用经费来看，2001 年为 2613.56 元，由于高校大规模扩招，此后几年同样略有回落，2005 年降到 2237.57 元。2006 年生均公共财政预算公用经费由跌转升，当年达到 2513.33 元，同比增长 12.32%，此后直到 2012 年一直持续上升，2012 年达到 9040.02 元。2013 年和 2014 年转升为降，2014 年降至 7637.97 元。通过计算可知，2014 年的普通高等学校生均公共财政预算公用经费是 2001 年的 2.92 倍，2001—2014 年生均公共财政预算公用经费年均增长率为 8.6%。

总体来说，2001—2014 年，中国普通高等学校生均公共财政预算教育事业费和生均公共财政预算公用经费都呈现出不断增长的趋势，这表明中国高等教育公共财政预算投入增长速度在一定程度上超过了高等教育在校学生规模增长速度的事实。当然，我们也要看到，在总体呈不断增长趋势的同时，中国普通高等学校生均公共财政预算教育事业费和生均公共财政预算公用经费的增速是不稳定的，都在某些年份出现过下降。经费增速不稳定的状况在某种程度上反映出中国高等教育财政投入的紧张困境。

在关注高等学校生均教育经费总体变动趋势的同时，有必要关注中国不同类高校和不同地区高校之间生均教育经费存在较大差距的现实。魏晓栋（2011）的研究发现，中国中央高校和地方高校在经费支出水平上表现出不同特征。具体来说，1998—2008 年，中央高校生均教育经费总体上稳步上升，地方高校则基本处于增长停滞状态。2008 年中央高校的实际生均教育经费比 1998 年增长了 1.4 倍，而地方高校的生均教育经费则增长缓慢，与 1998 年相比，2008 年的实际生均教育经费仅增长了 0.3 倍。按实际收入计算，中央和地方高校生均教育经费的差异不断增大，1998 年，中央高校生均教育经费是地方高校的 1.24 倍，而到了 2008 年则扩大到 2.24 倍。1998—2008 年，在生均教育经费方面，中央高校增长了 16 000 元，地方高校增长了 3117 元，地方高校的增长仅为中央高校的 1/5 左右；在事业性经费方面，中央高校在 1998 年为 8777 元，比地方高校的 7941 元高出了 836 元，而到了 2008 年，中央高校达到 25 979 元，比地方高校的 11 705 元高出了 14 274 元，差距由 1.1 倍扩大到 2.2 倍。

林李楠和程程（2015）对中国 31 个省（自治区、直辖市）的高校生均事业性经费支出的研究表明，各地区高校教育经费支出情况有显著差异。具体来说，中国 31 个省（自治区、直辖市）可以划分为 5 类地区：一类地区为北京、上海；二类地区为江苏、广东、天津、浙江；三类地区为新疆、吉林、宁夏、内蒙古、云南、辽宁、湖北、福建、四川、黑龙江、陕西、重庆；四类地区为广西、山西、贵州、安徽、湖南、江西、河北、甘肃、山东、河南、海南；五类地区为青海、西藏。比较来看，一类地区无论是在个人部分、公用部分还是在总体上，事业性经费支出的平均值都以绝对优势居于首位；二类地区的事业性经费支出在公用部分和总体上的均值仅次于一类地区，排在第二位，而在个人部分上的均值低于五类地区，排在第三位；三类地区的事业性经费支出在公用部分上的均值高于四类地区和五类地区，排在第三位，而在个人部分和总体上的均值仅高于四类地区，排在倒数第二位；四类地区的事业性经费支出均值无论是在个人部分、公用部分还是在总体上，均排在倒数第一位；五类地区在个人部分上的均值仅低于一类地区，排在第二位，在公用部分上的均值仅高于四类地区，排在倒数第二位，在总体上的均值略高于三类地区，排在第三位。

（四）教育经费来源政策演变

20 世纪 80 年代以前，中国高等教育机构办学所需经费全部由国家和地方政府承担，政府是高等教育投资的唯一主体。1985 年发布的《中共中央关于教育体制改革的决定》提出，要扩大高等学校的办学自主权，在执行国家的政策、法令、计划的前提下，高等学校有权在计划外接受委托培养学生和招收自费生，有权利用自筹资金等。该决定出台后，高等教育经费收入的来源结构开始发生变化，高等教育筹资多元化体制逐步形成。

1995 年，《中华人民共和国教育法》的颁布进一步在法律上确立了中国高等教育经费的多元投资体制，明确了财政经费在多元高等教育投资中的主体地位。同时，该部法律的第五十五条规定，国家财政性教育经费支出占国民生产总值的比例应当随着国民经济的发展和财政收入的增长逐步提高，从而进一步明确了政府支持高等教育的职责。

1998 年，第九届全国人民代表大会常务委员会第四次会议通过了《中华人民共和国高等教育法》。该法律进一步明确规定，“高等教育实行以举办者投入为主、受教育者合理分担培养成本、高等学校多种渠道筹措经费的机制，国务院和省、自治区、直辖市人民政府依照教育法第五十六条的规定，保证国家举办的高等教育的经费逐步增长”。该法进一步明确了政府对高等教育投入的主体责任。《中华人民共和国高等教育法》出台后，不仅中国高等教育经费的来源结构有所变化，而且政府的投资方式也发生了转变，以结构为指引的绩效预算拨款模式逐步代替了把数量作为核心的平均主义模式。随着教育法律法规的逐步推行，当前我国高等教育的经费来源已经形成了以国家财政投入为主体并日趋多元化的结构。

（五）教育经费来源结构变动

具体来说，当前中国高等教育经费的来源结构主要由财政性教育经费、民办经费、社会捐赠、学杂费和其他收入等部分构成。2001—2014 年，中国高等教育经费的来源结构发生了一定的变化。

创建一流大学，培养一流人才，离不开政府对高等教育的财政支持。中国高等教育经费仍然主要来源于政府，政府对高等教育经费投入具有不可推卸的主体责任。2001 年，中国普通高校财政性教育经费占普通高校教育经费的比重为

54.2%，随后几年略有回落，2006 年降到 42.9%，2007 年转为上升，此后持续提高，2011 年该比重上升至 58.5%。总体来看，中国普通高校教育经费的来源结构中，财政性教育经费占比呈现出稳中有升的发展趋势。

民办经费也是近些年中国高等教育经费的来源之一，但相对于其他来源，如财政性教育经费和学杂费等，民办经费所占比重极低。2001 年，普通高等教育经费中的民办经费为 18.2 亿元，2011 年上升到 33.3 亿元，虽然民办经费总额上升了，但在普通高等教育经费中，民办经费所占比重却下降了。具体来说，2001—2011 年，民办经费所占比重一直位于 0.5%—7.9%，其比重走势呈现出由升转降的发展轨迹。2001—2006 年，民办经费占普通高等教育经费的比重从 2001 年的 1.6%上升到 2006 年的 7.9%，但从 2007 年开始又持续下降，2007 年同比下降到 0.9%，2011 年又进一步下降到 0.5%。

社会捐献也是近些年中国高等教育经费的一大来源。同民办经费相似，相对于其他来源经费，特别是财政性教育经费和学杂费等，社会捐献所占比重也极低。数据显示，中国普通高等教育经费中的社会捐献从 2001 年的 17.3 亿元上升到 2011 年的 43.2 亿元，虽然社会捐献的总额上升了，但其占普通高等教育经费的比重却在下降。具体来说，2001—2011 年，中国普通高等教育经费中，社会捐献所占比重一直位于 0.5%—1.9%，总体呈现出不断下降趋势。2002 年社会捐献占普通高等教育经费的比重为 1.9%，2005 年下降为 0.8%，2007 年进一步下降到 0.7%，2010 年又降到 0.5%。

学杂费主要包括学生所交的学费，以及学校收取的其他一些管理费用。学杂费是高等教育经费来源的一大组成部分。从理论上说，高校收取一定学费有其合理性，这是因为高等教育同时具有私人物品和公共物品的双重性质。正是这种半公共物品的性质，决定了高等教育费用不应完全由教育者个人或完全由政府来提供。从公平和效率兼顾原则出发，应采用经济学方法对高等教育进行成本和收益核算，在充分考虑个人和社会多方受益的基础上，确定政府和受教育者个人所提供的费用在整个教育成本中的合理分摊比例，以此作为高校收费的标准（梁军，2000）。随着高校收费标准的逐步提高，学杂费成为高等教育经费的主要来源之一，特别对于民办高校来说更是如此。

统计资料显示，中国普通高等教育经费中的学杂费从 2001 年的 282.4 亿元上升到2011年的1812.1亿元，增长了5.42倍，年均增长率高达20.4%。从比重来看，学杂费占经费总额的比重总体呈上升趋势。具体来说，2001—2011年，中国普通高等教育经费中，学杂费所占比重从24.2%上升至26.3%，其中2007年和2008年该比重均达到了33.7%。

中国高等教育经费中，除了财政性教育经费、民办经费、社会捐赠和学杂费之外，其他收入的特点与社会捐献相似，即虽然经费总额提高了，但其所占比重总体呈下降趋势。具体来说，中国普通高等教育经费中的其他收入从2001年的215.9亿元上升到2011年的379.5亿元；2002年，其所占比重为19.1%，2005年降为18.3%，2007年进一步降为7.7%，2009年又降到6.5%，2011年进一步降到5.5%。

通过比较不难看出，自21世纪初迈入中等收入阶段以来，在中国高等教育经费来源结构中，尽管各种来源经费——不管是财政性教育经费、民办经费、社会捐赠，还是学杂费与其他收入的绝对金额均有大幅提高，但它们所占比重却有升有降。总体变动趋势是，在财政性教育经费投入占比呈稳中有升趋势的情况下，中国民办经费与社会捐献的投入则相对消极，与此同时，学杂费等事业性收入的占比则快速提高。

二、高等教育经费的中外比较

（一）公共教育支出占GDP的比重比较

表3-2给出的美国等19个成功跨越中等收入陷阱国家在不同的跨越节点上的公共教育支出占GDP比重情况显示，当人均GDP跨越4000美元这一节点时，19个国家的公共教育支出占GDP比重的平均值为4.59%；当人均GDP跨越8000美元这一节点时，19个国家的公共教育支出占GDP比重的平均值为4.93%；当人均GDP跨越12 000美元这一节点时，19个国家的公共教育支出占GDP比重的平均值为4.94%。总体来说，跨越中等收入陷阱的整个期间，19个成功跨越中等收入陷阱的国家的公共教育支出占GDP比重不断升高的。

就中国来说，2009—2010年，中国的人均GDP达到了4000美元左右（2009年的人均GDP为3801美元，2010年为4515美元），2009年和2010年的公共教育支出占GDP比重分别为3.54%和4.03%，远低于上述19国人均GDP跨越4000美元时4.59%的平均值，而2014年中国的人均GDP达到了7951美元时，公共教育支出占GDP比重为4.15%，也远低于上述19国人均GDP跨越8000美元时4.93%的平均值。中外比较表明，就整体教育投入来说，跨越中等收入陷阱期间，与其他顺利跨越中等收入陷阱的经济体相比，中国的公共教育支出占 GDP 的比重仍然偏低。

（二）财政性高等教育公共支出占GDP的比重

再来比较财政性高等教育公共支出占 GDP 的比重。如上文所析，2000 年以来，中国加快了高等教育的发展，加大了对高等教育的财政投入，普通高等教育经费从 2001 年的 1166.6 亿元增加到 2011 年的 6880.2 亿元，增长了 4.90 倍，平均每年增长 19.4%；而财政性普通高等教育经费从 2001 年的 632.8 亿元增加到 2011 年的 4023.5 亿元，增长了 5.36 倍，平均每年增长 20.3%。从比重看，同期财政性普通高等教育经费占普通高等教育经费的比重从 53.39%上升到 58.34%。就 2006—2010 年看，中国财政性高等教育经费占 GDP 的比重与财政性教育经费占 GDP 的比重两个指标均呈上升趋势，体现出国家政府对教育特别是高等教育的投入持续增长，但是与其他国家特别是发达国家相比，中国仍处于较低水平。据统计，2006 年，世界各国平均公共财政教育经费支出占 GDP 比重已达到了 4.6%，而中国仅为 3.01%，且整个“十一五”期间（2006—2010 年），中国财政性教育经费占 GDP 的平均值也仅为 3.4%。同一期间，中国的财政性高等教育经费占 GDP 比重的平均值为 0.64%，而 2001—2007 年发达国家的公共高等教育经费占 GDP 比重的平均值达到了 1.06%，发展中国家的公共高等教育经费占 GDP 比重的平均值为 0.78%（岳昌君，2011）。通过比较表明，在中国的高等教育发展中，公共财政投入的比例相对偏低，进一步加大高等教育财政投入极为必要。

（三）生均教育经费支出比较

生均教育经费支出是保障高等教育质量的重要因素。表 3-5 给出的比利时等具有代表性的 14 个成功跨越中等收入陷阱的国家在不同跨越节点上的高等教育生均经费支出数据表明，当人均 GDP 跨越 4000 美元这一节点时，14 个国家高等教育生均经费的平均值为838.7美元；当人均GDP跨越8000美元这一节点时，14个国家高等教育生均经费的平均值为1657.1美元；当人均GDP跨越12 000美元这一节点时，14个国家高等教育生均经费的平均值为2747.4美元。跨越中等收入陷阱的整个期间，14个成功跨越中等收入陷阱的国家的生均教育经费也都是不断提高的。

就中国来说，当2009—2010年人均GDP达到4000美元左右时，2009年和2010年高等教育的生均教育经费为966.8美元和1149.6美元（现行美元汇率计算），高于上述14国人均GDP跨越4000美元时生均教育经费的平均水平，而2014年中国人均GDP达到了7951美元时，生均教育经费为2168.4美元，也高于上述14国人均GDP跨越8000美元时1657.1美元的平均值。中外比较表明，就整体高等教育投入来说，跨越中等收入陷阱期间（主要是从人均GDP跨越4000美元迈向跨越8000美元的过程中），与其他14个顺利跨越中等收入陷阱的国家的平均水平相比，中国的生均教育经费要高出很多。

然而，同样就高等教育生均教育经费支出来说，中国与OECD成员国以及日本和韩国相比则有很大差距。与OECD成员国相比，目前中国的高等教育生均经费支出明显要低很多，甚至低于许多新兴的工业化国家和部分发展中国家。以2008年为例，按购买力平价计算，2008年，OECD成员国高等教育生均经费支出的平均值为11 512美元，其中最高的是美国，达到了24 370美元，中国的高等教育生均经费支出为15 493元人民币。按现行汇率1美元≈6.99元人民币计算，因为中国当时的物价水平只相当于美国的24%，按照购买力平价理论计算，人民币的购买力平价汇率应提高到1美元≈1.68元人民币（6.99×0.24）。据此购买力平价汇率，2008年，中国的高等教育生均经费支出应为9222美元，但即使如此，其与OECD成员国的大学生生均经费的平均值11 512美元仍有相当大的差距（魏晓栋，2011）。

综上所述，对典型经济体跨越中等收入期间的教育经费特别是高等教育经费增长情况进行对比分析发现：平均来说，成功跨越中等收入陷阱的经济体在跨越期间的公共教育支出占GDP的比重相对较高，而长期未能跨越中等收入阶段的多数经济体在跨越期间的公共教育支出占GDP的比重相对较低，成功跨越中等收入阶段的经济体在跨越期间的高等教育支出要远高于未能跨越中等收入陷阱经济体的高等教育支出，成功跨越中等收入阶段的经济体在相同年份的高等教育生均公共支出占人均 GDP 比重则远低于长时间未能跨越中等收入阶段的经济体。此外，迈入中等收入阶段以来，中国政府对高等教育的重视程度不断提升，对高等教育的经费投入呈现出持续增长的趋势，与此同时，大学生的生均教育经费及生均财政性教育经费也在逐年上升。尽管与许多成功跨越中等收入陷阱的国家相比，中国的高等教育经费中公共财政投入的比例仍然相对偏低，需要进一步加大公共财政性高等教育经费投入，但总体来说，与迈入中等收入阶段之前相比，中国的高等教育经费增长速度要快很多，这充分体现出了政府对高等教育的重视程度和努力程度。高等教育经费投入的稳定增长，在促进高等教育跨越式发展的同时，也为中国人力资本的提高进而为中等收入阶段的顺利跨越提供了坚实的基础。

第四章

高等教育规模扩张的国际比较

成功跨越中等收入陷阱的国家和地区在跨越期间的高等教育规模都呈现出持续稳定扩张的趋势。21 世纪初迈入中等收入阶段以来，中国的高等教育迈出了大改革、大发展的坚实步伐，规模持续扩大，并逐步成为名副其实的高等教育大国。高等教育规模的跨越式发展较好地满足了社会经济发展的需求，较好地满足了人民群众日益增长的寻求高等教育的需求，在推动经济社会可持续发展的同时，为中国顺利跨越中等收入阶段奠定了坚实的高层次劳动力的数量基础。

本章将以长期滞留中等收入陷阱的巴西、墨西哥、马来西亚等发展中国家，以及韩国、新加坡和日本等成功跨越中等收入阶段的东亚经济体为典型案例，对这些国家和地区迈入中等收入阶段后的高等教育发展的规模变动情况进行国际比较，对长期滞留中等收入陷阱与顺利跨越中等收入陷阱的国家和地区的高等教育规模的发展情况进行国际比较，并在此基础上进一步分析比较迈入中等收入阶段后中国高等教育规模的扩张程度，这有助于我们更好地理解高等教育规模扩张对跨越中等收入陷阱的重要意义。

第一节　典型经济体高等教育规模扩张的比较

为进一步分析迈入中等收入阶段后不同经济体高等教育规模的发展，有必要结合人均 GNI 等经济指标，对跨越中等收入陷阱的不同经济体在跨越期间的高等教育规模进行国际比较，以更好地理解高等教育规模扩张对跨越中等收入陷阱的重要性。考虑到不同经济体的人口与经济体量存在差别这一现实，我们主要选取两个指标来进行国际比较：一是高等教育入学率；二是高等教育占比（即劳动力人口中受过高等教育的人口所占比例）。

一、高等教育入学率的国际比较

高等教育入学率的变动是衡量高等教育规模扩张的重要指标。高等教育入学率主要有高等教育毛入学率和高等教育净入学率两个主要指标。高等教育毛入学率是指高等教育在学人数与适龄人口数之比，适龄人口数是指在 18—22 岁这个年龄段的人口数，具体计算方法是，用不考虑年龄的接受高等教育的学生人数除以适龄人口数。高等教育净入学率是指 18—22 岁年龄段的高等教育在学人数与该年龄段人口数之比。国际上通常认为，高等教育毛入学率在 15%以下属于精英教育阶段，15%—50%为高等教育大众化阶段，50%以上为高等教育普及化阶段（Martin，1973）。

我们仍以长期滞留中等收入陷阱的拉美八国与马来西亚等东亚四国，以及韩国、新加坡等成功跨越中等收入阶段的东亚经济体为典型经济体进行比较。表 4-1 给出了 16 个典型经济体 1970—2016 年的高等教育毛入学率的数据。

表 4-1 1970—2016 年 16 个典型经济体的高等教育毛入学率 （单位：%）

经济体	1970 年	1980 年	1990 年	2000 年	2010 年	2016 年
阿根廷	13.41	21.73	38.22[b]	53.18	73.94	89.08
巴西	—	—	—	16.08[d]	37.04[e]	50.49
墨西哥	5.29[a]	13.09	15.05	19.05	26.30	36.85
乌拉圭	—	15.54	29.90	33.89	51.23	62.35
哥伦比亚	3.98	8.76	13.88	23.19	39.41	58.72
秘鲁	9.94	17.33	30.12	34.60	—	69.62
智利	8.86	12.67	20.76[b]	36.22	68.79	90.32
委内瑞拉	9.50[a]	19.39	26.77	18.53	76.99[e]	—
马来西亚	—	3.99	7.18	25.63	37.32	44.17
泰国	2.86[a]	10.37	15.87	34.79	50.37	49.29
印度尼西亚	2.85	3.35	8.38	14.88	23.04	36.28[f]
菲律宾	17.65[a]	24.02	24.59	27.30[d]	29.61	35.28[f]
中国香港	4.58[a]	6.15	14.45[c]	—	58.91	76.56
韩国	6.79[a]	12.44	36.51	76.68	102.76	93.78
新加坡	6.48	—	23.50	45.30	71.00	92.20
日本	17.34[a]	30.47	29.36	—	—	—
世界平均	10.07	12.29	13.64	19.04	29.42	37.46

资料来源：世界银行网站，https://data.worldbank.org/indicator/SE.TER.ENRR?view=chart

注：a. 1971 年的数据；b. 1991 年的数据；c. 1992 年的数据；d. 1999 年的数据；e. 2009 年的数据；f. 2017 年的数据

从表 4-1 可以看出，总体来说，无论是成功跨越中等收入阶段的经济体，还是长期滞留中等收入陷阱的经济体，1970 年以来的高等教育毛入学率都呈现出持续上升的趋势，如阿根廷从 1970 年的 13.41%上升至 2016 年的 89.08%，哥伦比亚从 1970 年的 3.98%上升至 2016 年的 58.72%，印度尼西亚从 1970 年的 2.85%上升至 2017 年的 36.28%，新加坡从 1970 年的 6.48%上升至 2016 年的 92.20%。若与整个世界相比，除少数经济体，如马来西亚、印度尼西亚等之外，大多数经济体在 20 世纪 80 年代以来的高等教育毛入学率要高于整个世界的平均水平。

具体来看，在阿根廷等拉美八国中，阿根廷、秘鲁、乌拉圭和智利的高等教育毛入学率相对较高，其余国家相对较低。尽管进入中等收入阶段的时间并不一致，但拉美八国中的多数国家从 20 世纪 70 年代进入中低收入阶段，20 世纪 90 年代进入中高收入阶段。1970 年八国高等教育毛入学率的平均值为 8.50%，1980 年为 15.50%，1990 年为 24.96%，1995 年为 25.14%，1995 年比 1970 年高出 16.64%，年均增长率为 4.4%。进入中高收入阶段以来，八国的高等教育毛入学率普遍大幅提升，其 2000 年的平均值为 29.34%，2005 年为 38.90%，2010 年为 53.39%，2016 年为 65.35%，2016 年比 1995 年高出 40.21%。①

在马来西亚、泰国、菲律宾和印度尼西亚等东盟四国中，1990 年之前，菲律宾和泰国的高等教育毛入学率相对较高，如菲律宾 1971 年的高等教育毛入学率为 17.65%，1980 年和 1990 年分别为 24.02%和 24.59%。马来西亚和印度尼西亚则相对较低，印度尼西亚 1970 年的高等教育毛入学率为 2.85%，1980 年和 1990 年分别为 3.35%和 8.38%。1990 年后，四国的高等教育毛入学率提高幅度增大，如马来西亚从 1990 年的 7.18%上升至 2016 年的 44.17%，印度尼西亚从 1990 年的 8.38%上升至 2017 年的 36.28%。通过计算可知，1980 年四国高等教育毛入学率的平均值为 10.43%，1990 年为 14.01%，2000 年为 25.65%，2010 年为 35.09%，2016 年以来达到了 40%以上。

① 本自然段及以下三个自然段的数据均来自世界银行网站并经笔者计算得出，https://data.worldbank.org/indicator/SE.TER.ENRR?view=chart.

成功跨越中等收入阶段的日本、新加坡、韩国和中国香港等经济体在跨越期间的高等教育毛入学率相对较高。1971 年日本的高等教育毛入学率为 17.34%，1980 年上升到 30.47%，到了 1990 年和 1995 年，即日本跨越中高收入阶段和进入高收入阶段的关键时期，该比重进一步上升至 29.36%和 39.11%。韩国在 20 世纪 70 年代中后期至 80 年代中后期，即从中低收入阶段进入中高收入阶段时期，高等教育毛入学率不断提高，从 1975 年的 7.57%上升至 1980 年的 12.44%，并进一步上升至 1985 年的 30.92%和 1995 年的 48.32%，进入高收入阶段后的 2000 年和 2016 年，该比重进一步上升至 76.68%和 93.78%。通过计算可知，1970 年日本、新加坡、韩国和中国香港等经济体的高等教育毛入学率的平均值为 8.80%，1980 年为 16.35%，1990 年为 25.96%，1995 年为 39.06%，2000 年和 2016 年进一步达到 60.99%和 87.51%。

如果把阿根廷等拉美八国和马来西亚等东亚四国作为一个整体，则 1970 年、1980 年、1990 年和 2000 年这 12 个经济体的高等教育毛入学率的平均值为 8.26%、13.66%、20.97%和 28.11%，分别比日本、韩国和新加坡等三个成功跨越中等收入阶段的东亚经济体的平均值低了 0.54%、0.01%、4.99%和 32.88%。由此可以得到如下结论：平均来说，成功跨越中等收入阶段的经济体同期的高等教育毛入学率的平均水平相对较高，而长时间未能跨越中等收入阶段的经济体同期的高等教育毛入学率的平均水平则相对较低。

为了进一步比较，表 4-2 给出了具有代表性的 12 个成功跨越中等收入陷阱的国家在人均 GDP 达到 4000 美元、8000 美元和 12 000 美元三个不同节点时的高等教育毛入学率数据。不难看出，当人均 GDP 达到 4000 美元时，12 个顺利跨越中等收入陷阱国家的高等教育毛入学率的平均值为 23.3%；当人均 GDP 达到 8000 美元时，12 国的高等教育毛入学率的平均值上升为 34.0%；当人均 GDP 达到 12 000 美元时，12 个国家的高等教育毛入学率的平均值进一步上升到 39.0%。由此可以得到如下结论：在中等收入阶段，与人均 GDP 水平的提升相伴随的是国家高等教育毛入学率的不断提高。这说明，对于多数成功跨越中等收入陷阱的国家而言，高等教育的大众化与中等收入陷阱的跨越有着高度的关联性。

表 4-2 英国等 12 国在不同跨越节点时的高等教育毛入学率 （单位：%）

国家	4 000 美元	8 000 美元	12 000 美元
英国	18.0	18.6	22.7
法国	20.9	25.9	29.5
荷兰	22.5	26.8	29.1
澳大利亚	19.4	24.9	25.7
捷克	19.6	36.7	47.6
希腊	17.4	25.1	36.5
匈牙利	18.8	52.6	66.3
意大利	27.0	27.4	24.7
日本	22.1	30.4	27.9
韩国	35.4	44.0	53.6
波兰	35.0	65.5	69.2
西班牙	23.5	30.0	35.6
平均	23.3	34.0	39.0

资料来源：袁振国等：《跨越中等收入陷阱国家教育变革的重大启示》，教育科学出版社，2013 年，第 55 页

此外，袁振国等（2013）对 16 个成功跨越中等收入陷阱且人口在 1000 万人以上的国家在跨越中等收入陷阱阶段的高等教育毛入学率的年均增长率进行比较后发现，这些国家的高等教育毛入学率平均每年提高 4.6%，而且绝大多数国家的高等教育入学率是持续提高的。虽然受到经济危机和其他因素的影响，捷克、法国、西班牙、希腊、英国等国家在跨越阶段都曾出现过人均 GDP 的阶段性下降，但这些国家同期的高等教育毛入学率在整体上却保持了稳步的正增长。由此得出的结论是，成功跨越中等收入陷阱的国家在跨越阶段的高等教育毛入学率是持续提高的。

二、高等教育占比的国际比较

高等教育占比是一个经济体人力资本质量的重要衡量指标，也在很大程度上反映出不同经济体高等教育发展的程度。表 4-3 给出了 17 个典型经济体（除表 4-1 中的 16 个经济体外，还包括中国台湾）在不同跨越节点的高等教育占比数据。

表 4-3　17 个典型经济体在不同跨越节点的高等教育占比　　（单位：%）

经济体	中低收入初期	中高收入初期	高收入初期或 2010 年
哥伦比亚	9.24（1979）	33.08（2007）	39.13（2010）
秘鲁	13.26（1975）	34.99（2009）	42.99（2010）
阿根廷	13.41（1970）	38.39（1991）	71.23（2009）
墨西哥	7.72（1974）	13.69（1993）	28.03（2010）
巴西	10.12（1975）	11.84（1996）	25.63（2005）
乌拉圭	12.32（1974）	27.11（1992）	63.20（2010）
智利	11.50（1971）	28.45（1995）	66.12（2010）
委内瑞拉	10.12（1971）	28.35（2000）	78.13（2009）
马来西亚	3.88（1979）	11.15（1995）	40.24（2009）
泰国	14.98（1988）	46.17（2010）	47.70（2011）
印度尼西亚	11.16（1995）	—	23.12（2010）
菲律宾	28.67（1996）	—	28.23（2008）
中国香港	6.84（1971）	9.25（1979）	18.35（1992）
中国台湾	19.85（1976）	28.74（1986）	49.94（1995）
新加坡	5.00（1970）	5.90（1980）	23.50（1990）
韩国	8.76（1977）	35.68（1988）	60.30（1996）
日本	17.65（1971）	22.59（1974）	28.01（1986）

资料来源：巫和懋，冯仕亮：《人力资本投资与跨越“中等收入陷阱”》，《当代财经》，2014 年第 8 期，第 5-14 页

注：括号内的数字为进入相应节点的年份，如未实际进入相应阶段，该数字仅指年份

根据表 4-3 中的数据计算可知，在跨进中低收入阶段门槛（人均 GNI 超过 1000 美元）时，巴西、墨西哥等拉美八国的高等教育占比平均值为 10.96%，其中最低的是墨西哥，为 7.72%，最高的是阿根廷，为 13.41%。马来西亚、泰国等东盟四个经济体的高等教育占比平均值为 14.67%，其中最低的是马来西亚，为 3.88%，最高的是菲律宾，为 28.67%。如果不考虑 17 个经济体中进入中等收入经济体行列时间最晚的菲律宾，马来西亚等三国的高等教育占比平均值为 10.01%，中国香港、中国台湾、韩国、新加坡与日本均在 20 世纪 70 年代进入了中低收入国家和地区的行列，五个经济体跨进中低收入阶段门槛时的高等教育占比平均值为 11.62%，考虑到中国香港和新加坡均属于小规模经济体，只计算中国台湾、韩国

与日本的话，三个经济体的高等教育占比平均值为 15.42%，高于巴西、墨西哥等拉美八国的 11.29%和马来西亚、泰国等东盟四国的 14.67%。整体来看，如果不考虑菲律宾，上述经济体在跨进中低收入阶段时的高等教育占比集中在 5%—19.85%，平均值为 10.99%。

在跨进中高收入阶段门槛（人均 GNI 超过 4000 美元）时，巴西、墨西哥等拉美八国的高等教育占比中最低的为巴西（11.84%），最高的为阿根廷（38.39%），平均值为26.99%。日本在20世纪70年代中期进入中高收入阶段，“亚洲四小龙”则分别于 20 世纪 70 年代末 80 年代初进入中高收入阶段，五个经济体跨入中高收入阶段时的高等教育占比平均值为 20.43%，如不计中国香港和新加坡，中国台湾、韩国与日本三个经济体的高等教育占比平均值为 29.00%，同样高于巴西、墨西哥等拉美八国的平均值。除了菲律宾和印度尼西亚之外，整体来看，其他 15 个经济体在跨进中高收入阶段门槛时的高等教育占比集中在 5.9%（新加坡）—38.39%（阿根廷），平均值为 25.03%。

根据表 4-3，截至 2010 年，上述 17 个经济体中有 8 个经济体的人均 GDP 超过了 12 000 美元，分别为阿根廷、巴西、委内瑞拉、“亚洲四小龙”与日本。上述 8 个经济体在人均 GDP 刚刚超过 12 000 美元时的高等教育占比平均值为 44.39%，其中最低的是中国香港，为 18.35%，最高的是委内瑞拉，为 78.13%。

比较可知，总体来说，在跨越中等收入阶段时，跨越顺利的“亚洲四小龙”（除新加坡和中国香港外）与日本的高等教育占比，相比跨越中等收入陷阱并不顺利的巴西、墨西哥、马来西亚等经济体要高一些。仅就上述经济体来说，在人均 GDP 为 1000—4000 美元的发展区段内，除巴西外，其余经济体的高等教育占比平均增长率越高，GDP 的平均增长率也越高。这一时期，日本与韩国的人均 GDP 平均增长率相对最高，它们的高等教育占比的平均增长率也位居前列。在人均 GDP 超过 4000 美元的发展区段，仅考虑陷入中等收入陷阱的拉美国家，也仍然满足高等教育占比平均增长率越高、GDP 平均增长率也越高的一般规律。由此可以得出如下结论：尽管影响一个经济体顺利跨越中等收入陷阱的因素是多方面的，但一般而言，高等教育发展越快的国家，人力资本积累速度也较快，通常经济发展的绩效也较好，因此也更容易跨越中等收入陷阱，实现经济发展阶段的跃升。

第二节 中国高等教育规模扩张及其比较

一、中国高等教育规模的扩张

1978 年改革开放以来，中国的高等教育发展进入快车道，教育规模不断扩大。21 世纪初期迈入中等收入阶段以来，中国的高等教育规模保持了持续稳定扩张的趋势。在保持稳定扩张的同时，21 世纪以来中国的高等教育规模发展呈现出阶段性特征，相继经历了迅速扩张、稳定发展和质量提升等三个不同的阶段。

（一）前中等收入阶段的高等教育规模[①]

从中华人民共和国成立初期到 20 世纪 60 年代，中国的高等教育规模呈现出波动性强、随意性大等特点。1956 年，全国高等学校招生 18.5 万人，同比增长 88.8%，1957 年则锐减到 10.6 万人，同比下降 42.7%，1960 年再次增长到 32.3 万人，1960 年则又骤降至 16.9 万人，1962 年进一步下降为 10.7 万人。1966 年“文化大革命”爆发，全国高等学校招生人数大幅减少，1970 年只招生 4.2 万人。

1977 年，邓小平同志在《尊重知识，尊重人才》的讲话中指出，“同发达国家相比，我们的科学技术和教育整整落后了二十年……办教育要两条腿走路，既注意普及，又注意提高”[②]。随后，党和国家对“文化大革命”时期错误的教育理论与实践进行了批判，逐渐恢复了“文化大革命”前的高等教育制度，从此开启了中国高等教育事业发展的新篇章。1978 年，教育部在对 1961 年颁布的《教育部直属高等学校暂行工作条例（草案）》进行修订的基础上，颁布了《全国重点高等学校暂行工作条例（试行草案）》，充分肯定了“高等学校必须以教学为主，努力提高教学质量”等一系列提法。此后，中国的高等教

① 除已注明来源的以外，本部分的数据均来自历年中国统计年鉴并经笔者计算得出，http://www.stats.gov.cn/tjsj/ndsj/.

②《邓小平文选》（第二卷），北京：人民出版社，1994 年，第 40 页。

育事业重又走上了发展的正轨。

1977年，中国高考制度恢复，全国普通高校共招收27.3万人，1978年增至40.2万人。因“文化大革命”造成教育中断的大量高中毕业生纷纷在这两年通过参加高考进入大学。随后的几年中，普通高校报考人数出现下降趋势，招生人数也随之下降，1979年，全国普通高校共招收27.9万人。随后的若干年中，全国普通高校招生规模虽时有波动，但总体趋势是在稳步增加。1984年，全国普通高校本专科招生人数为47.5万人，1990年达到60.9万人，1995年招生92.6万人，1997年招生规模首次突破百万人。

1998年是中国高等教育发展迎来重大转机的一年。一方面，从高等教育自身发展的需求看，中国九年义务教育普及工作加速推行，中等教育发展良好，但高等教育毛入学率增长较慢，无法满足经济社会发展对高层次人才的需求，也无法满足人民群众日益增长的寻求高等教育的需求，高等教育成为中国教育亟待突破的瓶颈。另一方面，受到1997年、1998年亚洲金融危机的影响，中国的经济增长速度下滑，内需严重不足，加上这一时期国有企业改革造成大量失业人群，扩大高等教育规模、加大高等教育投资就成为拉动中国内需、促进消费、带动经济增长、缓解就业压力的重要举措。由此，综合考虑高等教育自身发展需求以及经济形势，中国政府做出了扩大普通高等教育规模的战略决策。1998年，《面向21世纪教育振兴行动计划》发布，明确提出到2010年，高等教育规模有较大扩展，入学率接近15%，若干所高校和一批重点学科进入或接近世界一流水平。此后，中国的高等教育进入规模迅速扩张时期，1999年全国普通高校招生159.7万人，较1998年增长了47.3%，2000年招生规模达到220.6万人，同比增长38.1%。

综上所述，1977年高考恢复后，中国高等教育事业发展进入新时期。1978—2000年，普通高等学校招生人数从40.2万人迅速扩大到220.6万人，招生总人数达到1708.3万人。普通高等学校在校生人数从1978年的85.6万人迅速扩大到2000年的556.1万人，年均增长率达到了8.9%；同期毕业生人数从16.5万人扩大到95.0万人，毕业生总人数达到1212.7万人（表4-4）。高等教育规模的迅速扩大为中国从低收入阶段迈入中等收入阶段奠定了重要的人力资本条件。

表 4-4 1978—2000 年中国普通高等学校的在校生人数与毕业生人数 （单位：万人）

年份	在校生	毕业生	年份	在校生	毕业生
1978	85.6	16.5	1990	206.3	61.4
1979	102.0	8.5	1991	204.4	61.4
1980	114.4	14.7	1992	218.4	60.4
1981	127.9	14.0	1993	253.6	57.1
1982	115.4	45.7	1994	279.9	63.7
1983	120.7	33.5	1995	290.6	80.5
1984	139.6	28.7	1996	302.1	83.9
1985	170.3	31.6	1997	317.4	82.9
1986	188.0	39.3	1998	340.9	83.0
1987	195.9	53.2	1999	413.4	84.8
1988	206.6	55.3	2000	556.1	95.0
1989	208.2	57.6	平均	224.2	1212.7

资料来源：国家统计局发布的《中国统计年鉴 2001》，http://www.stats.gov.cn/tjsj/ndsj/2001c/t2007c.htm

（二）迈入中等收入阶段后的高等教育规模

进入 21 世纪初期，中国开始步入中等收入阶段。2001—2018 年，中国的高等教育规模保持了持续稳定扩张的趋势，学生规模不断扩大（表 4-5），与此同时，教育规模发展呈现出一定的阶段性特征。总体来说，根据规模扩张的程度，2001—2018 年，中国的高等教育规模经历了以下三个阶段。

表 4-5 2001—2018 年中国普通高等学校招生人数

年份	招生人数（万人）	增长率（%）	年份	招生人数（万人）	增长率（%）
2001	268.3	21.62	2010	661.8	3.49
2002	320.5	19.46	2011	681.5	2.98
2003	382.2	19.25	2012	688.8	1.07
2004	447.3	17.03	2013	699.8	1.60
2005	504.5	12.79	2014	721.4	3.09
2006	546.1	8.25	2015	737.8	2.27
2007	565.9	3.63	2016	748.6	1.46
2008	607.7	7.39	2017	761.5	1.72
2009	639.5	5.23	2018	791.0	3.87

资料来源：中国国家统计局，http://data.stats.gov.cn/easyquery.htm?cn=C01

第一个阶段是2001—2005年的迅速扩张阶段。2001—2005年，中国普通高等学校的招生人数连续5年的增长率都在10%以上，特别是2001—2004年，增长率均超过了17%。这一阶段，高校招生规模总体延续了1998年以来的扩张势头，招生总规模从2001年的268.3万人增至2005年的504.5万人，年均增速为17.1%。

第二个阶段是2006—2010年的稳定发展阶段。2005年后，中国高校招生规模的扩张速度有所放缓，高等教育规模进入稳定发展阶段。据统计，2006—2010年，中国普通高等学校招生人数的增长率回落到10%以下，总体上呈现出不断下降的趋势，2010年降至3.49%。在这一阶段，高校招生总规模从2006年的546.1万人增至2010年的661.8万人，年均增速为4.92%。

第三个阶段是2011—2018年的质量提升阶段。2010年后，中国高校招生规模的增速明显呈现出放缓迹象，高等教育发展进入质量提升阶段。2011年，中国高校招生681.5万人，增长率同比下降0.51个百分点，2012年和2013年招生规模的增速分别只有1.07%和1.6%。招生规模增速放缓表明，中国高等教育在经历了10多年的规模扩张后，开始进入规模稳定、质量提升的新阶段。2018年，中国普通高等学校招生人数为791.0万人，2011—2018年招生规模的年均增速为2.15%，已经大幅度低于之前的两个阶段。

二、中国高等教育规模指标变动

为了进一步揭示迈入中等收入阶段后中国的高等教育规模发展情况，下面分别就高校学生数与高等学校数、高校专任教师人数与生师比、毛入学率与平均在校生人数等反映高等教育规模的总量指标的变动情况展开分析。①

（一）高校学生数与高等学校数

1. 高校学生数

反映高等教育规模发展最为重要的指标是高校学生数。高校学生数主要包括招生人数、在校生人数和毕业生人数等指标。在讨论高等教育规模扩张历程时，

① 本部分数据均来自中国国家统计局，http://data.stats.gov.cn.

我们分析了进入中等收入阶段后中国高等学校招生人数的变动情况。伴随着高等学校招生人数的不断增加，在校生人数和毕业生人数也随之增加。

首先看普通高等学校在校生人数。高校在校生是一国潜在的人力资本，高校在校生人数在很大程度上决定着未来几年该国高层次人力资本的供给数量。由于1999年的高校扩招，2001年，中国普通高等学校在校生人数达到了719.1万人。此后直到2018年，在校生人数一直稳中有升，2018年达到2831万人。受招生规模发展阶段性的影响，2001—2018年，中国高校在校生人数的年增长速度呈现出阶段性特征。总体来说，2006年之前增速较快，每年增速都在10%以上，2002年的增速高达25.6%，2006年后增速有所放缓，最低的是2017年，仅为2.1%。高校在校生整体规模从2001年的719.1万人增长到2018年的2831万人，增长了2.94倍，年均增速为8.39%。从绝对规模上看，中国高等学校在校生人数在2004年已超越美国，成为名副其实的高等教育大国。

其次来看普通高等学校毕业生人数。毕业生是一国现实的人力资本，高校毕业生人数在很大程度上决定着该国即将投入各产业领域的高层次人力资本的数量。同样由于1999年的高校扩招，2001年后，中国普通高等学校毕业生人数大幅增加。2001年，高校毕业生人数达到103.6万人，此后直到2018年，毕业生人数一直稳步提高，2018年达到753.3万人。2001—2018年，中国普通高等学校毕业生人数也呈现出阶段性特征。总体来说，2009年之前，毕业生人数增速较快，最高的是2003年，同比增速高达40.4%，2009年后，增速有所放缓，最低的是2013年，同比增速只有2.2%。通过计算可知，2001—2018年，中国普通高等学校毕业生人数增长了6.27倍，年均增速为12.4%。据统计，2000—2014年，中国高校毕业生占当年城镇新增人口比例从12.86%提高到61.62%，高校毕业生成为促进中国经济社会实现跨越式发展的重要生力军。①

2. 高等学校数

根据《中华人民共和国高等教育法》，高等教育由高等学校和其他高等教育机构实施。普通高等学校是中国实施高等教育、培养高等专业化人才的主要

① 教育部. 散发材料（四）高等教育第三方评估报告（摘要）. 2015-12-04. http://www.moe.gov.cn/jyb_xwfb/xw_fbh/moe_2069/xwfbh_2015n/xwfb_151204/151204_sfcl/201512/t20151204_222891.html.

阵地和基本机构。普通高等学校的数量与质量决定着高校学生的培养规模和培养质量。

进入中等收入阶段后，中国的普通高校数量大幅增加，普通高校的数量从2000年的1041所增至2018年的2663所。纵向比较看，1978—2000年，普通高校从598所增加到1041所，共增加443所，年均增加约20所；而在2000—2018年，普通高校共增加1622所，年均增加约90所，是1978—2000年年均增加的4.5倍。

在高校整体数量快速增加的同时，高校的地区结构在某种程度上呈现出均衡趋势，突出地表现在进入中等收入阶段后，中国中西部地区的高等教育办学能力显著增强，新建本科院校异军突起。数据显示，中西部高等教育体量不断增大，中西部高校从2000年的544所增长到2014年的1363所，增加了1.5倍。据统计，2014年，中西部高校数量占到了全国的53.9%，中西部在校生人数、毕业生人数、招生人数占全国的比例分别上升到54.16%、53.84%、54.38%。①

（二）高校专任教师人数与生师比

高校专任教师人数与生师比也是反映高等教育发展规模的重要指标。这两个指标在反映了高等教育发展规模的同时，也在一定程度上反映了高校的办学能力和教育质量。在在校生人数一定的情况下，高校专任教师人数越多，高校生师比越低，这也就意味着学生会得到更高的教育质量。

进入中等收入阶段后，中国高校专任教师人数呈现出稳步增加的趋势。专任教师人数从2000年的46.3万人增至2018年的167.3万人，增长2.61倍，年均增速为7.4%。如果与1978年20.6万人的高校专任教师人数相比，2018年的专任教师人数是1978年的8.12倍。从高校生师比看，2000—2018年前小半段波动很大，既有2002年的19∶1，也有2004年的16.2∶1，波动大的原因很大程度上在于高校扩招所引起的在校生规模的大幅波动；后半阶段趋于相对稳定，2006—2018年一直稳定在18∶1—17∶1，其原因主要在于专任教师人数与在校生人数保持了基本相同的增长速度。

① 教育部. 散发材料（四） 高等教育第三方评估报告（摘要）. 2015-12-04. http://www.moe.gov.cn/jyb_xwfb/xw_fbh/moe_2069/xwfbh_2015n/xwfb_151204/151204_sfcl/201512/t20151204_222891.html.

（三）毛入学率与平均在校生人数

1978—2000 年，中国的高等教育毛入学率相对较低，总体上处于精英教育阶段。1978 年，高等教育毛入学率只有 2.7%，1988 年达到 3.7%，1998 年上升至 9.8%。1999 年高校扩招后，高等教育毛入学率快速上升。2002 年，中国的高等教育毛入学率达到 15%，高等教育从精英教育阶段进入大众化阶段。2007 年，中国的高等教育毛入学率达到 23%，2010 年达到 26.5%，2012 年达到 30%，2014 年达到 37.5%，2018 年进一步达到 48.1%。根据统计数据计算，2000—2018 年，高校录取学生人数年均增长率为 7.35%；2000 年的高中升学率为 73.2%，2016 年提高到 94.5%。

每 10 万人口平均高校在校生人数也是体现高等教育规模发展的一个重要指标，衡量的是高校在学人数与总人口数之比。2000 年，中国每 10 万人口平均高校在校生人数为 723 人，2005 年增加到 1613 人，2010 年达到 2189 人，2015 年上升到 2524 人，2018 年进一步上升到 2658 人，转化为高校在学人数占总人口数的比重分别为 0.72%、1.61%、2.19%、2.52%和 2.66%。迈入中等收入阶段后，中国每 10 万人口平均高校在校生人数占总人口数的比重呈现出不断提高的趋势，但每 10 万人口平均高校在校生人数的增长率则呈现出总体下降的趋势。2001 年，中国每 10 万人口平均高校在校生人数同比增长 28.8%，2005 年增长率为 13.6%，2010 年降到 2.9%，2017 年进一步下降为 1.8%（图 4-1）。

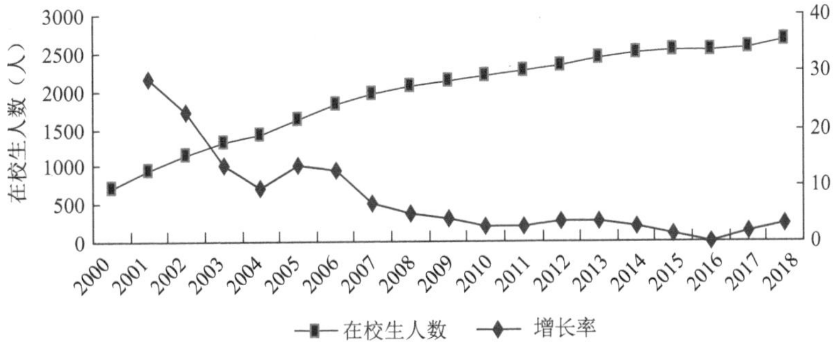

图 4-1　2000—2018 年中国每 10 万人口中高校平均在校生人数及增长率

资料来源：国家统计局发布的《中国统计年鉴 2019》，http://www.stats.gov.cn/tjsj/ndsj/2019/indexch.htm

三、高等教育规模的中外比较

我们主要通过高等教育毛入学率和高等教育占比这两个指标来比较中国与

其他跨越中等收入陷阱的经济体在跨越阶段的高等教育发展规模。

（一）高等教育毛入学率的中外比较

表 4-6 给出了 2001—2018 年中国的人均 GDP、高等教育毛入学率及其增长率的数据。伴随着中国人均 GDP 的不断提高，高等教育毛入学率也不断上升。在中等收入阶段初期的 2001 年，中国的高等教育毛入学率为 13.3%，到中高收入阶段中期的 2018 年，中国的高等教育毛入学率达到 48.1%，开始从高等教育大众化阶段向普及化阶段过渡。这与大多数跨越中等收入陷阱的经济体类似，进一步说明高等教育大众化阶段与中等收入陷阱跨越阶段有着较为紧密的联系。

表 4-6 2001—2018 年中国的人均 GDP、高等教育毛入学率及其增长率

年份	人均 GDP（美元）	高等教育毛入学率（%）	高等教育毛入学率增长率（%）
2001	1053	13.3	—
2005	1753	21.0	10.53
2010	4561	26.5	9.50
2015	8069	40.0	6.67
2016	8177	42.7	6.75
2017	8827	45.7	7.03
2018	9769	48.1	5.25

资料来源：人均 GDP 数据来自新浪财经的全球宏观经济数据，http://finance.sina.com.cn/worldmac/compare.shtml?indicator=NY.GDP.PCAP.CD&nation=CN&type=0；高等教育毛入学率来自历年《中国教育统计年鉴》，高等教育毛入学率增长率为笔者计算得出

与表 4-1 选取的 16 个成功跨越与长期滞留中等收入陷阱的经济体相比，中国在刚进入中等收入阶段时的高等教育毛入学率为 13%左右，高于巴西、墨西哥等拉美八国和马来西亚等东盟四国在人均 GDP 达到 1000 美元时的平均高等教育毛入学率，同时也高于中国香港和新加坡在人均 GDP 达到 1000 美元时的平均高等教育毛入学率；中国在进入中高收入阶段初期的高等教育毛入学率约为 25%，与巴西、墨西哥等拉美八国在人均 GDP 达到 4000 美元时的平均高等教育毛入学率相当，高于中国香港和新加坡在人均 GDP 达到 4000 美元时的平均高等教育毛入学率。

与表 4-2 中的 12 个成功跨越中等收入陷阱国家相比，中国在 2009—2010 年

的人均 GDP 达到了 4000 美元，2009 年和 2010 年的高等教育毛入学率分别达到了 24.2%和 26.5%，高于 12 个成功跨越中等收入陷阱国家在人均 GDP 达到 4000 美元时的平均高等教育毛入学率，而在 2013 年中国人均 GDP 远未达到 8000 美元时，其高等教育毛入学率就达到了 34.5%，超过了 12 个成功跨越中等收入陷阱国家在人均 GDP 达到 8000 美元时的平均高等教育毛入学率。

不论是世界整体还是不同收入组经济体，1970—2017 年，其平均高等教育毛入学率都呈现出不断上升的趋势。比较而言，在相同年份，高收入经济体的高等教育毛入学率高于中高收入经济体，更是远远高于中低收入经济体。高等教育毛入学率与收入水平呈现出非常明显的正相关性。就中国来说，2017 年，其高等教育毛入学率与高收入经济体相比还有较大差距，但比中低收入经济体要高出不少，与中高收入经济体已相差不大；动态来看，2002 年之前，中国的高等教育毛入学率一直低于中低收入经济体的整体水平，但在 2002 年后则超过了中低收入经济体的整体水平且差距越来越大，2017 年差了近 27 个百分点，从 2013 年之后，中国的高等教育毛入学率开始接近中高收入经济体的整体水平，2017 年与后者相差仅 1 个百分点。①

（二）高等教育占比的中外比较

数据显示，伴随着中国高等教育的发展，接受过高等教育的人口在 6 岁及以上的总人口中所占的比例不断提高，1990 年这一比例仅为 2.01%，2017 年则上升到 13.87%。

根据教育部 2015 年 12 月发布的《国家中长期教育改革和发展规划纲要（2010—2020 年）》总体评估报告，2014 年，中国主要劳动年龄人口中受过高等教育的比例为 15.83%。2014 年，中国的人均 GDP 为 7591 美元，根据收入阶段划分标准，中国已跨过了中高收入国家门槛，但显然，无论是和已经跨入高收入阶段的经济体相比，还是和处于同一收入阶段的拉美八国的平均值相比，中国在高等教育占比这一指标上与其都存在着较大差距。为此，进一步发展高等教育规模，不断提高高等教育占比，仍然是今后中国高等教育发展的一大任务。

---

① 1970—2017 年世界不同收入组经济体的高等教育毛入学率数据来自世界银行网站，https://data.worldbank.org/indicator/SE.TER.ENRR?view=chart.

综上所述，对跨越中等收入陷阱的不同经济体在跨越阶段的高等教育规模进行国际比较后发现，平均来说，成功跨越中等收入阶段的经济体在同期的高等教育入学率相对较高，而长时间未能跨越中等收入阶段的经济体的高等教育入学率则相对较低；在跨越中等收入阶段，跨越顺利的“亚洲四小龙”与日本的高等教育占比，比跨越中等收入陷阱不顺利的巴西、墨西哥、马来西亚等经济体要高。

根据教育部发布的《2017 年全国教育事业发展统计公报》，2017 年，中国各类高等教育在学总规模达到 3779 万人，位居世界第一，高等教育毛入学率达到 45.7%。据教育部发布信息显示，截至 2019 年 6 月 15 日，全国高等学校共计 2956 所。尽管与许多国家包括一些同样处于中等收入阶段的国家相比，在高等教育入学率和高等教育占比等指标上，中国高等教育发展规模与其仍然存在较大差距，但仅就中国自身来说，自 21 世纪初期迈入中等收入阶段后，中国的高等教育规模确确实实实现了跨越式发展。高等教育规模的跨越式发展为中国社会产业发展培养了大量的各类高层次人才，为中国顺利跨越中等收入阶段奠定了坚实的劳动力基础。当前，中国已建成世界最大规模高等教育体系，在可预见的未来，高等教育入学率和总人口中受过高等教育的人口所占比例将会大幅度提高。当然，受过高等教育的人口在总人口中所占比例的提高并不必然意味着人口素质和人力资本的必然提升。中国高等教育发展面临的挑战是在扩大规模的同时，重点提高高等教育质量，只有这样，中国才能在人口老龄化越来越严重的背景下真正实现从“人口红利”到“人力资本红利”的转变，在新时代推动中国经济的高质量发展。

第五章

高等教育结构优化的国际比较

在跨越中等收入陷阱阶段，伴随着高等教育规模的持续扩张，高等教育的结构也会发生相应变化。高等教育结构的优化包括很多方面，既包括教育层次结构的优化，也包括教育专业结构的优化，还包括教育办学模式的优化。教育层次结构的优化不断适应着社会经济发展对多元化人才的需求，教育专业结构的优化不断满足着社会产业结构对高层次人才的类型和规格的需求，教育办学模式的优化则会极大地促进高等教育的大众化和普及化，弥补政府对高等教育经费投入的相对不足。如果说教育规模扩张促进的是高等教育量的增加，那么教育结构优化促进的则是高等教育质的提高。高等教育结构的优化会促进高等专业技术人才结构的优化，较好地满足一国居民日益增长的接受多元化高等教育的需求，在对社会经济产生深远影响的同时，能够有力地推动国家从中等收入阶段向高收入阶段的跨越。

本章主要以 20 世纪成功跨越中等收入陷阱的日本和韩国为例，探析这两个成功跨越中等收入陷阱的国家在跨越进程中乃至跨越后在高等教育结构优化方面的主要表现，并在此基础上分析进入中等收入阶段后中国的高等教育结构的变化情况，最后进行中外比较并总结跨越中等收入陷阱阶段高等教育结构优化的基本规律。

第一节 日韩两国高等教育结构的优化

我们主要以 20 世纪后半叶成功跨越中等收入陷阱的日本和韩国为例，分析其在第二次世界大战后特别是跨越中等收入阶段时期高等教育结构的多方面优化。

一、日韩高等教育层次结构的优化

高等教育层次结构的优化意味着，对于满足人民群众对高等教育的多元化需求和满足社会经济发展对高层次智力资源的需求来说，高等教育的层次结构更为合理。在高等教育大规模扩张之前，各国高等教育基本上是以普通大学或相当于大学的学院为中心的精英教育，进行的主要是学术性和高度专业化的系统知识传授，面向的是知识精英或来自少数家庭的小部分群体，高等教育系统通常是由大学构成的一种单一结构。迈入中等收入阶段后，各国高等教育相继进入大众化时代，高等教育层次结构随之不断趋于多元化和合理化，日本和韩国也同样如此。

日本和韩国高等教育层次结构的优化突出表现在三大方面：一是研究生教育突飞猛进的发展；二是短学制应用型人才培养学校的大量建立；三是远程高等教育、成人高等教育与继续高等教育的蓬勃兴起。

（一）研究生教育突飞猛进的发展

研究生教育是高等教育的最高层级，作为日本承担研究生教育的高等教育机构，大学院虽然早在 1886 年就建立了，但现代意义上的研究生教育制度和研究生教育规模的迅速扩大却是在第二次世界大战后特别是日本跨越中等收入陷阱的 20 世纪 60—80 年代。

在 20 世纪 50 年代，日本已大致形成了现代意义上的研究生教育制度。1950 年，日本引进了美式的学分制和中间学位"硕士"，依照由日本大学基准协会制定的大学院设立标准，审查并通过了 4 所私立大学的硕士课程。1951 年，设置硕士课程的大学增加到 11 所，1952 年又增加了 8 所。1953 年，12 所国立大学设置了硕士课程，已设置硕士课程的私立大学设置了博士课程。截至 1953 年，设立大学院的国立、公立、私立大学加起来达到了 45 所（杜海清，2015）。

20 世纪 60 年代中期到 80 年代中期，是日本跨越中等收入阶段的时期。与普通本专科的招生类似，20 世纪 60 年代以来，日本的研究生招生人数出现井喷，在校研究生人数快速增加。据统计，1950 年，日本在籍的硕士和博士研究生人数仅为 189 人，1960 年增加到 15 734 人，1965 年快速增加到 28 454 人，1970 年增加到 40 957 人（表 5-1）。1973 年，日本人均 GNI 达到 4410 美元，开始步入中高收入阶段，其研究生人数进一步增加，1975 年在籍研究生为 48 464 人，而在其跨越中等收入阶段并进入高收入阶段的 1986 年，在籍研究生人数达到 74 271 人。计算可知，比 1965 年相比，1986 年日本在籍的硕士和博士研究生人数增加了 45 817 人，年均增速为 4.67%。[①]

---

① 数据来自日本统计局并经笔者整理计算得出，http://www.stat.go.jp/data/nihon/25.html.

表 5-1　1950—2015 年日本在籍研究生总人数

年份	在籍研究生人数（人）	年份	在籍研究生人数（人）
1950	189	1985	69 688
1955	10 174	1990	90 238
1960	15 734	1995	153 423
1965	28 454	2000	205 311
1970	40 957	2005	254 480
1975	48 464	2010	271 454
1980	53 992	2015	249 484

资料来源：日本统计局，http://www.stat.go.jp/data/nihon/25.html

20 世纪 80 年代中期日本进入高收入阶段后，其研究生人数仍然保持较快增长。1990 年，日本在籍的硕士与博士研究生人数达到了 90 238 人，2000 年进一步增加到 205 311 人，2010 年增加到 271 454 人。进入 21 世纪后，日本的研究生规模逐渐趋于饱和，整体来看，2010 年之后学生人数开始不断减少，办学规模呈现出持续缩小的趋势。2015 年的研究生人数为 249 484 人，比 2010 年减少了 21 970 人。

研究生教育分为博士研究生教育和硕士研究生教育。在研究生整体规模迅猛扩张的同时，作为最高层次的博士研究生人数也在大幅增加。表 5-2 给出了 1976—2005 年日本硕士研究生和博士研究生人数的变动情况。表 5-2 显示，1976—2005 年，无论是硕士研究生在学人数还是博士研究生在学人数，总体上都保持了逐年上升的趋势。1976 年，日本的硕士研究生和博士研究生分别为 36 160 人和 15 696 人，1980 年增加至 35 781 人和 18 211 人，1990 年进一步增加到 61 884 人和 28 354 人，2000 年增加至 142 830 人和 62 481 人，2005 年分别达到了 164 550 人和 74 907 人。通过计算可知，2005 年日本在籍硕士研究生和博士研究生人数分别为 1976 年的 4.55 倍和 4.77 倍，年均增长率分别为 3.96%和 4.09%。在日本跨越中高收入

表 5-2　1976—2005 年日本硕士研究生与博士研究生人数

年份	硕士（人）	博士（人）	年份	硕士（人）	博士（人）
1976	36 160	15 696	1991	68 739	29 911
1980	35 781	18 211	1995	109 649	43 774
1985	48 147	21 541	2000	142 830	62 481
1990	61 884	28 354	2005	164 550	74 907

资料来源：日本文部科学省，https://www.mext.go.jp/b_menu/toukei/002/002b/1417059_00003.htm

阶段的 20 世纪 70 年代中期到 80 年代中期，在籍硕士生人数和博士生人数的年均增长率分别为 3.52%和 3.97%。

虽然跨越中等收入陷阱的具体时间不同，但与日本类似，韩国在跨越中等收入陷阱过程中和进入高收入阶段后，其高等教育特别是研究生教育同样获得了较为快速的发展，从而在整体上优化了韩国的高等教育层次结构。

20 世纪 50—60 年代是韩国研究生教育的起步阶段。在这一阶段，韩国研究生教育发展较为缓慢，研究生院规模小，研究生数量少，直到 1970 年，韩国在学的研究生人数仅为 6640 人，仅占整个高等教育在学人数的 4%，研究生教育是名副其实的精英教育（金永久，2007），其中，博士研究生人数更少，仅有 518 人，且大多是在国外学习、获得学位的学生。正如韩国政府部门在其报告书中形容的那样，这一时期的韩国研究生教育是“四无”教育，即“无目标、无研究、无教育和无学生”（黄福涛，1997）。

20 世纪 70 年代后，韩国的研究生教育进入了快速发展时期，学生规模不断扩大，学生数量不断增加。表 5-3 给出了 1970—1993 年韩国研究生人数的变化情况。表 5-3 显示，在 1970—1975 年这仅仅 5 年的时间里，韩国的研究生总人数增加了一倍以上，其中博士研究生人数增加了近两倍。到 1993 年，韩国的研究生总人数达到 103 974 人，为 1970 年的 15.68 倍，年均增长率为 12.71%，其中硕士研究生年均增长 12.20%，博士研究生年均增长 16.58%。如前所述，按照人均 GNI 标准，20 世纪 70 年代中期至 90 年代中期是韩国跨越中等收入陷阱的时期，高等教育包括高层次研究生教育突飞猛进的发展，为韩国经济技术的发展和中等收入阶段的跨越培养了大量高层次、高素质的技术人员和劳动者。

表 5-3　1970—1993 年韩国研究生人数的变化情况

年份	硕士研究生人数（人）	博士研究生人数（人）	研究生总人数（人）
1970	6 112	518	6 630
1975	12 351	1 519	13 870
1980	29 901	4 038	33 939
1985	57 698	10 480	68 178
1990	72 417	14 494	86 911
1993	86 329	17 645	103 974

资料来源：黄福涛：《战后韩国研究生教育的发展改革与启示》，《黑龙江高教研究》，1997 年第 3 期，第 107-110 页

20 世纪 90 年代中期后，韩国迈入了高收入国家行列，其研究生人数仍然保持了快速增长，从而进一步在教育层次上优化了韩国的高等教育结构。表 5-4 给出了 2000—2013 年韩国研究生学位授予人数情况。由此不难看出，进入 21 世纪后，韩国的研究生规模进一步扩大，2000 年，研究生学位授予人数为 53 379 人，其中硕士 47 226 人，博士 6 153 人，2011 年分别增加至 91 048 人、79 403 人和 11 645 人，分别比 2000 年增长了 70.57%、68.13%和 89.26%。2012 年后，韩国的研究生规模也逐渐趋于饱和，年增长速度开始慢下来，办学规模呈现出了相对稳定的趋势。2013 年，韩国研究生授予学位人数为 95 563 人，仅比 2012 年增加了 500 余人，硕士与博士授予学位人数分别只比 2012 年增长了 0.2%和 3.1%。

表 5-4　2000—2013 年韩国研究生学位授予人数情况

年份	硕士学位授予人数（人）	博士学位授予人数（人）	研究生学位授予总人数(人)
2000	47 226	6 153	53 379
2011	79 403	11 645	91 048
2012	82 765	12 243	95 008
2013	82 938	12 625	95 563

资料来源：宋大钊、许飞飞：《韩国研究生教育及启示》，《煤炭高等研究》，2014 年第 3 期，第 78-82 页

综上所述，第二次世界大战后特别是在跨越中等收入陷阱时期，日本和韩国的研究生教育不仅在数量上迅速增加、规模上迅速扩大，而且其结构也逐步朝多样化方向发展，并逐步形成了系统的研究生教育体系。作为高等教育的最高层级，硕士研究生教育培养的是掌握本学科坚实的基础理论、系统的专业知识、相应的技能和方法、具有从事本专业实际工作和科学研究工作能力的高层次人才，博士研究生教育培养的是掌握本学科坚实宽广的基础理论、系统深入的专业知识、相应的技能和方法、具有独立从事本学科创造性科学研究工作和实际工作能力的高层次人才。高层次研究生教育突飞猛进的发展大大提升了日本和韩国高等教育的层次结构，为两国经济技术的发展和中等收入阶段的跨越培养了大批高层次、高素质的技术人员和劳动者。

（二）短学制应用型人才培养学校的大量建立

迈入中等收入阶段后，许多国家成功跨越这一阶段的高等教育层次结构优化

的另一大表现是，短学制职业导向的和定位于应用型人才培养的高等教育机构的异军突起。一般来说，一国进入中等收入阶段后，经济发展所需的人才日益趋于多元化，同时为了吸纳大量的高中毕业生，国家往往会新设大量短学制职业导向的和定位于应用型人才培养的高等教育机构，或者将原有的中等职业教育机构升格为高等职业教育机构，在短期内迅速扩充高等教育机构的规模和机构类型，从而不断优化高等教育的层次。Svein（2004）的研究发现，美国、英国、荷兰、德国、比利时、希腊、葡萄牙等国在跨越中等收入陷阱期间，新增的社区学院、高等职业学校、职业技术学院、高等专科学院等各种形式的高等教育机构迅速发展成为高等教育系统中与普通大学并行的重要组成部分，并在相当长的时间内保持了这种两元结构。跨越中等收入阶段时期的日本和韩国的高等教育发展同样表现出这一特点。

日本在中等收入跨越阶段，除了持续扩大大学本科教育和研究生教育之外，还大量新建和增建了许多短期大学、高等专门学校和专修学校等三类职业导向和应用型人才培养的高等教育机构，从而大大扩展了日本高等教育机构的类型，增加了日本高等教育机构的数量。短期高等教育作为日本高等教育体系中相对独立的一个体系，其发展适应了日本的社会发展需求，为日本社会发展培养了大批职业技术人才。具体来看，日本的短期大学最早建立于 1950 年，是日本在第二次世界大战后高等教育改革调整过程中对原有的专门学校改建而成的。最初几年，日本短期大学作为以职业教育为主的高等教育机构，在学的男学生人数居多，这是受到第二次世界大战前日本社会男女性别职业分工的传统观念的影响，第二次世界大战后，日本宪法规定了男女平等，保证了妇女的社会地位，女子接受高等教育的需求日益增加，进入短期大学的女生人数逐渐多于男生，短期大学逐渐成为日本实施文化教养、妇女教育、职业准备教育等的综合性高等教育机构。日本短期大学的快速发展是在 20 世纪 60—70 年代。据统计，1960—1970 年，日本短期大学的数量从 280 所增加到 479 所，年均增加约 20 所，招生人数翻了一番还多，其专业设置以文学、商科、经济、法律和家政为主，大量招收女学生（胡建华，2001）。20 世纪 70—80 年代，日本短期大学的学校数和在校生人数仍然保持了较快增长，1980 年短期大学数量增加到 517 所，1990 年增加到 593 所，尽管学校数量增加速度减缓，1970—1990 年的 20 年间学校数量年均仅增加 5.7 所，但短期大学在校生人数却呈快速增加趋势，1980 年增加至 366 248 人，1990 年进一步增加到 473 194 人（表 5-5 与表 5-6）。

表 5-5 1950—1990 年日本短期大学、高等专门学校和专修学校的数量

年份	短期大学（所）	高等专门学校（所）	专修学校（所）
1950	149	—	—
1960	280	—	—
1970	479	60	—
1976	511	65	893
1980	517	62	2 520
1990	593	62	3 300

资料来源：日本统计局，http://www.stat.go.jp/data/nihon/25.html

表 5-6 1973—1990 年日本短期大学和高等专门学校在校学生人数

年份	短期大学（人）	高等专门学校（人）
1973	—	48 288
1980	366 248	46 348
1985	366 180	48 288
1990	473 194	52 930

资料来源：日本统计局，http://www.stat.go.jp/data/nihon/25.html

1961 年，日本国会通过了《高等专门学校法》，此后日本开始建立高等专门学校。日本开设高等专门学校主要针对产业界对技能人才的大量需求，采取五年一贯制的学制，主要任务是培养社会产业发展所需要的大量技术类理工人才。1962 年，日本设立高等专门学校 19 所，1968 年增加到 60 所，1975 年增加到最高的 65 所。1973 年，日本高等专门学校在校生为 48 288 人，1990 年达到 52 930 人，为日本各大产业的发展提供了数量众多的优质实用人才（表 5-6）。

在短期大学和高等专门学校发展的同时，日本于 1976 年又开始设立专修学校。日本的专修学校以职业教育和文化素养的教育为主要目标，学制为 1—3 年。高中毕业生可以进入专修学校学习专业课程，毕业后可获得等同于短期大学的资格证书（孙世路，1981）。表 5-5 显示，1976 年，日本专修学校为 893 所，1990 年增加到 3300 所，年均增加近 172 所。

20 世纪 70 年代后期至 90 年代中期，是韩国跨越中等收入陷阱的时期。20 世纪 70 年代，韩国也开始专门对普通大学外的两年制和五年制高等专科学校进行改革，将这些教育机构统一改成“专门大学”，使之成为大学教育和研究生教育之外的高等教育系统的一个单独层次。在 20 世纪 80 年代中期到 90 年代中期，韩国这种短学制的应用型人才教育机构的招生人数翻了一番，其扩张速度远远超过了普通大学生和研究生这两个层次（袁振国等，2013）。

（三）远程高等教育、成人高等教育与继续高等教育的蓬勃兴起

进入中等收入阶段后，高等教育的大众化不仅带来了高等教育的学业层次和教育机构本身的优化，也引发了高等教育的学习方式和教育对象的极大变革，就日本和韩国来说，突出地表现在两国的远程高等教育、成人高等教育与继续高等教育的蓬勃兴起上。

日本的校园高等教育被称为全日制，远程教育则被称为通信制。具体来说，日本的远程高等教育机关主要包括私立大学的通信教育部与放送大学。第二次世界大战后，日本私立大学的通信教育成为正规的大学教育，学员通过通信教育能够取得大学毕业资格。20 世纪 60 年代后，日本每几年就会有 1 所实施通信教育的私立大学开设，截至 1976 年，实施通信教育的私立大学达到 12 所，2001 年达到 19 所。除私立大学外，日本的放送大学也开展通信教育。日本的放送大学创建于 1983 年，于 1985 年开始招生，1988 年，开放大学开始普及到日本全国。据统计，日本开展远程教育的学校数在大学中有 3%，在短期大学中有 1.7%；学生人数在大学中为 6.2%，在短期大学中为 7.7%（吉田文，沈晶晶，2001）。此外，日本历来重视成人教育，早在明治时期就通过设置补习学校来训练技术工人。20 世纪 60 年代进入中等收入阶段后，日本开始大力发展成人教育，不断增加工人的文化知识和提高其专业技能，其成人教育体系逐步发展成为世界上最发达的成人教育体系之一。

高等教育的学习方式和教育对象的极大变革也深刻地影响了韩国。20 世纪 70 年代后期至 90 年代中期，韩国开始建立和发展远程高等教育、成人高等教育与继续高等教育。1982 年，韩国建立了 6 所开放大学，主要面向企业界职工提供理工、实业和商科等本科层次的继续教育。20 世纪 80 年代末，韩国确立了建设

“多样化的终身学习社会”的教育改革目标。1990 年，韩国确立了“自学学士”的学位考试制度，把成人教育拓展到了高等教育机构之外，面向更广泛的社会群体。远程高等教育、成人高等教育与继续高等教育的快速发展，大大加快了韩国在跨越中等收入陷阱时期高等教育的大众化进程。

二、国际经验与日韩两国高等教育专业结构的优化

作为培养高素质劳动者的高等教育，其专业结构在很大程度上决定着高等教育培养的人才结构。因此，一国的高等教育专业结构在很大程度上决定着这个国家的人力资源结构，进而对其产业结构和社会经济结构产生深远影响。分析和借鉴成功跨越中等收入陷阱国家高等教育专业结构优化的经验，首先要明确高等教育专业统计分类的国际标准。

（一）高等教育专业分类标准与结构优化的国际经验

根据联合国教育、科学及文化组织（United Nations Educational，Scientific and Cultural Organization，UNESCO）发布的历年教育统计年鉴，自 20 世纪 50 年代以来，高等教育专业的统计分类标准共经历了三次较大的调整。具体来说，第二次世界大战结束到 1974 年之前，UNESCO 将高等教育专业分为了十大领域，分别为人文、教育、美术与艺术、法学、社会科学、自然科学、工程学、医学、农学、未分类专业。进入 20 世纪六七十年代以来，伴随着欧美主要国家相继跨入中等收入阶段，这些国家的高等教育也相继进入大发展时代。其时恰逢第二次世界大战后第三次科技革命步入发展高潮，为了适应科学技术发展和社会产业结构调整的需要，欧美各主要国家的高等教育机构开设了许多新兴专业。正是在此背景下，1976 年，UNESCO 推出了新的高等教育专业统计分类标准，即 1976 年版国际教育标准分类（international standard classification of education，ISCED）。调整后的高等教育专业由原来的 10 种扩增到 18 种，分别是教育科学与教师培训，人文、宗教与神学，美术与应用艺术，法学，社会与行为科学，商学与商业管理，大众传媒，家政学，服务，自然科学，数学与计算机科学，医学和卫生保健，工程学，建筑与城市规划，贸易、工艺和工业，交通运输，农业、林业和渔业，其

他和未分类专业。1976 年版 ISCED 的使用一直延续到 1997 年。1976 年以来，各国的高等教育又发生了很大变化，对于现存的 1976 年版 ISCED，多数国家及国际机构认为有必要对其进行更新和修订。1997 年，UNESCO 推出了新的 ISCED，即 1997 年版 ISCED，将高等教育专业由之前的 18 种调整为 9 种，分别是农学，教育，工程、制造与建筑，卫生与福利，人文与艺术，社科、商学与法律，科学，服务，其他。1997 年版 ISCED 的使用一直延续至 2012 年。自 2013 年起，UNESCO 开始采用 2011 年版的 ISCED 分类标准。2011 年版 ISCED 对高等教育专业的统计分类保持了 1997 年版 ISCED 的划分，同样为 9 种，分别是农学，教育，工程、制造与建筑，卫生与福利，人文与艺术，社科、商学与法律，科学，服务，其他。

袁振国等（2013）对跨越中等收入陷阱的 16 个国家①的高等教育专业结构变化的研究表明，自 20 世纪 80 年代以来，这些国家在实现中等收入阶段跨越期间，它们的高等教育专业中，农学、教育等专业占比逐渐下降；卫生与福利，社科、商学与法律，以及服务等专业占比逐渐上升；科学专业占比变化不大，但进入 21 世纪后比例有所提高。总体来说，成功跨越中等收入陷阱国家的高等教育各大专业的占比变化趋势是与社会产业结构的调整相适应的。具体来说，在实际跨越中等收入陷阱之后，上述 16 个国家高等教育专业结构中，社科、商学与法律专业占比为 20%—45%，比跨越前的比值提高了 10 个百分点左右；卫生与福利专业占比为 5%—25%，比跨越前的比值提高了 5 个百分点左右；绝大多数国家的服务专业占比均呈上升趋势；教育专业占比降至 0%—30%，比跨越前的比值下降了 5—15 个百分点；人文与艺术专业占比略有下降，但总体降幅不大；工程、制造与建筑专业占比为 5%—20%，比跨越前的比值降低了约 5 个百分点；农学专业占比为 1%—5%，比跨越前的比值降低了约 1 个百分点；科学专业占比为 6%—14%，在不同国家之间有升有降，但在进入 21 世纪后总体上有所上升。

根据 2011 年版 ISCED 的高等教育专业分类，社科、商学与法律专业领域包括法学、社会与行为科学、商学与商业管理以及大众传媒等四类专业，四类社会行业均属于三次产业结构中的第三产业；卫生与福利专业领域主要包括医学、医

① 16 个国家分别为加拿大、美国、巴西、智利、日本、韩国、比利时、捷克、德国、希腊、匈牙利、意大利、荷兰、波兰、西班牙与澳大利亚。

疗服务、护理、牙科等四类专业，也均对应于三次产业结构中的第三产业；服务专业领域主要包括个人服务、运输服务、环境保护、安全服务四类专业，这些专业同样均对应于社会产业结构中的服务业；教育专业中不涉及高等教育，而是主要包括中小学及幼儿园教育、职业教育、成人教育等非高等教育类师资培训，以及教育研究与教育评估等教育类专业；人文与艺术专业领域主要包括宗教、哲学、文学、语言学、美术、戏剧表演等学科，大致对应于第三产业；农学专业领域主要包括农业、林业和渔业等专业，对应于三次产业结构中的第一产业；工程、制造与建筑专业领域主要包括工程学和工程行业、制造与加工、建筑学与建筑工程三大类专业，三大类专业均对应于三次产业结构中的第二产业；科学专业领域则主要包括生命科学、自然科学、数学和统计学、计算机科学等基础类专业。

综合跨越中等收入陷阱国家高等教育专业结构的变化趋势，以及 UNESCO 的 2011 年版 ISCED 高等教育专业分类标准，不难看出，一国高等教育专业结构的调整优化不是随意的，而是有规律可循的。一般来说，高等教育专业结构的调整既要符合高等教育自身发展的需要，同时也要与社会产业结构的变化相一致。成功跨越中等收入陷阱的国家在跨越期间的高等教育专业结构调整与它们的社会产业结构变化就表现出高度的一致性，这反映出高等教育专业结构优化的一般规律。成功跨越中等收入陷阱国家的高等教育专业结构优化的经验表明，对于未能跨越中等收入阶段的国家而言，高等教育的专业发展必须要根据社会需要，适时地调整专业设置与专业占比，以更好地服务于产业结构升级换代和经济持续稳定增长对高层次劳动力的需求。

（二）日本高等教育专业结构的优化[①]

如同其他跨越中等收入陷阱的国家，日本和韩国在跨越中等收入陷阱过程中及跨越后，高等教育的专业结构也处在动态优化中，并与它们的社会产业结构变化表现出极高的一致性。我们下面主要分析日本的高等教育专业结构优化，并主要通过高校在校生人数及其变动情况来分析日本在跨越中等收入陷阱过程中及跨越后高等教育专业结构的优化。

---

① 本部分的数据均来自日本文部科学省网站并经笔者整理计算得出，https://www.mext.go.jp/b_menu/toukei/002/002b/1417059_00003.htm.

如上所述，日本的高等教育主要由高等专门学校、短期大学、大学和大学院组成。高等专门学校主要设置了机械工学、电气工学、电子工学、电子控制工学、情报工学、工业化学、物质工学、土木工学、建筑学和材料工学等专业。短期大学主要设置了人文、社会、教养、工业、农业、保健、家政、教育、艺术等专业。大学主要设置了人文科学、社会科学、理学、工学、农学、保健、商船、家政、教育、艺术等专业。大学院则主要设置了人文科学、社会科学、理学、工学、农学、保健、商船、家政、教育、艺术等专业。

在从中低收入阶段向中高收入阶段跨越的 1973 年，日本主要对学生培训职业技术技能的高等专门学校分专业培养的在校生人数分别为：机械工学 16 443 人，电气工学 11 342 人、电子工学 281 人、工业化学 5259 人、土木工学 5697 人、建筑学 2603 人。在刚刚跨入高收入阶段的 1986 年，日本高等专门学校分专业培养的在校生人数分别为：机械工学 15 235 人、电气工学 11 385 人、电子工学 1021 人、工业化学 5446 人、土木工学 5116 人、建筑学 2183 人。相比 1973 年，1986 年在校生总人数增加了 886 人，各专业在校生人数增加幅度从高到低依次为：电子工学 740 人、工业化学 187 人、电气工学 43 人；而在校生人数减少幅度从高到低依次为：机械工学 1208 人、土木工学 581 人、建筑学 420 人；此外，还增加了 1973 年没开设的专业的人数，如电子控制工学 463 人、情报工学 836 人、材料工学 233 人。如果把比较时间扩大至高收入阶段的 2005 年，那么与刚刚跨越中等收入陷阱的 1986 年相比，2005 年在校生总人数增加了 7138 人，各专业在校生人数增加幅度从高到低依次为：电子控制工学 3870 人、情报工学 2679 人、电子工学 729 人、材料工学 599 人；而在校生人数减少幅度从高到低依次为：电气工学 6401 人、工业化学 5293 人、机械工学 4666 人、土木工学 4671 人。综合来看，随着对中等收入阶段的跨越，日本高等专门学校的机械工学、电气工学、工业化学、土木工学等较为传统的学科专业在校生人数总体呈下降趋势，而电子工学、电子控制工学、情报工学、材料工学等较为新兴的学科专业的在校生人数总体呈上升趋势。

跨越中低收入初期的 1977 年，日本短期大学分专业培养的在校生人数的比重分别为：人文 20.82%、社会 10.07%、教养 1.89%、工业 5.92%、农业 1.21%、保健 3.58%、家政 27.02%、教育 24.38%、艺术 5.06%和其他 0.05%。在刚刚跨入高收入阶段的 1986 年，短期大学分专业培养的在校生人数的比重分别为：人文 24.26%、社会 10.28%、教养 2.30%、工业 5.30%、农业 1.05%、保健 5.51%、家政 26.10%、教育 19.61%、艺术 4.70%和其他 0.89%。相比 1977 年，1986 年短期大学在校生总人数增加了 21 681 人，各学科专业的在校生人数所占比重有升有降，其中上升幅度从高到低依次为：人文 3.44%、保健 1.93%%、其他 0.84%和社会 0.21%；下降幅度从高到低依次为：教育 4.77%、家政 0.92%、工业 0.62%、艺术 0.36%和农业 0.16%。将比较时间扩大到高收入阶段的 2005 年，与刚刚跨越中等收入陷阱的 1986 年相比，2005 年的在校生总人数减少了 178 878 人，各专业在校生人数上升幅度从高到低依次为：教育 9.94%、其他 3.56%、保健 2.83%和工业 2.05%，下降幅度从高到低依次为：人文 11.15%、家政 5.03%、工业 0.68%、艺术 0.53%和农业 0.06%。综合来看，随着对中等收入阶段的跨越，日本短期大学中的社会、保健等学科专业的在校生人数比重总体呈上升趋势，而农业、艺术、家政等学科专业的在校生人数的比重总体呈下降趋势。

在跨越中低收入阶段并进入中高收入初期的 1976 年，日本大学分专业培养的在校生人数比重分别为：人文科学 13.13%、社会科学 41.55%、理学 3.03%、工学 19.96%、农学 3.52%、保健 5.77%、商船 0.11%、家政 1.79%、教育 7.42%、艺术 2.38%。在跨入高收入阶段的 1986 年，大学分专业培养的在校生人数变化为：人文科学 14.39%、社会科学 38.60%、理学 3.43%、工学 19.88%、农学 3.46%、保健 6.74%、商船 0.09%、家政 1.87%、教育 7.76%、艺术 2.57%。相比 1976 年，1986 年日本大学在校生总人数增加了 56 400 人，各专业在校生人数所占比重同样升降不一，其中上升幅度从高到低依次为：人文科学 1.26%、保健 0.97%、理学 0.40%、教育 0.34%、艺术 0.19%和家政 0.08%；下降幅度从高到低依次为：社会科学 2.95%、工学 0.08%、农学 0.06%和商船 0.02%。到了高收入阶段的 2005 年，相比于 1986 年，在校生总人数增加了 749 453 人，各专业在校生人数上升幅度从高到低依次为：人文科学 1.78%、保健 0.71%、家政 0.53%、艺术 0.33%和理学 0.03%；下降幅度从高到低依次为：工学 2.60%、教育 2.10%、社会科学 0.89%、农学 0.65%和商船 0.07%。综合来看，随着对中等收入阶段的跨越，日本大学中的人文科学、理学、保健、家政和艺术等学科专业的在校生人数的比重总体呈上升趋势，而社会科学、工学、农学和商船等学科专业的在校生人数比重总体呈下降趋势。

最后来看日本的大学院（硕士）的不同专业在校生人数的变动。在跨入中高收入阶段初期的 1976 年，日本大学院（硕士）分专业培养的在校生人数的比重分别为：人文科学 16.46%、社会科学 12.85%、理学 9.73%、工学 42.34%、农学 8.34%、保健 3.05%、商船 0.13%、家政 0.64%、教育 3.59%、艺术 2.87%。在跨入高收入阶段的 1986 年，大学院（硕士）分专业培养的在校生人数的比重变化为：人文科学 11.33%、社会科学 9.09%、理学 9.75%、工学 43.49%、农学 9.85%、保健 4.20%、商船 0.09%、家政 0.68%、教育 8.03%、艺术 2.62%。相比 1976 年，1986 年日本大学院（硕士）在校生总人数增加了 14 934 人，各专业在校生人数所占比重的上升幅度从高到低依次为：教育 4.44%、农学 1.51%、工学 1.15%、保健 1.15%、家政 0.04%和理学 0.02%；下降幅度从高到低依次为：人文科学 5.13%、社会科学 3.76%、艺术 0.25%和商船 0.04%。到了高收入阶段的 2005 年，相比于 1986 年，各专业在校生人数上升幅度从高到低依次为：社会科学 3.42%、保健 2.69%；下降幅度从高到低依次为：农学 4.76%、工学 3.63%、人文科学 3.15%、理学 1.21%、教育 1.00%、商船 0.06%、艺术 0.05%和家政 0.03%。

通过上述对日本高等教育系统中不同层次教育在校生人数及其比重变动情况的分析，我们能够看出，尽管不同层次、不同时期学科专业结构的变动不完全相同，但综合来看，随着收入阶段的持续跨越，日本高等教育中的农学、商船等传统学科专业的在校生人数的比重总体呈逐步下降趋势，而保健和社会科学等新兴专业的在校生人数的比重总体呈不断上升趋势。总体来看，日本高等教育专业结构的变动趋势与其社会产业结构的调整是相适应的，也与大多数成功跨越中等收入阶段国家的高等教育各专业占比的变化趋势相类似。

三、日韩两国高等教育办学模式的多元化

在跨越中等收入阶段过程中，经济社会发展对高层次人才的需求迫切需要高等教育的快速发展。国家原有的高等教育机构，特别是政府的公共财政越来越无法满足社会对高等教育快速发展的需求，由此导致私立高等教育规模在国家跨越中等收入阶段迅速扩张，机构数量不断增加，学生规模不断扩大，私立高等教育在国家整体高等教育系统中所占比重逐步提高，高等教育办学模式呈现出多元化

格局。日本和韩国跨越中等收入阶段期间与跨越后私立高等教育的快速发展，在促进这两个国家高等教育办学模式多元化的同时，也极大地促进了高等教育大众化和普及化的进程。

如前所述，日本在20世纪60年代开始迈入中等收入阶段。1960年，日本的高等教育尚处在“尖子型阶段”，60年代中期开始进入“大众型阶段”。日本高等教育的大发展与中等收入跨越阶段经济的高速发展有着某种直接关系。可以说，现代经济的高速增长对专门人才需求的增加，以及国民收入提高后对教育投资的增加，为高等教育的发展提供了必要性和可能性。20世纪60年代，私立大学数量的快速增加在日本高等教育大众化进程中扮演的角色尤为突出。据统计，在1960—1970年的10年，无论是在学校数还是在学生数方面，私立大学的增长幅度都远远高于国立大学、公立大学。在学校数方面，日本国立大学增长了47.5%，公立大学增长了11.1%，私立大学则增长了近1倍；在学生数方面，日本国立大学、公立大学分别增长了64.8%和70.0%，而私立大学的增长则高达174.2%。到1970年，私立大学的学校数与学生数均已超过日本高等教育总数的3/4（胡建华，2001）。另一项统计数据是，1965年日本私立高校的招生人数为257 672人，国立和公立高校的招生人数加在一起才72 808人，私立高校的招生总数是国立和公立高校总招生人数的3.54倍，1980年进一步上升到4.42倍。这表明，在20世纪60年代以来日本高等教育的发展中，从国立大学、公立大学和私立大学等高等教育机构的作用看，私立大学所起的作用要远远大于国立大学和公立大学（高益民，2003）。

20世纪70年代中期进入中高收入阶段后，日本的私立教育机构发展依然快速。据日本统计局统计数据显示，1977年，日本短期大学私立学校为435所，占学校总数的84.47%，在校生人数为337 431人，占全部学生数的91.35%；在跨越中等收入陷阱的1986年，短期大学私立学校为459所，占学校总数的83.76%，在校生人数为352 712人，占全部学生数的90.19%。到了高收入阶段的2005年，短期大学私立学校和在校生人数分别为436所和196 987人，分别占学校总数和全部学生数的89.34%和92.83%。就大学来说，1977年，日本私立大学为310所，占大学总数的71.93%，在校生人数为1 369 541人，占全部学生数的78.39%；在跨越中等收入陷阱的1986年，私立大学升至334所，占学校总数的71.83%，在校生人数为 1 318 769 人，占全部学生数的 74.99%。2005 年，私立大学学校和在校生人数分别为 553 所和 1 941 030 人，仍然分别占到学校总数和全部学生数的 76.17%和 77.39%。上述数据显示，在日本高等教育发展中，私立大学所起的作用远远超过了国立大学和公立大学的作用。

20 世纪 80 年代中期到 90 年代中后期，是韩国跨越中等收入陷阱特别是中高收入陷阱的关键时期，而这一时期也恰恰是韩国私立高等教育迅速发展的时期。在这一时期，韩国政府逐步撤销了对教育部门的管制，更加强调教育机构的自治与责任，大大简化了大学设立的程序，并撤销了学生的配额制度（袁振国等，2013）。上述一系列措施极大地促进了韩国私立大学的发展。据统计，1991—2006 年，四年制私立大学的数量从 131 所增加到 175 所。同时，韩国政府也开始逐步向私立大学提供直接和间接的拨款补贴。到了 20 世纪 90 年代后期，韩国政府开始实施绩效拨款制度，积极促使不同性质的高等教育机构之间充分展开竞争。目前，韩国 80%以上的高等教育机构是私立机构，这些机构招收的大学生占到了韩国所有大学生的 80%（Chae，Hong，2009）。与日本类似，20 世纪 90 年代私立大学的快速增加在较短时期内使韩国的高等教育实现了大众化。

第二节　中国高等教育结构优化与中外比较

自 21 世纪初迈入中等收入阶段以来，中国的高等教育结构也处在不断优化的过程中，并具体表现在教育层次结构、教育专业结构和教育办学模式的优化三大方面。

一、中国高等教育结构优化

（一）中国高等教育层次结构的优化

如同日本和韩国，在高等教育大规模扩张之前，中国的高等教育基本上是以普通大学为中心的精英教育，进行的主要是学术性和高度专业化的系统知识传授，面向的是知识精英或来自少数家庭的小部分群体，高等教育系统通常是由大学构成的单一结构。迈入中等收入阶段后，中国的高等教育开始逐步进入大众化时代，高等教育的层次结构也不断趋于多元化和合理化。

1. 高层次研究生教育的突飞猛进的发展

作为高等教育的最高层级，中国的研究生教育经历了从恢复到发展壮大的历程。1978—2000 年，中国的研究生招生规模出现过几次较大的波动。1977 年，中国研究生招生工作正式恢复。与普通本专科招生类似，1978 年，研究生招生出现井喷，当年共录取研究生 1.1 万人，随后几年招生规模逐渐回落。1982 年之后，研究生教育规模稳步增长，当年共录取研究生 1.1 万人，1983 年达到 1.6 万人，1985 年招生规模激增至 4.7 万人，1986 年研究生招生规模转而缩减至 4.1 万人，1990 年全国研究生招生进一步降至不到 3 万人。①

1992 年，伴随着从计划经济向社会主义市场经济转轨，为了满足市场发展对高端人才的需求，国家教委、国务院学位委员会于 1993 年发布了《关于学位与研究生教育改革和发展的若干意见》，明确提出了 2000 年在学研究生规模力争比 1992 年翻一番的目标，中国研究生教育再次进入高速发展时期。1995 年研究生招生规模达到 5.1 万人，1999 年上升到 9.2 万人，2000 年进一步扩大到 12.8 万人。②

进入 21 世纪后，中国研究生的招生人数、在校生人数和毕业生人数进入快速增长阶段。表 5-7 给出了 2000—2018 年中国研究生人数的变动情况。总体来看，研究生招生规模保持了较快增幅。在 2000 年招生规模达到 12.8 万人的基础上，2005 年的招生人数进一步突破至 36.5 万人，2010 年上升至 53.8 万人，2018 年共录取研究生 85.8 万人，2018 年是 2000 年的 6.70 倍。研究生在校生和毕业生的人数也保持了快速增长。2000 年，中国研究生在校生人数为 30.1 万人，2010 年上升至 153.8 万人，2018 年共有在校生 273.1 万人，2018 年是 2000 年的 9.07 倍。2000 年，中国研究生毕业生人数为 5.9 万人，2010 年上升至 38.4 万人，2018 年毕业生总数达到 60.4 万人，2018 年是 2000 年的 10.24 倍。统计表明，2018 年中国研究生的招生人数、在校生人数和毕业生人数分别为 1978 年的 80 倍、250 倍和 67 111 倍。

---

① 中国国家统计局网站，https://data.stats.gov.cn/easyquery.htm?cn=C01.

② 中国国家统计局网站，https://data.stats.gov.cn/easyquery.htm?cn=C01.

表 5-7 2000—2018 年中国研究生人数

年份	招生人数（万人）	在校生人数（万人）	毕业生人数（万人）
2000	12.8	30.1	5.9
2005	36.5	97.9	19.0
2010	53.8	153.8	38.4
2015	64.5	191.1	55.2
2016	66.7	198.1	56.4
2017	80.6	264.0	57.8
2018	85.8	273.1	60.4

资料来源：中国国家统计局，http://data.stats.gov.cn/easyquery.htm?cn=C01&zb=A0M0201&sj=2018

在研究生整体规模突飞猛进发展的同时，中国最高层次的博士研究生的招生人数、在校生人数和毕业生人数也大幅增加。表 5-8 给出了 2000—2017 年中国博士研究生人数的变动情况。2000—2017 年，无论是招生人数、在校生人数还是毕业生人数，中国的博士研究生都保持了逐年上升的趋势。2000 年，博士研究生的招生人数为 2.51 万人，2001 年的招生人数进一步升至 3.21 万人，2010 年上升至 6.38 万人，2017 年共录取博士研究生 8.39 万人，是 2000 年的 3.34 倍。就在校生人数看，2000 年，中国博士研究生在校生人数为 6.73 万人，2010 年上升至 25.89 万人，2017 年共有在校生 36.20 万人，是 2000 年的 5.38 倍。2000 年，中国博士研究生毕业生人数为 1.10 万人，2010 年升至 4.90 万人，2017 年毕业生总数达到 5.80 万人，是 2000 年的 5.27 倍。另据统计，1990 年，中国共招收博士研究生 0.33 万人，其中在校博士研究生 1.13 万人，通过计算可知，2017 年中国博士研究生的招生人数和在校生人数分别为 1990 年的 25 倍和 32 倍。研究生教育是中国高等教育的最高层级，高层次研究生教育突飞猛进的发展大大提升了中国高等教育的层次结构，为中国经济技术的发展培养了大批高层次技术研究人员。

表 5-8 2000—2017 年中国博士研究生人数

年份	毕业生人数（万人）	在校生人数（万人）	招生人数（万人）
2000	1.10	6.73	2.51
2005	2.67	19.13	5.48
2010	4.90	25.89	6.38
2015	5.38	32.67	7.44
2016	5.50	34.20	7.73
2017	5.80	36.20	8.39

资料来源：中国国家统计局，http://data.stats.gov.cn/easyquery.htm?cn=C01&zb=A0M0201&sj=2018

2. 应用型人才培养院校异军突起

迈入中等收入阶段后，中国高等教育层次结构优化的第二大表现是，短学制职业导向和定位于应用型人才培养的高等教育机构异军突起。进入中等收入阶段后，随着经济的发展，社会所需的人才趋于多元化，伴随着中国对高技能应用型人才的大量需求以及高等教育体制与机构的改革，21 世纪以来，中国应用型人才培养院校发展迅猛。

相对于普通高等教育培养学术型人才而言，高等职业教育偏重培养高等专业技术应用型人才。当前，高等职业院校是中国短学制职业导向和定位于应用型人才培养的高等教育机构的主力，高等职业院校的大规模扩张成为进入中等收入阶段后中国高等教育层次结构优化的亮点。表 5-9 给出了 2000—2017 年中国高职（专科）院校发展相关数据。

表 5-9　2000—2017 年中国高职（专科）院校各项数据

年份	院校数（所）	专任教师人数（万人）	招生人数（万人）	在校生人数（万人）	毕业生人数（万人）
2000	442	9	48.7	100.9	17.9
2005	1091	27	268.1	713.0	160.2
2010	1246	40	310.5	966.2	316.4
2015	1341	45	348.4	1048.6	322.3
2016	1359	47	343.2	1082.9	329.8
2017	1388	48	350.7	1105.0	351.6
年均增速（%）	6.96	10.35	12.31	15.12	19.14

资料来源：中国国家统计局，http://data.stats.gov.cn/easyquery.htm?cn=C01&zb=A0M0201&sj=2018

表 5-9 显示，2000—2017 年，无论是院校数、专任教师人数，还是招生人数、在校生人数与毕业生人数，中国高职（专科）院校总体上保持了逐年上升的趋势。就院校数看，2000 年中国高职（专科）院校数为 442 所，2010 年增加至 1246 所，2017 年又进一步增加到 1388 所。经过计算，2000—2017 年，高职（专科）院校增加了 946 所，2017 年的院校数量是 2000 年的 3.14 倍，年均增长率达到了 6.96%。从专任教师人数看，2000 年中国高职（专科）院校的专任教师人数只有 9 万人，2010 年增加至 40 万人，2017 年又进一步增加到 48 万人。2000—2017 年，高职（专科）院校专任教师人数增加了 39 万人，2017 年的专任教师人数是 2000 年的

5.33 倍，年均增长率为 10.35%。就招生人数来说，2000 年中国高职（专科）院校的招生人数为 48.7 万人，2010 年增加至 310.5 万人，2017 年进一步增加到 350.7 万人。2000—2017 年，高职（专科）院校招生人数增加了 302 万人，2017 年是 2000 年的 7.20 倍，年均增长率为 12.31%。从在校生人数看，2000 年中国高职（专科）院校的在校生人数为 100.9 万人，2010 年增加至 966.2 万人，2017 年进一步增加到 1105 万人。2000—2017 年，高职（专科）院校的在校生人数增加了 1004.1 万人，2017 年的在校生人数是 2000 年的 10.95 倍，年均增长率为 15.12%。最后看毕业生人数，2000 年中国高职（专科）院校的毕业生人数为 17.9 万人，2010 年增加至 316.4 万人，2017 年进一步增加到 351.6 万人。2000—2017 年，高职（专科）院校的毕业生人数增加了 333.7 万人，2017 年的毕业生人数是 2000 年的 19.64 倍，年均增长率为 19.14%。

就中国高职学校招生人数、在校生人数与毕业生人数占普通本专科学校总招生人数、在校生人数与毕业生人数的比重看，2000 年分别为 22.07%、18.14%和 18.79%，2018 年则分别提高到了 46.63%、40.05%和 48.65%[①]，不到 20 年，三个比重分别提高了 24.56%、21.91%和 29.86%，由此可见，2000—2008 年，高职教育占普通高等教育的比重从 1/5 左右发展到占据近半壁江山，发展之快可见一斑。

高等职业教育的异军突起大大优化了中国高等教育的层次结构。高等职业教育的发展不仅大量补充了高等学校的学生来源，将大批过去不可能有机会接受高等教育的适龄高中毕业生纳入大学校门，从而大大促进了高等教育的大众化，更为重要的是，高等职业教育的异军突起极大地满足了跨越中等收入阶段中国社会经济发展对技能型人才的大量需求，是培育高等人力资源进而推动中等收入阶段跨越的重要推动力量。

3. 成人高等教育与非学历高等教育蓬勃兴起

进入中等收入阶段后，中国高等教育的大众化不仅带来了高等教育的学业层次和教育机构本身的优化，也引发了高等教育学习方式和教育对象的极大变革，这突出地表现在中国成人高等教育与非学历高等教育的蓬勃兴起上。

① 数据来源于中国教育部 2000—2018 年教育统计数据，http://www.moe.gov.cn/jyb_sjzl/moe_560/moe_566/.

中国的成人高等教育主要由各大高校举办，面向社会各界工作人员提供理工、实业和管理等方面的本专科继续教育。表 5-10 显示，2000 年，中国成人高等教育的招生人数、在校生人数与毕业生人数分别为 156.2 万人、353.6 万人和 88.0 万人，2017 年分别提高到 217.5 万人、544.1 万人和 247.0 万人，分别增长了 39.2%、53.9%和 180.7%，年均增长率分别为 1.97%、2.57%和 6.26%。仅就成人高等教育的毕业生人数看，2000—2017 年毕业生总数达到了 3168 万人。成人高等教育的发展在大大扩展了高等教育对象、延伸了高等教育的受教育群体的同时，也进一步提升了中国劳动者的人力资本水平。

表 5-10　2000—2017 年中国非学历教育和成人教育等相关数据

年份	非学历高等教育		成人高等教育		
	注册生人数（万人）	结业生人数（万人）	招生人数（万人）	在校生人数（万人）	毕业生人数（万人）
2000	252.1	—	156.2	353.6	88.0
2005	373.4	239.9	193.0	436.1	166.8
2010	332.9	712.6	208.4	536.0	197.3
2015	725.8	907.5	236.7	635.9	236.3
2016	862.8	936.3	211.3	584.3	244.5
2017	927.4	980.8	217.5	544.1	247.0

资料来源：教育部 2000—2017 年全国教育事业发展统计公报，http://www.moe.edu.cn/jyb_sjzl/sjzl_fztjgb/

此外，中国的成人各类高等培训教育，特别是非学历高等教育也获得了蓬勃发展。据统计，2005 年，中国高等学校举办的各类成人非学历高等教育结业生人数为 239.9 万人，2017 年增加到 980.8 万人，增长了 3.09 倍，年均增长率为 12.45%；2000 年的注册生人数为 252.1 万人，2017 年增加到 927.4 万人，增长了 2.68 倍，年均增长率为 7.96%（表 5-10）。

成人高等教育与非学历高等教育迅速兴起，大大拓展了高等教育的服务对象。作为普通高等教育的补充，成人高等教育与非学历高等教育和普通高等教育一道，构成了中国高等教育的多层次的教育结构，从而极大地满足了进入中等收入阶段后中国社会经济发展对人才的多元化需求和人们对高等教育的多元化需求，为国家、社会和地方经济发展培养了多层次的高级专业化人才。

（二）中国高等教育专业结构的优化

作为培养高素质劳动力的实践活动，一国高等教育的专业结构在很大程度上决定着该国高等教育人才培养的结构，进而影响着一国的经济产业结构。高等教育专业结构不是一成不变的，而是随着高等教育自身的发展与社会产业结构的发展不断调整。从教育为社会发展培养合格劳动力的角度说，高等教育专业结构是否合理，其标准主要取决于高等教育各专业设置及其比重是否与社会产业结构的调整相适应，高等教育各学科专业培养的学生的数量与质量是否与社会经济发展的客观需求相一致。

中国高等学校本科教育专业设置是按“学科门类”、“专业类”和“专业”三个层次来设置的，每个学科门类下设置若干种专业类，每个专业类下设置若干种专业。按照《普通高等学校本科专业目录（2012 年）》，中国高等学校本科教育共设置了哲学、经济学、法学、教育学、文学、历史学、理学、工学、农学、医学、管理学、艺术学 12 个学科门类。12 个学科门类下共设置了 92 个专业类和 506 种专业。其中，哲学门类下设专业类 1 个，4 种专业；经济学门类下设专业类 4 个，17 种专业；法学门类下设专业类 6 个，32 种专业；教育学门类下设专业类 2 个，16 种专业；文学门类下设专业类 3 个，76 种专业；历史学门类下设专业类 1 个，6 种专业；理学门类下设专业类 12 个，36 种专业；工学门类下设专业类 31 个，169 种专业；农学门类下设专业类 7 个，27 种专业；医学门类下设专业类 11 个，44 种专业；管理学门类下设专业类 9 个，46 种专业；艺术学门类下设专业类 5 个，33 种专业。

刚跨入中低收入阶段初的 2001 年，中国普通高等学校本科分学科培养的毕业生人数分别为：哲学 873 人、经济学 35 267 人、法学 30 326 人、教育学 17 965 人、文学[①]62 956 人、历史学 6106 人、理学 63 517 人、工学 219 563 人、农学 19 005 人、医学 41 468 人、管理学 70 798 人；刚跨入中高收入阶段的 2010 年，分学科培养的毕业生人数分别为：哲学 1952 人、经济学 158 286 人、法学 114 588 人、教育学 90 327 人、文学 487 520 人、历史学 13 713 人、理学 269 053 人、工学 813 218 人、农学 48 442 人、医学 162 401 人、管理学 431 035 人；而到 2017 年，分学科

① 其时，艺术学还从属于文学门类。

培养的毕业生人数则分别达到：哲学2108人、经济学230 543人、法学139 048人、教育学141 863人、文学370 471人、历史学18 283人、理学257 768人、工学1 247 808人、农学66 641人、医学261 636人、管理学741 061人。[①]

相比2001年，2010年中国普通高等学校本科分学科培养的各门类毕业生人数增长幅度从高到低依次为：文学6.74倍、管理学5.09倍、教育学4.03倍、经济学3.49倍、理学3.24倍、医学2.92倍、法学2.78倍、工学2.70倍、农学1.55倍、历史学1.25倍、哲学1.24倍。与2010年相比，2017年各大门类毕业生人数增长幅度从高到低依次为：管理学72%、医学61%、教育学57%、工学53%、经济学46%、农学38%、历史学33%、文学[②]23%、法学21%、哲学0.08%、理学−0.04%。如果把比较期间扩大，与2001年相比，2017年各大门类毕业生人数增长幅度从高到低依次为：管理学9.47倍、教育学6.90倍、经济学5.54倍、医学5.31倍、文学4.88倍、工学4.68倍、法学3.59倍、理学3.06倍、农学2.51倍、历史学2.00倍、哲学1.41倍。

从大学在校生人数来看，2001年，中国普通高等学校本科分学科培养的在校生人数分别为：哲学4975人、经济学222 000人、法学213 278人、教育学141 998人、文学554 018人、历史学36 504人、理学480 290人、工学1 573 665人、农学126 579人、医学361 084人、管理学529 353人；2010年，分学科培养的在校生人数分别为：哲学9001人、经济学759 948人、法学486 750人、教育学436 683人、文学2 388 028人、历史学64 907人、理学1 251 280人、工学3 995 779人、农学226 030人、医学883 847人、管理学2 153 879人；而到2017年，分学科培养的在校生人数则分别达到：哲学9666人、经济学961 507人、法学570 397人、教育学629 323人、文学1 535 997人、历史学74 618人、理学1 103 623人、工学5 511 445人、农学283 963人、医学1 243 628人、管理学2 989 829人。

相比2001年，中国2010年普通高等学校本科分学科培养的各门类在校生人数增长幅度从高到低依次为：文学3.31倍、管理学3.07倍、经济学2.42倍、教

① 该自然段及以下三个自然段的数据来源于相应年份的中国教育统计年鉴并经笔者计算得出，http://navi.cnki.net/KNavi/YearbookDetail?pcode=CYFD&pykm=YZKRM&bh=.

② 因2010年的艺术学从属于文学门类，2014年艺术门类已从文学门类中独立出来，为科学地进行比较，2017年与2010年相比较时，是将2010年毕业生中的艺术类去掉后进行的比较。

育学 2.08 倍、理学 1.61 倍、工学 1.54 倍、医学 1.45 倍、法学 1.28 倍、哲学 0.81 倍、农学 0.79 倍、历史学 0.78 倍；与 2010 年相比，2017 年各大门类在校生人数增长幅度从高到低依次为：教育学 0.44、医学 0.41、管理学 0.39、工学 0.38、经济学 0.27、农学 0.26、法学 0.17、历史学 0.15、文学 0.11、哲学 0.07、理学−0.12。[①]如果把比较期间扩大，与 2001 年相比，2017 年各大门类在校生人数增长幅度从高到低依次为：管理学 4.65 倍、教育学 3.43 倍、经济学 3.33 倍、工学 2.50 倍、医学 2.44 倍、文学 1.77 倍、法学 1.67 倍、理学 1.30 倍、农学 1.24 倍、历史学 1.04 倍、哲学 0.94 倍。[②]

应该说，不管是毕业生人数还是在校生人数，自迈入中等收入阶段至今，中国高等教育专业结构的调整呈现出一定的规律性。总体来说，管理学、经济学、工学、医学等与经济产业发展密切相关的实用学科的增长幅度明显，而历史学、哲学、农学、理学等学科的增长幅度较小。由此可以看出，中国高等教育专业结构的调整与社会经济产业结构的发展是基本一致的，从而具有优化性质。我们可以中国将进入中等收入阶段后至今划分为两大阶段：从中低收入阶段到中高收入阶段期间，以及进入中高收入后阶段。在从中低收入阶段到中高收入阶段期间，文学、管理学、教育学、经济学、理学等专业的毕业生和在校生人数增长幅度较大，但在进入中高收入阶段后，管理学、工学、医学、教育学、经济学等更为实用的专业的毕业生和在校生人数增长幅度较大，而文学、理学等专业的学生增长幅度则明显减缓。

（三）中国高等教育办学模式的优化

跨越中等收入阶段时期，在办学层次和专业结构优化的同时，中国高等教育的办学模式在保持稳定的基础上也进行着优化调整，主要表现为，在公办高等教育机构占据主体地位的前提下，民办（私立）高等教育获得了较快发展，高等教育办学模式越来越趋于多元化。

民办高校是中国民办高等教育机构的主体。民办高校通常是指企业事业组织、社会团体及其他社会组织和公民个人利用非国家财政性教育经费，面向社会

① 与前面毕业生比较方法一致，对于文学学科，2017 年与 2010 年比较时，将 2010 年在校生中的艺术类去掉后进行比较。

② 中国普通高等学校本科教育分专业学科培养的在校生和毕业生人数数据来自中国教育统计年鉴，http://navi.cnki.net/KNavi/YearbookDetail?pcode=CYFD&pykm=YZKRM&bh=.

举办的高等学校及其他教育机构。民办高校是中国实施高等教育、培养高等专业化人才的重要补充。我国于 1998 年通过并于 2018 年第二次修正的《中华人民共和国高等教育法》明文规定：国家鼓励企业事业组织、社会团体及其他社会组织和公民等社会力量依法举办高等学校，参与和支持高等教育事业的改革和发展。中国的民办高校从无到有、从小到大，在整个高等教育系统中所占比重逐步提高，并成为一支不可忽视的高等教育办学力量。下面分析 2001 年以来民办高校的学校数、专任教师人数、本专科招生人数、在校生与毕业生人数等指标的变动情况，以更好地把握进入中等收入阶段后中国民办高校的发展情况。

表 5-11 给出了 2009—2017 年中国民办高校的学校数和专任教师人数的变动情况。2009—2017 年，中国的民办学校数量增长很快，总量从 2009 年的 658 所增长至 2017 年的 747 所。纵向比较看，中国普通高校从 2009 年的 2305 所增加到 2017 年的 2631 所，共增加了 14.14%，年均增长率为 1.67%①；民办高校共增加了 13.53%，年均增长率为 1.60%。在民办高校整体数量快速增长的同时，民办高校的地区结构呈现出非均衡趋势。一项调查数据显示，截至 2015 年 5 月 23 日，中国 722 所正规民办高校分布在全国 30 省（自治区、直辖市），其中华东地区民办高校数为 239 所，占全国民办高校总数的 34%，广东省与江苏省以拥有 50 所民办高校并列各省（自治区、直辖市）之首。②从民办高校专任教师人数看，2009 年以来，中国民办高校的专任教师人数呈现出稳步增加的趋势，从 2009 年的 222 008 人增至 2017 年的 316 174 人，共增加了 42.42%，年均增长率为 4.52%。

表 5-11 2009—2017 年中国民办高校的学校数与专任教师人数

年份	学校数（所）	专任教师人数（人）
2009	658	222 008
2010	676	236 468
2015	734	304 817
2016	741	311 512
2017	747	316 174

资料来源：中国教育统计年鉴，https://navi.cnki.net/knavi/yearbooks/YZKRM/detail

① 数据来源于中国教育部 2009 年和 2017 年全国教育事业发展统计公报，http://www.moe.gov.cn/jyb_sjzl/sjzl_fztjgb/.

② 中商情报网资料，http://www.askci.com/news/edu/2015/05/23/2259570iy4.shtml.

反映民办高校规模发展最为重要的指标是民办高校学生人数，主要包括招生人数、在校生人数和毕业生人数。民办高校招生人数决定了未来几年民办高校的在校生人数和毕业生人数，也是一国的潜在人力资本。伴随着民办高等教育的快速发展，2009 年，中国民办高校招生人数达到了 140.1 万人，到 2017 年上升至 185.3 万人。统计显示，2009—2017 年，民办高校招生人数共增加了 32.25%，年均增长率为 3.6%。在校生人数是指正在接受教育的学生人数，在很大程度上决定着未来几年民办高校为社会供给的人力资本数量。伴随着高校招生人数的增加，2009 年，中国民办高校在校生人数达到了 446.1 万人，到 2017 年，在校生人数上升至 899.9 万人。统计显示，2009—2017 年，民办高校在校生共增加了 101.7%，年均增长率为 9.2%。毕业生是一国现实的人力资本，民办高校毕业生人数决定了即将投入各产业领域的民办高校供给的人力资本数量。2009 年，中国民办高校毕业生人数为 93.3 万人，2017 年上升至 169.7 万人。2009—2017 年，民办高校毕业生人数共增加了 81.89%，年均增长率 7.8%。[①]

二、高等教育结构优化的中外比较

综上所述，以日本和韩国为代表的第二次世界大战后成功跨越中等收入陷阱的经济体在跨越中等收入陷阱阶段，伴随着高等教育规模的持续扩张，其高等教育结构发生了相应变化。作为同是跨越中等收入阶段的国家，中国同日本和韩国等成功跨越中等收入陷阱的国家一样，在跨越过程中的高等教育结构也在不断进行着动态调整和优化，教育结构的优化同样主要表现在教育层次结构的优化、教育专业结构的优化与教育办学模式的优化等方面。

比较中国与成功跨越中等收入陷阱国家进入中等收入阶段后的高等教育层次结构优化，它们的共同之处都体现在高层次教育、应用型人才培养和成人高等教育发展等方面。比较中国与成功跨越国家进入中等收入阶段后的高等教育专业结构调整，它们的共同之处是管理学、经济学、医学等专业占比都有大幅提高，农学、哲学、历史学等专业占比呈下降趋势；但就教育学与文学专业来说，中国

① 数据来源于历年中国教育统计年鉴。

与其他国家，如日本的发展趋势有很大不同，在日本，这两大专业的占比呈下降趋势；而在中国，这两大专业特别是教育学的占比则呈现出稳中有升趋势，且所占比重较大。

此外，经验表明，成功跨越中等收入陷阱的国家在跨越阶段，特别是从中高收入阶段到高收入阶段跃升期间，其高等教育办学模式普遍趋于多元化。西欧各国和澳大利亚的高等教育系统尽管没有形成成规模的私立教育部门，但从 20 世纪 80 年代各国跨越中等收入阶段的后期开始，在高等教育规模扩张、新自由主义经济政策兴起的背景下，这些国家开始不断拓宽高等教育的资金渠道，积极吸引私人、企业和其他社会部门的资助，鼓励私人部门参与高等教育与科研（Simon，1997）。在美国，其在跨越中等收入陷阱阶段，虽然公立高等教育无论是在机构数量还是在学生数量上都迅速增加，相对来说，其私立高等教育所占比例不高，但私立高等教育在其高等教育体系中发挥着不可或缺的重要作用，例如，随着政府对其资助力度的持续加大，处在该部分顶层的哈佛大学、耶鲁大学、斯坦福大学、麻省理工学院等国际知名的研究型大学的科研与教育经费在美国整个高等教育系统中所占比例远远高于其学生规模所占份额。美国的私立高等教育机构构成美国高等教育系统中一个“充满活力和多样化的部分”（Altbach，1999）。同上述国家类似，中国自进入中等收入阶段以来，民办高等教育迅速兴起。民办高等教育的发展一方面弥补了原有公立高等教育机构和政府财政无法充分满足社会对高等教育的迫切需求，促进了高等教育的大众化和普及化；另一方面也极大地满足了社会产业结构快速调整对职业导向和应用型高等教育人才的迫切需求。此外，一些发展质量较好的民办高校在生源方面的竞争也对普通高校教育质量的提高形成了必要的倒逼机制，这些都有利于中国高等教育办学模式的良性发展和教育教学质量的提升，有利于推动社会进步和经济发展。

应该强调的是，尽管步入中等收入阶段以来，中国的高等教育结构无论是在教育层次结构、教育专业结构还是在教育办学模式上都呈现出不断优化的趋势，但是中国高等教育质量不高的短板和软肋也较突出。与世界高等教育强国相比，中国高等教育的学科专业设置优化不够，科研水平和成果转化率不高，而且高校毕业生的就业与所学专业的相关性较小，不同类型院校学生对学习过程体验和就业状况的满意度参差不齐。大而不强，成为中国高等教育的典型特征。为此，无论是层次结构、专业结构还是办学模式，中国的高等教育仍需要进一步优化。中国应着眼于经济发展需要和世界高标准，继续推进高等教育结构改革，保障中国高等教育的人才培养质量。在实现高等教育大众化、普及化的当下，深化高等教育改革、走以提高质量为核心的内涵式发展道路是中国高等教育发展的必由之路。近些年，中国政府强调供给侧改革，实际上，高等教育也必须加快供给侧改革，而通过结构优化提升教育质量无疑是高等教育供给侧改革的应有之意。

第六章

高等教育推动科技进步及其比较

高等教育推动经济体跨越中等收入陷阱的意义不仅仅在于促进高质量人力资本的形成，其本身的发展也会推动科学发现与技术创新。众所周知，现代经济增长是建立在先进技术以及相应的制度和思想意识基础上的，科学技术进步是提高一国生产率进而推动该国实际产出与人均 GNI 持续增长的根本途径。

在前面几章对高等教育与中等收入陷阱跨越关系进行理论阐述并比较中等收入陷阱跨越过程中各经济体在高等教育的经费投入、规模扩张及结构优化等方面的异同的基础上，本章主要利用高等教育和科技进步等相关数据，运用典型经济体的面板数据，实证估计并比较高等教育发展对中等收入陷阱跨越过程中各经济体的科技进步的影响。

第一节　科技进步的衡量与影响因素

高等学校通过教学、科研和社会服务等主要职能教授、传播、研发和推广科学技术，在国家许多基础技术研究和重大原始性技术创新研究方面发挥着举足轻重的作用。在实证估计和比较高等教育发展对跨越中等收入陷阱的各国科技进步的实际影响之前，我们有必要先来探讨科技进步的发展趋势与影响因素。

一、科技进步及其衡量

衡量科技进步，首先要正确理解科技进步的内涵。关于科技进步的内涵，虽然理论界迄今仍有分歧，但一般来说，根据不同领域专家研究问题的出发点和目的不同，科技进步有狭义和广义之分。

科学家、工艺专家和技术专家主要是从科学技术自身水平提高的角度理解科技进步的，认为技术进步主要是指所谓“硬技术”的进步，即采用新设备和改造旧设备，采用新工艺和改造旧工艺，采用新的原材料和能源，生产新产品和改造老产品等。这种含义的技术进步通常被称为狭义的科技进步。具体来说，狭义的科技进步大体上表现为五个方面：机器设备结构的改革，新机器、工具的发明与应用；工艺过程和操作方法的改进、创新和技能的提高；新材料的发现、发明与应用，以及原材料的代用与综合利用；新能源的发现、发明与应用；新产品的开发，以及新产品的升级换代（程懋辉，1987）。

另一些专家，特别是社会经济学家则从更广泛的经济和社会领域，特别是科学技术对经济发展及社会环境等影响力增强的角度来理解科技进步。比如，用生产函数 $Y=F(K, L, t)$ 来定义科技进步。函数中的 K 和 L 分别代表资本和劳动的投入，Y 代表产出，t 代表时间，科技进步就是该函数中 Y 随时间 t 变化的过程。具体来说，如果产出的增加大于资本和劳动投入的增加，就认为发生了科技进步。这种意义下的科技进步通常被称为广义的科技进步，它除了包括"硬技术"的进步外，还包括劳动者素质的提高、资源的优化配置、经营管理水平的提高，以及环境的变化，即社会政治环境、自然环境等对经济发展有积极影响的各种因素的变化。

测算广义的科技进步在经济增长中的贡献率的开创者是美国诺贝尔经济学奖获得者索洛。1957 年，索洛在其著名的论文《科技进步与总生产函数》中，利用增长速度方程测算了科技进步率及科技进步在经济增长中的贡献率。简单来说，索洛的方法是，首先推导出一般形式生产函数的增长速度方程，$y=A+\alpha k+\beta l$，其中 y 为产出增长率，α 与 β 分别为资本与劳动的产出弹性，k 与 l 分别为资本与劳动的增长率，y 减去 $\alpha k+\beta l$ 后的余值——也就是 A ——即科技进步率，它包含了除资本和劳动投入作用以外的所有能使产出增加的因素，用技术进步率除以产出增长率（即 A/y），可进一步得到科技进步贡献率，这也是至今还在广泛使用的测算广义的科技进步的索洛余值法（Solow residual method）。

在各国的国民经济统计中，反映科学技术及其进步的指标主要包括 R&D 活动、科技产出及成果、高技术产品进出口及技术市场发展等。其中，R&D 活动主要涉及全社会 R&D 人员数量、R&D 经费支出、R&D 经费支出占 GDP 之比等指标；科技产出及成果主要包括科技论文发表数、科技著作出版数、科技成果登记数、专利申请受理数与专利申请授权数等指标；高技术产品进出口及技术市场发展主要包括高技术产品进出口额及技术市场成交额等指标。

二、科技进步的影响因素

要分析高等教育发展对科技进步的影响，首先需要明确科技进步主要受哪些因素的影响。科学技术的发展过程既是一个充满生机与活力的科学技术实践过程，也是一个知识产品的投入—产出过程。因此，科学技术的生产不仅具有知识产品生产的诸多特性，也具有一般产品生产的共性，其产出规模和速度同投入要素的多少与质量等因素密切相关。此外，科学技术在服务于经济社会发展过程中，也同经济基础、产业结构、产业部门的技术基础、社会需求状况及相互关系、运行环境等有关。可以说，影响科技进步的因素有很多，但从表现形式和作用性质来看，主要可归纳为两类：一类是硬因素；另一类是软因素。

硬因素主要包括现有科学技术基础、研发资金投入和现有的技术装备水平、劳动者数量与素质等因素。现有科学技术基础主要指科技现有的研发成果的数量与质量，它是科学技术长期积累和发展的结果，是科技进步的重要基础。按照科技发展的基本规律，科学技术的发展速度同现有科学技术的知识基础有关，科学技术的发展具有继承性与积累性的规律，这早已被科学技术发展史所证实。

此外，科技进步的水平与发展速度受制于研发资金投入和现有的技术装备水平。研发资金投入是技术研发活动的前提，也是技术研发活动的持久推动力。任何科技研发活动都需要人力资源和物质资源的结合，从而需要研发资金投入作为保障。长期来看，经济主体的技术研发不可能是一劳永逸的，要想保持科技进步的持续性，必须不断增加研发资金。技术装备包括各种用于技术开发和生产的设备和装备。一方面，技术装备水平取决于科学技术知识的增长及其在生产资料中的物化程度；另一方面，技术装备水平反过来会直接影响科学技术进一步发展的水平与速度。

在影响科技进步的硬因素条件中，劳动者数量与素质是最为重要的因素。任何的科学技术进步最终是靠人来推动的，因此劳动者的数量特别是素质对于科技进步有着最为直接的影响。劳动者素质既包括劳动者的科学文化知识水平，也包括劳动者专业结构、层次结构的合理性以及一些非智力心理因素等。要提高劳动者素质，主要依靠教育和培训。人力资本理论告诉我们，通过教育特别是高等教育形成的人力资本的生产率远高于通过自身经验积累的普通劳动者，而且随着受教育年限的增加，人力资本所蕴含的知识与技能越高，其创造新技术的能力就越强，其通过自主创新研发出来新技术的作用也就越大。

与硬因素不同，科技进步的软因素并不直接作用于技术知识的生产过程，但其所构成的软环境对于科学技术知识生产同样具有重要影响。软因素主要包括管理体制、组织与管理水平、法规政策环境等，这些因素都在不同程度上影响和制约着科技进步，而且往往能通过影响硬因素及其投入—产出过程来影响科技进步的水平与速度。

管理体制是所有软因素中最重要的因素，主要包括科技管理体制、教育管理体制和经济管理体制。科技管理体制是科技活动的组织结构、管理体系和制度的总称，其优化与否会直接影响现有科技力量的作用和优势的发挥，影响科技进步的速度。教育管理体制是整个教育体制得以构成和运行的保障。鉴于高等教育是技术人才培养特别是高层次技术人才培养的基本形式，提高高等教育的规模和质量，大力发展科学技术高等教育，会直接影响科技创新人才培养的数量与质量，并进而对科技进步产生重要影响。经济管理体制则主要从以下方面影响科技进步：一是通过影响经济运行系统来影响科技进步；二是通过影响经济与科技结合的程度与效率来影响科技进步；三是通过影响先进技术的引进与出口来影响科技进步。

组织与管理水平、法规政策环境也是影响科技进步的重要因素。管理本身也是一门科学，管理特别是科技管理的人才评价制度、管理机构的效率、管理的科学性与规范性等，都会影响和制约科技进步的水平与速度。法规政策是各级各类管理部门、企事业单位在科技与经济管理中必须遵行的规则。随着经济社会法律体系的不断完善，法规政策特别是与科技有关的法规政策会直接或间接地影响科技进步的速度和方向。

不难发现，在上述诸多影响科技进步的因素中，不论是硬因素还是软因素，高等教育的发展都极为关键。这是因为高等教育的发展会通过作用于影响科技进步最为重要的因素——劳动者的数量与素质，特别是科技研发劳动者的数量和质量——直接影响科技进步。

第二节　科技进步发展趋势的国际比较

在跨越中等收入陷阱前后，世界各国科技进步的步伐呈现出程度不同的加快趋势，下面主要通过全社会 R&D 人员数量、R&D 经费支出占 GDP 的比例、居民专利申请量等指标，来分析和比较不同的典型经济体[①]跨越中等收入陷阱过程中科技进步的变动趋势。

一、全社会 R&D 人员数量的国际比较

按照世界银行的界定，R&D 研究人员是指参与新知识、新产品、新流程、新方法或新系统的概念成形或创造，以及相关项目管理的专业人员。严格来说，分析和比较不同国家和地区间科技人力资源投入，更为可行的一个指标是 R&D 人员全时当量[②]，考虑数据的可得性，这里只比较经济体之间的全社会 R&D 人员数量。R&D 人员是科技研发的主体，R&D 人员的数量和水平对科技进步有重要影响。通常来说，在其他条件一定的情况下，R&D 人员的数量越多、水平越高，科技进步的步伐就越快。在跨越中等收入陷阱过程中，世界各国的 R&D 人员数量呈现出程度不同的增长势头。鉴于各经济体规模的巨大差异，为使比较有意义，我们选取每百万人中 R&D 人员数量这一指标进行分析比较。表 6-1 给出了相关经济体 1996—2016 年每百万人 R&D 人员数量。

表 6-1　1996—2016 年相关经济体每百万人 R&D 人员数量　（单位：人）

经济体	1996 年	2000 年	2005 年	2010 年	2016 年
韩国	2173	2287	3692	5330	7113
智利	—	—	—	320	502
葡萄牙	1238	1616	2000	3898	3929
西班牙	1291	1874	2491	2878	2732
荷兰	2283	2649	2924	3219	4843
中国香港	—	1160	2640	2930	3405
希腊	—	—	1734	—	2629

① 为增加比较范围，此处选取了 20 个经济体进行比较，分别为韩国、智利、葡萄牙、西班牙、荷兰、中国香港、希腊、芬兰、乌拉圭、阿根廷、中国、巴西、墨西哥、马来西亚、泰国、巴拉圭、菲律宾、厄瓜多尔、印度和土耳其。其中，截至 2017 年底，前 10 个经济体已进入高收入经济体行列，后 10 个经济体仍然位于中等收入阶段。

② R&D 人员全时当量指 R&D 全时人员数加上非全时人员按工作量折算为全时人员数的总和。

续表

经济体	1996 年	2000 年	2005 年	2010 年	2016 年
芬兰	—	—	7527	7720	6525
乌拉圭	—	278	—	549	645
阿根廷	—	713	814	1121	1232
中国	438	542	846	890	1206
巴西	—	421	519	682	1013
墨西哥	208	219	405	328	251
马来西亚	90	277	—	1467	2397
泰国	100	—	313	—	1210
巴拉圭	—	—	72	—	122
菲律宾	—	—	80	—	291
厄瓜多尔	84	—	—	141	833
印度	153	110	135	157	216[a]
土耳其	304	365	576	890	1378
高收入经济体	2836	3079	3530	3828	4223[a]
中高收入经济体	717	732	895	945	1204
世界	—	1081	1213	1286	1459[a]

资料来源：世界银行网站，https://data.worldbank.org.cn/indicator/SP.POP.SCIE.RD.P6

注：a 是 2015 年的数据

从已跨越中等收入陷阱的 10 个经济体看，其中的韩国、葡萄牙、西班牙、荷兰、希腊和芬兰等 6 个经济体每百万人 R&D 人员数量较多且增长相对较快。1996 年，韩国每百万人 R&D 人员数量为 2173 人，2016 年为 7113 人，年均增长率为 6.11%；1996 年，葡萄牙和西班牙每百万人 R&D 人员数量分别为 1238 人和 1291 人，2016 年分别为 3929 人和 2732 人，年均增长率分别为 5.94%和 3.82%。此外，2000 年，中国香港每百万人 R&D 人员数量为 1160 人，2016 年为 3405 人，年均增长率为 6.96%。另外 3 个经济体，即智利、乌拉圭和阿根廷虽然已迈入高收入行列，但如前所述，三个国家深陷中等收入陷阱几十年，2016 年，智利、乌拉圭和阿根廷每百万人 R&D 人员数量分别为 502 人、645 人和 1232 人，与上述 7 个经济体有很大差距。

从正在跨越中等收入陷阱的 10 个经济体看，中国、土耳其、马来西亚和泰国每百万人 R&D 人员数量相对较多且增速较快。1996 年，土耳其、泰国和马来西亚每百万人 R&D 人员为 304 人、100 人和 90 人，2016 年，土耳其、泰国和马来西亚分别达到 1378 人、1210 人和 2397 人，1996—2016 年的年均增长率分别为 7.85%、13.28%和 17.83%；虽然与韩国等 6 个 OECD 经济体相比，这 4 个经济体的每百万人 R&D 人员数量还有一定差距，但增速整体相对更快。另外 6 个经济体则差了很多，2016 年，墨西哥、巴拉圭和菲律宾每百万人中 R&D 人员数量分别只有 251 人、122 人和 291 人，其中，1996—2016 年的 20 年间，墨西哥的年均增长率仅为 0.94%。

如果将韩国等 6 个经济体及中国香港作为一个整体，这些经济体都已成功跨越中等收入陷阱且是较快实现这一跨越过程的，将正在跨越中等收入陷阱和虽然实现了跨越但深陷中等收入陷阱几十年的其他 13 个经济体作为一个整体进行比较，前一个整体 1996 年每百万人 R&D 人员数量平均为 1746 人，后一个整体平均为 197 人，前者为后者的 8.86 倍；而到 2016 年，前一个整体每百万人 R&D 人员平均为 4454 人，后一个整体平均为 869 人，前者为后者的 5.13 倍。

表 6-1 还给出了 1996—2016 年高收入经济体、中高收入经济体和整个世界的每百万人 R&D 人员数量。同一年份相比，高收入经济体的每百万人 R&D 人员数量要远高于中高收入经济体。即使与整个世界相比，中高收入经济体的每百万人 R&D 人员数量也存在一定差距。

就中国来说，1996 年每百万人 R&D 人员数量为 438 人，2016 年为 1206 人，20 年间年均增长率为 5.19%。虽然增速较快，但与发达经济体及一些发展较好的新兴经济体相比，中国与它们仍有一定差距，并且低于世界平均水平。

二、R&D 经费支出占 GDP 比例的国际比较

按照世界银行的定义，研发支出是指系统性创新工作的经常支出和资本支出（国家和私人），其目的在于提升知识水平，包括人文、文化、社会知识，并将知识用于新的应用。R&D 支出主要包括统计年度内全社会实际用于基础研究、应用研究和实验开发的经费支出。R&D 支出的稳定增长是科技持续进步的财力支

撑。同样鉴于各经济体规模的巨大差异，为使比较有意义，我们选取 R&D 支出占 GDP 的比例这一指标进行比较分析。R&D 支出占 GDP 的比例指的是一国单位 GDP 中有多少用于 R&D 支出，它是衡量一个经济体科技竞争力和科技投入水平最为重要的指标。表 6-2 给出了相关经济体 1996—2016 年的 R&D 支出占 GDP 的比例。

表 6-2 1996—2016 年相关经济体的 R&D 支出占 GDP 的比例 （单位：%）

经济体	1996 年	2000 年	2005 年	2010 年	2016 年
韩国	2.26	2.18	2.63	3.47	4.23
智利	—	—	—	0.33	0.36
葡萄牙	0.55	0.72	0.76	1.53	1.27
西班牙	0.79	0.89	1.10	1.35	1.19
荷兰	1.86	1.81	1.79	1.72	2.03
中国香港	—	0.46	0.77	0.75	0.79
希腊	0.43[a]	0.56[b]	0.58	0.67[c]	1.01
芬兰	—	—	3.33	3.73	2.75
乌拉圭	—	0.21	—	0.34	0.41
阿根廷	0.42[a]	0.44	0.42	0.56	0.53
中国	0.56	0.89	1.31	1.71	2.11
巴西	—	1.00	1.00	1.16	1.27
墨西哥	0.25	0.31	0.40	0.53	—
马来西亚	0.22	0.47	—	1.04	1.30[d]
泰国	0.12	—	0.22	0.36[c]	0.78
巴拉圭	—	0.07[b]	0.07	0.06[c]	0.15
菲律宾	—	—	0.11	0.12[c]	—
厄瓜多尔	0.07	0.05[b]	—	0.39	0.53
印度	0.06	0.07	0.06	0.08	0.09[d]
土耳其	0.45	0.47	0.57	0.80	0.88[d]
高收入经济体	2.16	2.32	2.23	2.39	2.49
中高收入经济体	0.54[a]	0.67	0.86	1.16	1.62
世界	1.978	2.06	1.96	2.02	2.23

资料来源：世界银行数据库，https://data.worldbank.org.cn/indicator/SP.POP.SCIE.RD.P6

注：a 是 1997 年的数据，b 是 2001 年的数据，c 是 2011 年的数据，d 是 2015 年的数据

从已跨越中等收入陷阱的 10 个经济体看，韩国、葡萄牙、西班牙、荷兰、

希腊和芬兰等6个OECD经济体R&D支出占GDP的比例相对较高且增速较快。1996年，韩国的R&D支出占GDP的比例为2.26%，2016年达到4.23%，年均增长率为3.18%；1996年，葡萄牙和西班牙的R&D支出占GDP的比例分别为0.55%和0.79%，2016年分别为1.27%和1.19%，年均增长率分别为4.27%和2.07%。2016年，6个OECD经济体的R&D支出占GDP的比例均超过了1%。2000年，中国香港的R&D支出占GDP的比例为0.46%，2016年为0.79%，年均增长率为3.38%。虽已迈入高收入行列、深陷中等收入陷阱几十年的3个经济体——智利、乌拉圭和阿根廷，2016年的R&D支出占GDP的比例分别只有0.36%、0.41%和0.53%，与上述7个经济体特别是6个OECD经济体的差距明显。

从正在跨越中等收入陷阱的10个经济体看，中国、巴西和马来西亚的R&D支出占GDP的比例相对较高且增速较快，中国和巴西2016年分别为2.11%和1.27%，马来西亚2015年为1.30%。其次是土耳其和泰国，前者2015年为0.88%，后者2016年为0.78%，其中，泰国在1996—2016年的年均增速达到了9.81%。另外5个经济体则差了很多，特别是巴拉圭和印度，巴拉圭2016年为0.15%，印度2015年为0.09%，不仅与6个OECD经济体差距较大，与中国、马来西亚等相比也有很大差距。

就1996—2016年高收入经济体、中高收入经济体和整个世界的R&D支出占GDP的比例看，同一年份相比，高收入经济体的R&D支出占GDP的比例远高于中高收入经济体。2016年，高收入经济体的R&D支出占GDP的比例为中高收入经济体的1.54倍。即使与整个世界相比，中高收入经济体的R&D支出占GDP的比例也存在一定差距，2016年，世界平均的R&D支出占GDP的比例为中高收入经济体的1.38倍。

就中国来说，1996年R&D支出占GDP的比例为0.56%，2000年和2010年分别升至0.89%和1.71%，2016年达到2.11%，年均增长率为6.86%。虽然增速较快，但同时也要看到，与发达经济体及发展较好的新兴经济体相比，中国与它们的差距仍比较明显，并且要低于世界平均水平。

三、居民专利申请量的国际比较

上面全社会R&D人员数量和R&D支出的国际比较主要比较的是不同经济体

科技研发活动的人力与财力投入情况，而从研发活动的成果看，则主要包括科技论文发表数、科技著作出版数、科技成果登记数、专利申请受理数与专利申请授权数等指标。按照世界银行的定义，专利申请通常是指在世界范围通过《专利合作条约》程序或向国家专利部门提交的专利申请，目的是对一项发明（即提供一种新的做事方法或对某个问题提供一种新的技术解决方案的产品或程序）拥有专有权。专利权在有限的期限内为专利所有者的发明提供保护，一般为 20 年。其中，专利申请受理数是指向专利管理机关提出申请并被受理的专利申请项数；专利申请授权数是指发明人的发明创造经审查合格后，由专利局依据专利法授予发明人和设计人对该项发明创造享有的专有权。专利申请受理数和专利申请授权数是科技活动的直接成果，其数量的多少和变化率在很大程度上反映了科技发展的水平和进步的速度。同样考虑数据的可得性，下面我们主要对相关经济体的专利申请量进行分析和比较，进一步考虑经济体的规模因素，具体选取人均居民专利申请量这一指标。表 6-3 给出了 1980—2017 年相关经济体的人均居民专利申请量变动情况，为对更多、更大范围的经济体进行进一步的分析和比较，除了上述 20 个经济体之外，本部分又增加了日本、新加坡、澳大利亚、新西兰、以色列、秘鲁、委内瑞拉、印度尼西亚、南非和哥伦比亚等 10 个经济体。截至 2017 年底，表 6-3 中所列的 30 个经济体中的前 15 个经济体已跃升为高收入经济体，后 15 个经济体仍然处于中等收入阶段。此外，为便于比较，表 6-3 中还给出了高收入经济体、中高收入经济体以及世界平均的人均居民专利申请量。

表 6-3　1980—2017 年相关经济体的人均居民专利申请量　（单位：项/每百万人）

经济体	1980 年	1990 年	2000 年	2010 年	2017 年
日本	1 419.14	2 695.16	3 028.95	2 265.02	2 052.99
韩国	32.55	211.85	1 549.33	2 659.82	3 091.04
新加坡	0.83	—	128.11	176.29	286.69
智利	12.26	12.73	15.71	19.22	23.01
葡萄牙	9.42	10.12	7.87	47.20	62.52
西班牙	50.04	57.07	66.80	76.56	46.51
荷兰	129.05	143.60	154.78	152.09	130.81
中国香港	—	3.68	7.65	18.93	43.83

续表

经济体	1980年	1990年	2000年	2010年	2017年
希腊	131.19	23.63	28.32	65.46	46.31
芬兰	283.71	412.92	498.24	322.75	252.35
澳大利亚	448.00	—	100.66	109.34	101.74
新西兰	368.79	240.86	379.24	364.31	211.52
乌拉圭	24.01	—	13.25	6.85	6.69
以色列	172.51	225.75	254.25	190.20	164.81
阿根廷	45.49	29.28	28.80	13.53	8.92
中国	—	3.79	21.04	73.34	98.01
巴西	17.81	16.03	18.19	21.60	26.37
墨西哥	10.39	7.87	4.36	8.34	10.69
马来西亚	—	5.10	8.88	43.64	37.49
泰国	0.27	1.29	8.91	18.07	14.15
巴拉圭	—	3.79	2.07	2.88	—
秘鲁	4.67	2.22	1.51	1.34	3.18
菲律宾	2.51	2.37	1.97	1.81	3.07
委内瑞拉	15.54	13.35	2.31	2.46	3.27
印度尼西亚	0.03	—	0.74	2.10	8.58
厄瓜多尔	4.38	—	0.79	0.27	0.95
印度	1.73	1.31	2.09	7.17	11.18
南非	108.28	29.70	19.90	16.03	12.77
哥伦比亚	1.60	—	1.89	2.94	12.17
土耳其	3.05	2.56	4.38	43.97	100.80
高收入经济体	356.30	522.58	699.00	679.95	690.77
中高收入经济体	—	7.15	26.00	140.74	495.59
世界	—	102.51	134.76	167.79	287.79

资料来源：世界银行网站，人均居民专利申请量的计算方法为经济体的居民专利申请量/人口数，居民专利申请量来自 https://data.worldbank.org.cn/indicator/IP.PAT.RESD?view=chart；人口数来自 https://data.worldbank.org.cn/indicator/SP.POP.TOTL

从已跨越中等收入陷阱的 15 个经济体看，日本、韩国是人均居民专利申请量最多的两个经济体。1980 年，日本的人均居民专利申请量为每百万人 1419.14 项，2017 年为 2052.99 项，年均增长率为 1.00%；1980 年，韩国的人均居民专利申请量为每百万人 32.55 项，2017 年为 3091.04 项，年均增长率为 13.10%。2017 年，新加坡、荷兰、芬兰、澳大利亚、新西兰和以色列的人均居民专利申请量都超过了每百万人 100 项，其中，新加坡在 1980—2017 年的年均增长率达到了 17.11%。其余的 7 个经济体中，葡萄牙、西班牙、希腊和中国香港 2017 年的人均居民申请量差不多，但西班牙和希腊在 1980—2017 年的年均增速为负数，葡萄牙的年均增速为 5.25%，中国香港 1990—2017 年的年均增速为 9.61%。虽已迈入高收入行列，但曾深陷中等收入陷阱几十年的智利、乌拉圭和阿根廷等 3 个经济体 2017 年的人均居民专利申请量分别为每百万人 23.01 项、6.69 项和 8.92 项，与上述 12 个经济体，特别是日本和韩国的差距非常明显。

从正在跨越中等收入陷阱的 15 个经济体看，中国和土耳其的人均居民专利申请量相对较高且增速较快，其中，土耳其从 1980 年的 3.05 项增加到 2017 年的 100.80 项，年均增长率达到 9.92%；其次是马来西亚、巴西、泰国、南非、哥伦比亚、印度和墨西哥，2017 年的人均居民专利申请量在 10—40 项。其余 6 个经济体 2017 年的申请量均不足 10 项。

如果将日本等 15 个已成功跨越中等收入陷阱的经济体作为一个整体，将正在跨越中等收入陷阱的中国等 15 个经济体作为一个整体进行比较，1980 年，前一个整体的人均居民专利申请量平均为每百万人 223.36 项，后一个整体平均为每百万人 14.19 项，前者为后者的 15.74 倍；到 2017 年，前一整体平均为每百万人 435.32 项，后一整体平均为每百万人 24.48 项，前者为后者的 17.78 倍。

结合表 6-3 中给出的高收入经济体、中高收入经济体和整个世界的人均居民专利申请量看，1990 年，三者分别为每百万人 522.58 项、7.15 项和 102.51 项，2017 年分别增加到 690.77 项、495.59 项和 287.79 项，年均增长率分别为 1.04%、17.00%和 3.90%。2017 年，中高收入经济体的人均居民申请量虽然从绝对数上仍低于高收入经济体，但近 30 年来的年均增长率比高收入经济体要快得多。

就中国来说，1990 年人均居民专利申请量为每百万人 3.79 项，2000 年和 2010 年分别升至 21.04 项和 73.34 项，2017 年达到 98.01 项，1990—2017 年的年均增长率为 12.80%。虽然增速较快，但同时要看到，当前与发达经济体及发展较好的新兴经济体相比，包括与世界的平均水平相比，中国人均居民专利申请量与它们的差距仍很明显。

第三节　文献综述与实证分析

为估计高等教育发展对跨越中等收入陷阱的各经济体科技进步的实际影响，下面将建立经济计量模型，使用各经济体的面板数据，分析高等教育发展对科技创新的影响。

一、相关文献综述与影响机制分析

我们在第二章中对于高等教育发展与科技创新的关系已经有过理论上的分析。高等教育发展主要通过以下三种方式对科技进步起到促进作用：一是通过教育教学来传递和传播科学技术，有利于后人继承前人的技术知识成果，并进一步进行技术创新；二是实施高等教育的高等学校是国家科学技术研究的重要阵地，高校通过系统的科学研究，发明、创造新的科学技术；三是通过服务社会，与社会企事业单位合作，促进科学技术的开发和应用。科技创新作为一种创造性的生产活动，需要持续的物质投入与人力投入，而高等教育主要通过提高劳动者质量，特别是提高科技研发劳动者的数量和质量推动科技进步。在进行实证分析之前，我们首先主要对高等教育通过培育人力资本对科技创新的影响进行简要的文献综述与机制分析。

自舒尔茨提出人力资本的概念以来，人力资本理论及人力资本对经济增长的影响便成为国内外学者研究的热点。经典的人力资本理论认为，教育特别是高等教育在国民经济中充当着人力资本生产部门这一重要角色，并以教育层次提升、教育年限延长、教育存量累积等形式提升一国的整体人力资本水平，而人力资本提升则是提高劳动生产率进而推动经济增长的重要源泉。20 世纪 80 年代以来，随着罗默和卢卡斯等经济学家所开创的内生增长理论的发展，教育人力资本的溢出效应对经济增长的作用日益为人们所重视。与经典人力资本理论强调个体人力资本的提升会带来个人劳动生产率的提高不同，内生增长理论更强调人力资本具有技术知识溢出机制，强调个体人力资本提升不仅会提高个人劳动生产率，还有助于群体中的其他个体劳动生产率的提高，进而有助于经济增长。实际上，教育人力资本及其溢出效应不仅体现在对经济增长的影响上，也体现在对科技创新水平的影响上。

伴随着人力资本理论的发展与科技创新对经济发展重要性的凸显，国内外涌现出一批探讨人力资本通过直接或溢出方式影响科技创新与技术进步的研究文献。Nelson 和 Phelps（1966）的研究认为，人力资本是科技创新的关键投入要素，在一国的科技创新与技术进步中扮演着重要的知识吸收与溢出的转换角色。Benhabib 和 Spiegel（1994）进一步扩展了 Nelson 和 Phelps 的研究，他们将技术进步率设定成人力资本的函数，认为人力资本会通过以下两种方式促进技术进步：一种是直接的人力资本水平，反映地区内部内生的创新效应；另一种是间接的人力资本水平，反映因地区间的技术差距引发的技术扩散导致的地区技术进步效应。国外学者的诸多文献证实了人力资本对科技创新的积极作用。Moretti（2004）和 Liu（2007）使用微观数据进行的经验研究表明，人力资本积聚程度相对越高的地区，企业的科技创新能力相对越强，生产率相对越高。Benhabib 和 Spiegel（1994）使用多国的宏观数据进行的研究表明，一国的科技创新能力与全要素生产率增长显著依赖于该国的人力资本存量水平。Teixeira 和 Natercia（2004）使用葡萄牙的时间序列数据进行的实证研究表明，人力资本积累激发了葡萄牙的创新能力，进而提高了全要素生产率，并促进了葡萄牙的经济增长。Madsen（2014）的跨国面板数据研究进一步表明，人力资本对世界技术前沿进展具有正向显著影响。

从国内学者来看，彭旸等（2008）将人力资本和对外开放纳入统一研究框架内进行分析后发现，不论是从全国还是分区域来看，人力资本都明显地促进了科技创新水平的提高。张涛和张若雪（2009）通过对比珠三角和长三角证实，企业较快的技术进步依赖于高人力资本水平的劳动力队伍，并认为相比长三角，珠三角的技术提高缓慢的原因就在于较低的劳动力技能水平使其陷入了“低技术均衡”的困境。田大洲（2009）使用面板数据考察了中国信息技术（information technology，IT）产业的高科技大中型企业的科技活动，研究发现，增加科技人力资本总量是提高产业创新能力最为有效的途径。窦鹏飞和陈诗波（2012）的研究表明，基础研究领域研发人员的投入是影响中国科技创新能力和绩效的核心要素。柳瑞禹等（2016）利用中国中部六省科技创新活动数据进行的研究表明，人力资本水平的提高对科技创新效率的提升具有积极作用。姚东旻等（2017）使用中国省级面板数据，采用两阶段最小二乘法（two stage least square，2SLS）的经验研究证实，实际人均人力资本水平对于我国科技创新水平具有显著的正向作用。

尽管大量文献证实人力资本会明显促进科技创新水平的提高，但不可否认的是，仍有一些经验研究发现，教育特别是高等教育培育的人力资本与科技创新水平之间并不存在正相关关系。Pritchett（2001）的跨国经验研究指出，教育人力资本水平的提高不但没有促进技术创新，反而显著阻碍了技术进步与降低了全要素生产率。彭国华（2007）利用中国省际面板数据的研究也表明，平均人力资本作为一个整体，对技术进步和全要素生产率有显著的负向作用，其进一步分析认为，只有高等教育程度的人力资本对技术进步有显著的正向作用，中等教育程度和基础教育程度的人力资本与技术进步和全要素生产率呈显著负相关。

教育人力资本提高对科技创新产出的影响在较多文献研究中得到了佐证，文献分析也让我们能更好地理解教育人力资本影响科技创新的内在机制。科技创新主要源自新技术知识的涌现，新技术知识的涌现需要人力资本的支持，由此，人力资本成为科技创新最为重要的要素资源和知识载体。就某一地区来说，教育人力资本的存量水平和累积速度将在极大程度上决定着该地区科技创新的水平及其可持续能力。

从理论上说，教育人力资本不仅会直接影响科技创新，也会通过溢出效应影响科技创新。教育人力资本对科技创新的直接影响主要表现为，接受过更长教育年限和更高教育层次的个人，通常具有相对更多的科学技术知识和更强的科技创新能力，个人科技创新能力的叠加使得拥有更高教育人力资本存量的地区往往有着更强的整体科技创新能力和更多的创新产出。如果我们把科技创新看作一种生产，拥有更高教育人力资本存量的个人显然会有更高的创新效率和更多的创新成果。

教育人力资本通过溢出效应对科技创新的影响则主要表现为，受教育水平较高从而具有更强科技创新能力的个人往往会提高他人（如受教育水平较低的同事）的工作能力与效率，而平均受教育水平较高的群体环境往往会激发人们进一步提高自身的人力资本水平，从而间接提升群体的科技创新能力。显然，某一地区内教育人力资本存量越大、层次越高，该地区的企业内或产业内人员间的相互学习和相互交流就越多，科技知识的传播和扩散就越有效，教育人力资本通过溢出效应对该地区科技创新的影响也就越大。“看中学”与“干中学”等技术知识溢出机制的存在有助于平均受教育水平较高的地区提升其整体科技创新能力。梁军和赵青（2018）利用 2000—2015 年的中国省际面板数据的实证研究表明，教育人力资本及其溢出效应均有助于中国科技创新水平的提高，若不考虑教育人力资本的溢出效应，以平均受教育年限为表征的教育人力资本存量每提高 1%，科技创新水平会提高 0.2233%；若考虑教育人力资本的溢出效应，则以平均受教育年限为表征的教育人力资本存量每提高 1%，科技创新水平会提高 0.3648%。

二、计量模型设定

下面我们将在借鉴已有研究成果的基础上，进一步探讨高等教育发展对跨越中等收入陷阱的相关经济体科技创新的影响。相比于已有的相关研究，下文的实证研究有如下特点：一是在样本选择上，基于国际比较研究这一着眼点，我们主要以在跨越中等收入陷阱过程中较为顺利和深陷几十年的典型经济体为样本进行实证研究，论证高等教育发展对各经济体跨越中等收入陷阱过程前后科技创新的影响并进行国际比较；二是在研究方法上，大量研究表明，在估计教育人力资本对全要素生产率、经济增长或居民收入的影响时，很大程度上存在着内生性问题。为避免估计偏差，提升估计效率，确保模型估计的有效性，在验证高等教育发展对科技创新的影响时，我们使用有效的工具变量，采用广义矩方法（generalized method of moments，GMM）进行估计，并结合面板数据固定效应和随机效应估计方法进行综合分析比较。

上文提到，科技创新过程既是一个充满生机与活力的科学技术实践过程，同时也是一个知识产品的投入—产出过程。基于柯布-道格拉斯生产函数，并借鉴新经济增长生产函数模型，特别是 Mankiw 等（1992）引入人力资本变量的生产

函数扩展模型，我们将反映高等教育人力资本影响科技创新的面板数据计量模型设定为

$$Y_{it} = AK_{it}^{\alpha} L_{it}^{\beta} H_{it}^{\gamma} e^{\mu_{it}} \tag{6-1}$$

其中，被解释变量 Y 为科技创新，解释变量 K、L 和 H 分别为 R&D 资本投入、R&D 劳动投入与高等教育人力资本，α、β、γ为待估参数，分别为相应变量的科技创新产出弹性，A 表示投入与产出的关系系数，e 为自然常数，μ是随机扰动项，下标 i 表示相应经济体，t 表示相应年份。为消除经济体规模的差异对科技创新产出的影响，我们考虑使用人均科技创新、R&D 投入占 GDP 的比例、每百万人 R&D 人员数和人均高等教育人力资本等相对指标，并将各变量取对数，得到反映 R&D 投入占 GDP 的比例（k）、每百万人 R&D 人员数（l）与人均高等教育人力资本（h）影响人均科技创新（y）的面板数据计量模型

$$\ln y_{it} = a + \beta_1 \ln k_{it} + \beta_2 \ln l_{it} + \beta_3 \ln h_{it} + \mu_{it} \tag{6-2}$$

传统上的计量回归分析并不考虑被解释变量的动态变化。然而，经济理论和经济实践告诉我们，科技创新实际上是一个连续动态的过程，当期的科技创新程度往往与过去的创新结果密切相关，这种相关性源于创新产业的积聚和创新经验的积累。创新产业的积聚和创新经验的积累更容易产生知识和技术创新，创新更活跃的或者说有更多创新成果和经验的国家和地区能相对更容易地找到创新的途径。因此，在高等教育发展影响科技创新的计量经济模型中，在解释变量中引入科技创新水平变量的滞后值更加符合理论与现实。我们将模型（6-2）进行调整，在解释变量中引入滞后一期因变量对面板数据模型进行动态处理，得到

$$\ln y_{it} = a + \gamma \ln y_{it-1} + \beta_1 \ln k_{it} + \beta_2 \ln l_{it} + \beta_3 \ln h_{it} + \mu_{it} \tag{6-3}$$

模型（6-2）反映了未考虑科技创新动态效应情况下高等教育发展影响科技创新的计量模型，而模型（6-3）则反映了考虑科技创新动态效应情况下高等教育发展影响科技创新的计量模型。我们主要使用模型（6-3），将其作为基准计量经济模型，利用多个典型经济体的跨国面板数据，采用回归分析方法验证高等教育发展对科技创新的影响。

三、数据的选取与描述

考虑数据的可得性与研究的现实意义，样本期选择 1996—2016 年，样本选用韩国、中国等 21 个经济体[①]的面板数据进行统计推断。相对于时间序列数据和横截面数据，面板数据的优势在于能够提供更加有价值的数据，变量之间增加了多变性，减少了共线性，并且提高了自由度和有效性。

模型中的关键变量数据选取如下。

1. 科技创新（Y）

如上文所述，科技产出及成果主要包括科技论文发表数、科技著作出版数、科技成果登记数、专利申请受理数与专利申请授权数等指标，我们实际选用人均居民专利申请量（y）这一指标。年度人均居民专利申请量由居民专利申请量除以人口数所得。1996—2016 年韩国等 21 个经济体的居民专利申请量和人口数取自世界银行数据库。

2. R&D 资本投入（K）

对于 R&D 资本，我们实际选用 R&D 支出占 GDP 的比例这一指标（k），以尽可能消除各经济体经济规模差异的影响。1996—2016 年韩国等 21 个经济体的 R&D 支出占 GDP 的比例数据同样取自世界银行数据库。

3. R&D 劳动投入（L）

对于 R&D 劳动投入，如上所述，严格来说，更为科学的一个指标是 R&D 人员全时当量，遗憾的是，我们在世界银行数据库中并未找到这一数据。考虑数据的可得性，我们具体选用全社会 R&D 人员数量作为替代变量，并为消除经济体规模巨大差异的影响，实际选取每百万人 R&D 人员数量这一指标。1996—2016 年韩国等 21 个经济体的每百万人 R&D 人员数量的数据同样取自世界银行数据库。

---

① 21 个经济体为韩国、智利、葡萄牙、西班牙、荷兰、中国香港、希腊、芬兰、乌拉圭、以色列、阿根廷、中国、巴西、墨西哥、马来西亚、泰国、巴拉圭、菲律宾、厄瓜多尔、印度和土耳其。截至 2017 年底，韩国等上述前 11 个经济体已成功跨过中等收入陷阱，进入高收入经济体的行列；中国等后 10 个经济体仍然位于中高收入阶段或中低收入阶段。

4. 高等教育人力资本（*H*）

相对于高等教育人力资本流量，高等教育人力资本存量更能够反映多年来高等教育发展所累积的人力资本成果，以及某一时点上高等教育人力资本的水平。综合考虑数据可得性、现实意义与国际比较研究等方面，我们实际采用高等院校入学率这一指标来表征高等教育人力资本。按照世界银行的定义，高等院校入学率指的是大学入学学生的百分比，具体是指不论年龄大小，大学在校生总数占中学之后 5 年学龄人口总数的百分比。1996—2016 年韩国等 21 个经济体的高等院校入学率数据同样取自世界银行数据库。

值得注意的是，世界银行数据库中，对于 1996—2016 年韩国等 21 个经济体，无论是居民专利申请量、R&D 支出占 GDP 的比例，还是高等院校入学率，少量年份的数据存在缺失问题。为保证实证研究所使用数据的完整性，我们使用插值法将缺失数据进行了填补，得到了韩国等 21 个经济体 1996—2016 年的平衡面板数据。表 6-4 给出了模型所涉及变量的描述性统计。

表 6-4 各变量的描述性统计

项目	*N*	min	max	*M*	*SD*
居民专利申请量（项）	441	2	167 275	10 170	30 373
人均居民专利申请量（项/每万人）	441	0.001 4	32.79	1.16	5.10
ln[人均居民专利申请量（项/每万人）]	441	−6.57	3.49	−1.47	1.85
高等院校入学率（%）	441	5.01	126.38	49.07	24.92
R&D 支出占 GDP 比例（%）	441	0.05	4.29	1.03	1.10
ln[R&D 支出占 GDP 比例（%）]	441	−3.04	1.49	−0.56	1.17
每百万人 R&D 人员数量（人）	441	39.99	8 250	1 676	2 182
ln[每百万人 R&D 人员数量（人）]	441	3.54	9.51	6.58	1.41

注：*N* 是指样本数，指 21 个经济体各 21 年的数据，即 21 × 21=441

统计表明，1996—2016 年，韩国等 21 个经济体的居民专利申请数总体上呈不断升高的趋势，均值为 10 170 项。从不同经济体看，科技创新数量最高的是韩国，人均居民专利申请量年均值达到每万人 22.97 项，年度最大值为 2015 年的 32.79 项；科技创新数量最低的是厄瓜多尔，人均居民专利申请量年均值仅为每万人 0.0078 项，年度最小值为 2008 年的 0.0014 项。在此期间，中国的人均居民专利申请量年均值为每万人 0.57 项，年度最大值为 2015 年的每万人 0.97 项。整体来看，发达经济体的科技创新数量要高于发展中经济体，顺利跨越中等收入陷阱的经济体的科技创新数量要高于尚未跨越中等收入陷阱的经济体。

统计分析还表明，1996—2016 年，韩国等 21 个经济体的高等院校入学率总体上呈不断升高的趋势，均值为 49.07%。从不同经济体看，平均高等院校入学率最高的是韩国，年均值达到 87.89%，最低的是印度，年均值仅为 15.01%，高等院校入学率年度最大值为希腊 2016 年的 126.38%，年度最小值是 1996 年中国的 5.01%。在此期间，中国高等院校入学率的年均值为 20.56%，年度最大值为 2016 年的 48.44%。整体来看，发达经济体的高等院校入学率要高于发展中经济体，顺利跨越中等收入陷阱的经济体的高等院校入学率要高于尚未跨越中等收入陷阱的经济体。

就 R&D 支出占 GDP 比例来看，1996—2016 年，21 个经济体总体上呈不断升高的趋势，均值为 1.03%。从不同经济体看，R&D 支出占 GDP 比例年均最高的是芬兰，达到 3.21%，最低的是印度，仅为 0.07%，R&D 支出占 GDP 比例年度最大值为韩国 2014 年的 4.29%，年度最小值是 2001 年厄瓜多尔的 0.05%。在此期间，中国的年均值为 1.36%，年度最大值为 2016 年的 2.11%，年度最小值为 1996 年的 0.56%。

就每百万人 R&D 人员数量来看，1996—2016 年，21 个经济体总体上同样呈不断升高的趋势，均值为每百万人 1676 人。从不同经济体看，平均每百万人 R&D 人员数量最高的是韩国，年均值达到每百万人 4281 人，年度最大值为以色列 2012 年的每百万人 8250 人；平均每百万人 R&D 人员数量最低的是巴拉圭，年均值为每百万人 96.28 人，年度最小值是厄瓜多尔 2001 年的 39.99 人。在此期间，中国的年均值为每百万人 814 人，年度最大值为 2016 年的 1206 人，年度最小值是 1998 年的 382 人。

整体来看，无论是 R&D 支出占 GDP 比例，还是每百万人 R&D 人员数量，发达经济体都要高于发展中经济体，顺利跨越中等收入陷阱的经济体都要高于尚未跨越中等收入陷阱的经济体。

四、回归过程与结果分析

我们通过模型（6-3）来验证跨越中等收入陷阱经济体的高等教育发展对科技创新的影响。因模型（6-3）为动态面板数据模型，如果用传统方法估计，很可能由于因变量滞后项作为解释变量的引入导致解释变量与随机扰动项产生相关从而带来内生性问题。对于可能存在的内生性问题，采用传统估计方法进行估计时将无法避免地导致参数估计的有偏性和非一致性，进而使根据参数进行推断的经济学含义发生扭曲。针对这种情况，本书借鉴 Arellano 和 Bond（1991）及 Blundell 和 Bond（1998）提出的差分及系统 GMM 估计方法对模型（6-3）进行估计。在工具变量的选择上，为兼顾观测样本的有限性与工具变量的有效性，我们仅将被解释变量二阶滞后值作为工具变量，采用两步（two-step）GMM 的设定。表 6-5 的最后两列分别给出了在上述设定下的差分 GMM 和系统 GMM 的估计结果。

表 6-5 高等教育发展对科技创新影响的回归结果

变量	OLS		FE		RE		GMM	
	无因变量滞后项	有因变量滞后项	无因变量滞后项	有因变量滞后项	无因变量滞后项	有因变量滞后项	有因变量滞后项（差分 GMM）	有因变量滞后项（系统 GMM）
L1.［ln（人均居民专利申请量）］	—	0.1160*** （0.0080）	—	0.0285*** （0.0130）	—	0.0486*** （0.0125）	0.3335*** (0.0186)	0.8664*** (0.0292)
高等院校入学率	0.0158*** （0.0023）	0.0063*** （0.0021）	0.0103*** （0.0019）	0.0105*** （0.0019）	0.0093*** （0.0019）	0.0087*** （0.0020）	0.0040*** （0.0010）	0.0044*** （0.0004）
ln（R&D 支出占 GDP 比例）	0.9211*** （0.0823）	0.6334*** （0.0720）	0.2283*** （0.0980）	0.1449*** （0.0998）	0.3593*** （0.0948）	0.3362*** （0.0952）	0.3050*** （0.0301）	0.0921 （0.0832）
ln(每百万人 R&D 人员数量）	0.2287*** （0.0791）	0.4023*** （0.0678）	0.2416*** （0.0653）	0.2565*** （0.0668）	0.2455*** （0.0660）	0.2613*** （0.0682）	0.1953*** （0.0183）	0.0405*** （0.0120）
常数项	−3.2335*** （0.5129）	−4.2650 （0.4387）	−3.4385 （0.4504）	−3.6366 （0.4601）	−3.3402 （0.4852）	−3.5057 （0.4857）	−2.2187*** （0.1022）	−0.5976*** （0.0864）
有效样本数	441	420	441	420	441	420	399	420
R^2	0.7846	0.8570	0.7635	0.8059	0.7783	0.8444	—	—

注：*表示 $p<0.10$，**表示 $p<0.05$，***表示 $p<0.01$，括号内数字为回归系数的标准误差，下同。“L1.”为一阶滞后算子，“—”表示模型中没有该变量

为便于比较，表 6-5 同时给出了高等教育发展对科技创新水平影响的 OLS、固定效应（fixed effect，FE）和随机效应（random effect，RE）的估计结果。为了对比未考虑科技创新动态过程和考虑科技创新动态过程的差异，我们同时展示了这两者的结果，其中“无因变量滞后项”展示的是未考虑科技创新动态过程的估计结果，“有因变量滞后项”展示的是考虑科技创新动态过程的估计结果。

从表 6-5 的回归结果可知，表征高等教育发展的高等院校入学率对科技创新产生了显著的正向影响，体现为倒数第二列的差分 GMM 和最后一列的系统 GMM 的估计结果，该结果显示，在考虑了科技创新动态过程之后，高等院校入学率的回归系数分别为 0.0040 和 0.0044 且均达到显著水平。动态面板数据模型的 GMM 回归结果意味着，考虑科技创新动态过程，高等院校入学率每提高 1 个百分点，经济体的人均居民专利申请量将平均增长 0.4%左右。OLS、FE 和 RE 的估计结果同样得到了高等院校入学率对科技创新具有显著正向影响的结论。通过对比可以发现，无论是否考虑科技创新动态过程，OLS、FE 和 RE 方法估计的高等院校入学率的回归系数均高于 GMM 方法估计的结果，其原因在于 OLS 方法忽略了控制经济体的个体效应，FE 方法和 RE 方法又未能解决内生性问题，从而导致三者的估计结果难免出现偏差。

此外，无论是表 6-5 中的差分 GMM 估计还是系统 GMM 估计，结果都显示，上一年的科技创新水平对当年的科技创新水平有显著正向影响。这证实了科技创新确实是一个连续动态过程，当期的科技创新程度与过去的创新结果密切相关。这也进一步佐证了我们使用动态面板数据模型的合理性，因为相比静态面板模型，动态面板数据模型更能准确地刻画科技创新所具有的连续动态调整的性质。不难看到，差分 GMM 估计的系数为 0.3335，系统 GMM 估计的系数为 0.8664，估计系数有较大差距。从理论上说，差分 GMM 要求扰动项不存在自相关，且使用差分回归往往会导致工具变量有效性的不足；而系统 GMM 则通过增加回归方程的原始水平值，在解决工具变量有效性不足问题的同时能够提高参数估计值的效率。我们选择接受系统 GMM 方法估计的结果，回归系数意味着，上一年度人均居民专利申请量每提高 1%，当年经济体人均居民专利申请量将平均增长 0.87%。

上文分析指出，高等教育发展主要通过传递和传播科学技术、发明和创造新科学技术及与社会企事业单位合作促进科学技术的开发应用等三种方式推动科技进步，而最为重要的是通过作用于影响科技进步最为重要的因素——提升劳动者的数量与素质，特别是科技研发劳动者的数量和质量——直接影响科技进步。统计分析表明，上述韩国等 21 个经济体 1996—2016 年的高等院校入学率与每百万人 R&D 人员数量之间的相关系数为 0.6341 且达到显著水平，简单的 OLS 回归结果显示，高等院校入学率每提高 1 个百分点，经济体的每百万人 R&D 人员数量平均提高约 3.92%，而每百万人 R&D 人员数每提高 1%，经济体人均居民专利申请量平均提高约 0.23%（表 6-5 第二列），从而从另一个侧面证明了高等教育发展会通过提升科技研发劳动者的数量从而推动科技创新的现实。

整体来看，发达经济体的高等院校入学率要高于发展中经济体，顺利跨越中等收入陷阱的经济体要高于尚未跨越中等收入陷阱的经济体。高等教育发展的不均衡同其他因素一起，导致了不同经济体科学技术发展的差异，并导致了不同经济体跨越中等收入陷阱绩效的差异。

第四节　高等教育发展与中国科技进步

为了更好地分析高等教育对中国科技进步的实际影响，我们考虑使用中国的省际面板数据，构建出体现高等教育发展影响科技进步的省际面板数据模型，以实证分析高等教育发展对中国科技进步的影响。面部数据样本的个体单位选取中国 22 个省（河北、山西、辽宁、吉林、黑龙江、江苏、浙江、安徽、福建、江西、山东、河南、湖北、湖南、广东、海南、四川、贵州、云南、陕西、甘肃、青海）、4 个直辖市（北京、天津、上海、重庆）和 5 个自治区（新疆、西藏、内蒙古、宁夏、广西）共 31 个地区；考虑到数据的可得性、可比性与研究意义，面板数据样本期选取 2011—2017 年。

一、模型设定与数据选取

根据第一节对科技进步主要影响因素的理论分析，设定面板数据模型如下

$$Y_{it} = \alpha + \beta_1 X_{1it} + \beta_2 X_{2it} + \beta_3 X_{3it} + \beta_4 X_{4it} + \beta_5 X_{5it} + \mu_{it} \qquad (6\text{-}4)$$

其中，Y 表示科技知识产出，是模型的被解释变量；X_1 表示高等教育发展，是模型的核心解释变量；X_2 表示社会 R&D 投资，X_3 表示社会 R&D 人员，X_4 表示社会现有物质技术基础，X_5 表示科技发展的外部环境，四个变量是模型的主要控制变量。α和系列β为待估参数，μ为随机扰动项。各变量数据选取及数据的统计描述如下。

1. 科技知识产出（Y）

如上文所说，反映科技知识产出的指标很多，如科技论文与科技著作数、专利申请受理数、专利申请授权数以及技术市场成交额等。我们选取专利申请授权数这一指标，具体选取国内三种专利（发明、实用新型、外观设计）的授权数来表征中国各地区的科技知识产出。数据来源于中国国家统计局的年度统计年鉴。

表 6-6 给出了 2011—2017 年我国 31 个地区的国内三种专利申请授权数。不难看出，2011—2017 年，我国不同地区的三种专利申请授权数总体上呈逐年上升趋势，同时，地区间的差距明显。从专利申请授权数的绝对量看，2017 年排在前 5 位的分别是广东、江苏、浙江、北京和山东，其中广东为 332 652 件，排在后 5 位的分别是西藏、青海、海南、宁夏和内蒙古，其中西藏只有 420 件。从专利申请授权数的年均增速看，2011—2017 年，增速最快的是宁夏，为 38.06%，增速最慢的是江苏，只有 2.16%。

表 6-6　2011—2017 年我国 31 个地区的国内三种专利申请授权数（件）

地区	2011 年	2013 年	2015 年	2017 年
北京	40 888	62 671	94 031	106 948
天津	13 982	24 856	37 342	41 675
河北	11 119	18 186	30 130	35 348
山西	4 974	8 565	10 020	11 311
内蒙古	2 262	3 836	5 522	6 271
辽宁	19 176	21 656	25 182	26 495
吉林	4 920	6 219	8 878	11 090
黑龙江	12 236	19 819	18 943	18 221

续表

地区	2011 年	2013 年	2015 年	2017 年
上海	47 960	48 680	60 623	72 806
江苏	199 814	239 645	250 290	227 187
浙江	130 190	202 350	234 983	213 805
安徽	32 681	48 849	59 039	58 213
福建	21 857	37 511	61 621	68 304
江西	5 550	9 970	24 161	33 029
山东	58 844	76 976	98 101	100 522
河南	19 259	29 482	47 766	55 407
湖北	19 035	28 760	38 781	46 369
湖南	16 064	24 392	34 075	37 916
广东	128 413	170 430	241 176	332 652
广西	4 402	7 884	13 573	15 270
海南	765	1 331	2061	2 133
重庆	15 525	24 828	38 914	34 780
四川	28 446	46 171	64 953	64 006
贵州	3 386	7 915	14 115	12 559
云南	4 199	6 804	11 658	14 230
西藏	142	121	198	420
陕西	11 662	20 836	33 350	34 554
甘肃	2 383	4 737	6 912	9 672
青海	538	502	1 217	1 580
宁夏	613	1 211	1 865	4 244
新疆	2 642	4 998	8 761	8 094

资料来源：2012—2018 年中国统计年鉴，http://www.stats.gov.cn/tjsj/ndsj/

2. 高等教育发展（X_1）

高等教育的经费投入、结构优化、管理体制改革、国际化水平等，都在一定程度上反映了高等教育的发展水平。我们选取大专及以上人口数这一指标来表征各地区的高等教育发展水平。指标数据同样来源于中国国家统计局的年度统计年鉴。之所以选取大专及以上人口数指标，主要基于以下两方面的考虑：其一，这一指标能够很好地反映各地区高等教育发展的成果，通常，一个地区的高等教育发展得越好，该地区的大专及以上人口数就相对越高；其二，这一指标能够从一个侧面反映各地区劳动者的质量，通常来说，大专及以上的劳动者构成了科技研发人员的主体。

统计表明，2011—2017 年，中国绝大多数地区抽样调查统计的大专及以上人口数总体呈上升趋势。然而，各地区的差异也很大，从大专及以上人口数的绝对量看，2017 年，排在前 5 位的分别是广东、江苏、山东、北京和湖北，其中广东达到了 11 892 人，排在后 5 位的分别是西藏、青海、宁夏、海南和贵州，其中西藏只有 210 人。从大专及以上人口数增长率看，2011—2017 年，年均增长速度最快的是河北，为 11.13%，最慢的是河南，为 1.92%。

3. 社会 R&D 投资（X_2）和 R&D 人员（X_3）

社会 R&D 投资和 R&D 人员是科技知识产品产出的直接投入要素，其他条件不变情况下，社会 R&D 投资和 R&D 人员投入越多，科技知识产出相应越多。鉴于数据的可得性，我们选取各地区规模以上工业企业 R&D 经费支出这一变量表征中国各地区的社会 R&D 投资，选取各地区规模以上工业企业的 R&D 人员全时当量这一变量表征中国各地区的社会 R&D 人员。2011—2017 年中国各地区规模以上工业企业 R&D 经费支出和 R&D 人员全时当量的变动情况数据均来源于中国国家统计局的年度统计年鉴。

4. 社会现有物质技术基础（X_4）和科技发展的外部环境（X_5）

社会现有物质技术基础和科技发展的外部环境对科技知识产出也具有重要影响。我们选取各地区上一年的国内三种专利申请授权数来表征各地区的现有物质技术基础，选取各地区外商投资企业注册投资总额这一替代变量表征各地区的科技发展外部环境。2011—2017 年中国各地区外商投资企业注册投资总额的数据来源于国家统计局的年度统计年鉴。

二、实证分析与主要结论

相关分析表明，2011—2017 年，我国 31 个地区的国内三种专利申请授权数与大专及以上人口数、R&D 经费支出、R&D 人员全时当量、外商投资企业注册投资额的相关系数分别为 0.78、0.89、0.94 和 0.83。较高的相关系数表明，被解释变量与各个解释变量之间很可能存在有意义的显著关系。

为了缓解样本数据的异方差性，我们对各变量的分析均采用了其自然对数形式，使用 2011—2017 年中国不同地区的国内三种专利申请授权数与大专及以上人口数、R&D 经费支出、R&D 人员全时当量、上一年的国内三种专利申请授权数和外商投资企业注册投资额等变量的统计数据，对模型（6-4）进行估计。

需要注意的是，模型（6-4）包含因变量的滞后项（X_4 为 Y 的一期滞后值，这意味着该模型实际上是动态面板数据模型），因此我们选取系统 GMM 方法进行估计。在工具变量的选择上，我们将被解释变量的二阶滞后值作为工具变量，采用两步系统 GMM 的设定。表 6-7 的最后一列是系统 GMM 的估计结果。为便于比较，表 6-7 同时给出了大专及以上人口数对科技创新水平影响的 OLS、FE 和 RE 的估计结果。出于简便的考虑，在各个回归结果中，我们没有展示未考虑科技创新动态过程的估计结果，只展示了考虑科技创新这一动态过程的估计结果。

表 6-7　模型（6-4）不同方法的回归结果

变量	OLS	FE	RE	GMM
L1.[ln（Y）]	0.872***	0.588***	0.869***	0.459***
	（0.026）	（0.073）	（0.030）	（0.168）
$\ln X_1$	0.084**	0.246***	0.087*	0.307***
	（0.036）	（0.079）	（0.045）	（0.101）
$\ln X_2$	−0.131**	−0.119	−0.133**	0.051
	（0.052）	（0.120）	（0.061）	（0.328）
$\ln X_3$	0.165***	0.097	0.167***	0.018
	（0.049）	（0.089）	（0.045）	（0.197）
$\ln X_5$	0.027	0.194**	0.028	0.220***
	（0.018）	（0.083）	（0.023）	（0.061）
常数项	0.660***	1.587	0.665***	0.578
	（0.207）	（1.456）	（0.210）	（1.244）
有效样本数	186	186	186	186
R^2	0.990 9	0.983 8	0.990 9	—

注：$\ln X_4$ 对应的是 L1.[ln（Y）]的结果，“L1.”为一阶滞后算子，“—”表示模型中没有该变量

由表 6-7 的回归结果可知，2011—2017 年，表征高等教育发展的大专及以上人口数对各地区的国内三种专利申请授权数产生了显著的正向影响，体现为最后一列中系统 GMM 的估计结果，该结果表明，在考虑了科技创新的动态变化过程之后，大专及以上人口数的回归系数为 0.307 且达到显著水平。动态面板数据模型的 GMM 回归结果意味着，考虑科技创新动态过程，大专及以上人口数每提高 1%，中国各省市的国内三种专利申请授权数将平均提高 0.307%。表 6-5 同时给出的 OLS、FE 和 RE 的估计结果同样得到了大专及以上人口数对科技创新具有显著正向影响的结论。

同时，表 6-7 中所有估计方法的结果都显示，上一年的国内三种专利申请授权数对当年的科技创新水平有正向显著影响，从而证实了科技创新确实是一个动态的连续过程。不难看出，上一年的国内三种专利申请授权数的系统 GMM 估计的系数为 0.459，比其他三种方法估计的系数都要低。我们选择接受系统 GMM 方法估计的结果，这意味着，上一年国内三种专利申请授权数每提高 1%，当年中国各地区的国内三种专利申请授权数将平均提高 0.459%。

综合本章所述，科技进步有狭义的科技进步和广义的科技进步之分，科学技术本身水平提高这一层面含义的科技进步是狭义的科技进步，科学技术对经济发展及社会环境等影响力增强这一层面含义的科技进步是广义的科技进步。不论是使用 1996—2016 年的韩国等 21 个经济体的面板数据，还是使用 2011—2017 年中国 31 个地区的面板数据，实证估计高等教育发展对科技创新影响的结果都表明，对于一个经济体，特别是正处于跨越中等收入陷阱的经济体，其高等教育的发展，无论是体现为高等院校入学率还是体现为大专及以上人口数，都对科技进步具有显著的促进作用。如何在大力发展高等教育的过程中不断提升人力资本的数量与质量，提高高等教育人力资本对科技进步的实际贡献，是包括中国在内的众多发展中经济体在发展高等教育过程中应着力思考和解决的问题。

第七章

高等教育推动劳动生产率提升及其比较

提高劳动生产率是促进一国劳动者人均产出水平增长的根本途径。在影响劳动生产率提高的众多因素中，劳动者的素质与能力的提升是最为基本的因素，而大力发展高等教育则是提高劳动者的素质与能力的重要途径。本章将在比较不同经济体特别是跨越中等收入陷阱经济体劳动生产率的基础上，通过加入高等教育发展变量的方法，构建出体现高等教育发展影响劳动生产率的经济计量模型，并利用高等教育发展和劳动生产率等相关数据，实证估计并比较高等教育发展对跨越中等收入陷阱过程中的典型经济体的劳动生产率的实际影响。

对劳动生产率变动与高等教育发展对劳动生产率提升影响的国际比较，有助于我们进一步从高等教育发展角度分析人均 GNI 长期增长的推动因素，对于我们全面认识中国高等教育发展的现状与不足，以及发展高等教育对提高全社会人力资本水平的作用具有重要意义。

第一节　劳动生产率的变动趋势及其国际比较

高等教育是提高劳动者素质与能力进而影响劳动生产率的重要因素。在实证分析高等教育发展对跨越中等收入陷阱过程中的典型经济体的劳动生产率的实际影响之前，我们首先通过一个简单的经济模型引出劳动生产率的内涵及其提升对经济产出增长的意义，进而分析 20 世纪 90 年代以来典型经济体的劳动生产率的变动趋势，并进行国际比较。

一、劳动生产率与实际产出增长

我们首先在理论上区分“潜在产出”（potential product）和“产出缺口”（output gap）这两个概念，以说明实际经济产出增长的内涵，从而进一步说明劳动生产率提高是如何影响一国实际经济增长的（梁军，2014）。潜在产出是指实现充分就业情况下的总产出水平，反映的是一国经济的可持续的潜在供给能力，潜在产出增长意味着经济潜在供给能力的提升。产出缺口是指实际产出低于潜在产出的差额，反映的是一国现实的总需求与潜在的总供给之间的差距，存在产出缺口意味着社会总需求不足。由此，一国经济实际增长的提升可以从两方面进行分析：一是供给能力的提高所致，表现为潜在产出的增长；二是总需求增加所致，表现为产出缺口的消除或减少。

图 7-1 可以用来直观说明潜在产出的增长和产出缺口的消除或减少是如何影响一国实际经济增长的。图中横轴表示某一种或一类产品 X 的产量，纵轴表示另一种或另一类产品 Y 的产量，EE' 和 FF' 为一国不同情况下的生产可能性边界，可以理解为该国在实现充分就业情况下能够产出的 X 产品和 Y 产品的组合（即潜在产出），生产可能性边界从 FF' 外移到 EE' 意味着该国潜在产出的增长。假定市场均衡时 X 和 Y 的市场价格由通过 FF' 曲线上的 B 点的切线表示，切线斜率即为 X 和 Y 的价格比率 P_X/P_Y（为分析简便，假定该价格比率不随产出水平的变化而改变）。某一年度的实际产出用位于生产可能性边界内的 C 点来表示，在 P_X/P_Y 这一价格比率下，本年度的潜在产出可以用生产可能性边界 FF' 曲线上的 B 点来表示（在 FF' 曲线上，通过 B 点切线斜率与假定不变的价格比率 P_X/P_Y 相等），C 点低于 B 点意味着本年度存在产出缺口（缺口大小可用两点间的距离表示）。根据上述分析，在新的一年，如果潜在产出仍为 B 点，而产出缺口减少到 D 点，显然，产出缺口的减少使得本年度实现了经济增长；如果产出缺口不变（等于 C 点与 B 点的差额），但新的一年，潜在产出从 B 点外移到 A 点，则潜在产出本身的提高同样使得本年度实现了经济增长（实际产出实际上为 E 点，E 点与 A 点的差额等于 C 点与 B 点的差额）。年度实际经济增长率等于本年度与上年度实际产出的差额除以上年度的实际产出。显然，如果本年度潜在产出一定，本年

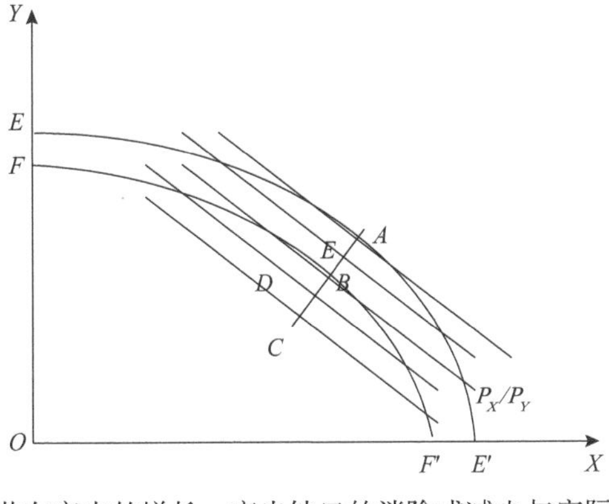

图 7-1 潜在产出的增长、产出缺口的消除或减少与实际经济增长

度经济增长率在产出不存在缺口或缺口较小时比缺口较大时显然要高；如果本年度产出缺口一定，与潜在产出 *B* 相比，潜在产出为 *A* 时本年度的经济增长率显然要高。潜在产出的增长和产出缺口的消除或减少都会对一国的实际经济增长造成影响。

理解了潜在产出的增长和产出缺口的消除或减少影响一国实际经济产出增长的作用机制，我们可以进一步用图 7-1 来刻画并讨论潜在产出和产出缺口两方面的变动对一国实际经济产出增长的可能影响。假定一个经济体在 20 世纪 90 年代没有实现充分就业[①]，则该期间实际产出（图中的 *C* 点）低于潜在产出（图中的 *B* 点）。进一步假定该经济体在 21 世纪第一个 10 年的经济增长率大幅提高，图中 *B* 点到 *A* 点的移动表示潜在产出的增长，*B* 点是 20 世纪 90 年代的潜在产出，*A* 点是进入 21 世纪后的潜在产出。潜在产出增长的同时，企业投资增长和居民消费提高等因素引发的需求增加又在一定程度上造成了产出缺口的消除或减少。产出缺口的消除或减少意味着实际产出与潜在产出的接近（直至相等），图中 *C* 点到 *D* 点的移动意味着产出缺口的减少，*D* 点是缺口减少后的实际产出。21 世纪第一个 10 年该经济体实际经济增长的提高（*C* 点到 *A* 点），是潜在产出增长提高（*B* 点到 *A* 点）和需求增长导致的产出缺口的消除或减少（减少额相当于 *C* 点到 *B* 点的距离）两部分叠加的结果。

一国经济产出的增长，无论是潜在产出还是实际产出，一方面取决于其可获得要素（劳动、资本、土地等）投入量的增加，另一方面取决于要素生产率（效率）的提高。劳动力人均产出主要取决于要素生产率的提高[②]。国内外学术界对于要素生产率的理解和测度不完全一致，主要可以分为两种：一是将其界定为全要素生产率，全要素生产率被用来“度量用于生产的所有投入要素的综合效果”（埃尔赫南・赫尔普曼，2007），其变动率通常用产出增长率与劳动、资本等要素投入的增长对产出增长率的贡献之间的差额（索洛余值）来表示；二是将其界定为劳动生产率，劳动生产率被用来度量劳动这一生产中最为重要的要素的单位投入的产出，其变动率通常用单位劳动产出的增长率来表示。实际上，劳动生产

---

① 在经济学意义上，充分就业并不意味着劳动力人口全部就业，而是意味着社会失业率位于一个较低（自然失业率）的水平上。

② 这是因为，如果产出增长率恰好等于劳动力增长率，则意味着劳动力的人均产出率不变。

率也并非仅仅反映劳动本身的生产效率，其变动也深受技术进步、制度变迁、投资规模乃至自然条件等因素的影响。按照马克思主义政治经济学理论，生产率实际上就是劳动生产率。此外，考虑到全要素生产率数据无法直接获取，需要借助一定的生产函数模型通过经济计量进行估算①，而劳动生产率则是一个相对更容易获取的数据指标，为分析简便，下面我们主要采用劳动生产率这一指标，对跨越中等收入陷阱的典型经济体的劳动生产率的变动趋势进行国际比较，并在此基础上对高等教育发展对劳动生产率提升的具体影响展开逐步深入的实证分析。

二、劳动生产率变动趋势的国际比较

在跨越中等收入陷阱前后，世界各主要经济体的劳动生产率呈现出程度不同的提升趋势，下面仍以上一章分析过的 30 个典型经济体为例来分析和比较不同的典型经济体在跨越中等收入陷阱过程前后劳动生产率的变动趋势。30 个经济体分别为日本、新加坡、澳大利亚、新西兰、以色列、委内瑞拉、印度尼西亚、南非、韩国、智利、葡萄牙、西班牙、荷兰、中国香港、希腊、芬兰、乌拉圭、阿根廷、中国、巴西、墨西哥、马来西亚、泰国、巴拉圭、秘鲁、菲律宾、厄瓜多尔、印度、哥伦比亚和土耳其，其中，日本、葡萄牙、西班牙、荷兰、希腊、芬兰、澳大利亚和新西兰是典型的发达经济体，新加坡、韩国、中国香港和以色列是典型的第二次世界大战后快速跨越中等收入陷阱的经济体，智利、乌拉圭、阿根廷和委内瑞拉是现已跨越中等收入陷阱但之前身陷陷阱几十年的经济体，而巴西、墨西哥、巴拉圭、厄瓜多尔、秘鲁和哥伦比亚是身陷陷阱几十年且现在仍未跨越中等收入陷阱的经济体，中国、马来西亚、泰国、土耳其和南非是发展较好并有望跨越中等收入陷阱的中高收入经济体，而菲律宾、印度和印度尼西亚则是起步较晚且仍处于中低收入阶段的典型经济体。为使比较更加全面且有意义，我们采用了三种价格的劳动生产率：一是现价美元的劳动生产率；二是 2010 年不变价美元的劳动生产率；三是 2011 年不变价购买力平价的劳动生产率。

① 全要素生产率的估算方法有多种，各种估算方法的比较可参见郭庆旺和贾俊雪（2005）。

（一）现价美元劳动生产率的国际比较

首先看中国的劳动生产率及其变动情况。按照世界银行的界定，劳动力总人数包括所有年满 15 周岁、符合国际劳工组织对从事经济活动人口所作定义的群体，即所有在特定阶段为货物和服务的生产提供劳力的人员，既包括就业者，也包括失业者；一般而言，劳动力包括武装部队、失业者、首次求职者，但是不包括料理家务者和非正规部门的其他无偿看护和工人。[①]尽管各国对劳动力和失业人数的定义各有不同，不过一般来说，失业人数是指目前没有工作但可以参加工作且正在寻求工作的劳动力数量，失业率是指总失业人数占劳动力总人数的比例。GDP 是指以购买者价格计算的 GDP，包括一个经济体内所有居民生产者创造的增加值的总和加上任何产品税并减去不包括在产品价值中的补贴，计算时未扣除资产折旧或自然资源的损耗和退化。[②]各经济体现价美元 GDP 是使用当年的市场汇率将本国 GDP 从国内货币换算成美元表示的 GDP。中国的劳动力总人数、失业率、现价美元 GDP 的数据均来自世界银行数据库。中国的现价美元劳动生产率数据的计算方法是，首先计算出就业率的数据，即用 1 减去失业率得到；然后用劳动力总数乘以就业率，得到年度就业人数的数据；最后用现价美元 GDP 除以年度就业人数，得到现价美元劳动生产率数据。

据世界银行数据显示，1991—2018 年，除 2018 年之外，中国的劳动力总人数和就业人数均保持了正增长，而现价美元 GDP 和现价美元劳动生产率在整个期间同样保持了正增长。具体来说，劳动力总人数从 1991 年的 6.48 亿增加到 2018 年的 7.88 亿，共增长了 21.6%，年均增速为 0.73%；就业人数从 1991 年的 6.33 亿增加到 2018 年的 7.54 亿，共增长了 19.1%，年均增速为 0.65%。现价美元 GDP 从 1991 年的 3833.7 亿美元增长到 2018 年的 13.6 万亿美元，共增长了约 34.5 倍，年均增速达到了 14.13%。现价美元劳动生产率从 1991 年的 606 美元增加到 2018 年的 18 058 美元，共增长了约 28.8 倍，年均增速为 13.40%。

为进行国际比较，表 7-1 给出了 1991—2018 年日本等 30 个经济体的现价美元劳动生产率及其年均增长率的数据，劳动生产率数据按照上述中国劳动生产率

---

① 世界银行网站，https://data.worldbank.org.cn/indicator/SL.TLF.TOTL.IN.

② GDP 的界定来自世界银行网站，https://data.worldbank.org.cn.

的计算方法得到。各经济体的劳动力总人数、失业率、现价美元 GDP 的数据同样来自世界银行数据库。

表 7-1 1991—2018 年相关经济体的劳动生产率及其年均增长率

经济体	1991 年	1995 年	2000 年	2005 年	2010 年	2018 年	年均增长率（%）
日本	56 311.6	84 220.4	75 806.3	74 539.7	90 102.5	76 079.2	1.12
韩国	16 943.1	26 536.6	25 753.1	38 413.9	44 996.0	59 755.9	4.78
新加坡	29 716.7	50 929.6	48 743.3	61 142.7	89 123.3	115 259.5	5.15
中国香港	31 021.3	48 185.5	53 215.0	54 119.3	65 342.9	94 394.5	4.21
葡萄牙	19 001.5	26 375.1	23 435.5	38 785.7	48 650.5	48 880.1	3.56
西班牙	43 490.5	47 920.3	37 809.9	59 921.6	75 767.8	73 750.3	1.98
荷兰	50 311.9	66 067.0	52 469.8	83 811.0	99 937.0	103 823.3	2.72
希腊	27 347.6	33 324.0	30 075.2	55 000.8	66 620.2	55 465.4	2.65
芬兰	52 977.9	65 330.7	54 627.6	84 913.8	100 967.2	110 766.2	2.77
澳大利亚	42 115.3	44 453.3	46 137.3	69 164.2	103 412.0	115 188.4	3.80
新西兰	28 085.8	37 608.6	29 063.3	54 741.9	67 483.5	78 254.4	3.87
以色列	38 468.1	45 132.9	53 733.6	52 062.3	73 078.3	93 635.0	3.35
智利	7 619.2	13 303.9	13 732.0	19 341.5	29 689.8	34 407.6	5.74
乌拉圭	9 170.8	14 810.2	16 750.8	12 470.6	25 452.3	36 891.0	5.29
阿根廷	14 604.2	21 075.2	20 194.8	12 733.5	25 049.3	28 255.6	2.47
委内瑞拉	7 398.0	9 635.2	13 290.6	13 872.5	33 172.5	37 620.4[a]	7.33[b]
中国	606.0	1 100.4	1 704.7	3 123.4	8 172.2	18 057.2	13.40
巴西	10 433.2	11 835.5	9 281.5	10 944.3	25 137.7	20 285.1	2.49
墨西哥	10 453.3	11 055.2	18 525.3	20 766.5	22 731.9	22 258.6	2.84
马来西亚	6 995.7	11 238.6	10 144.2	13 623.1	21 495.3	23 701.7	4.62
泰国	3 317.7	5 286.9	3 684.2	5 079.8	8 817.1	13 067.6	5.21
巴拉圭	4 332.6	5 037.1	4 284.7	4 223.8	9 832.2	12 308.6	3.94
秘鲁	4 480.9	5 702.1	4 672.1	5 779.4	9 426.3	11 796.9	3.65
菲律宾	1 999.0	2 918.0	2 809.7	3 187.1	5 358.4	7 762.0	5.15
印度尼西亚	1 547.3	2 452.1	1 782.3	3 070.7	6 952.6	8 304.4	6.42
厄瓜多尔	4 226.3	5 407.0	3 446.7	6 808.2	10 719.3	13 300.3	4.34

续表

经济体	1991 年	1995 年	2000 年	2005 年	2010 年	2018 年	年均增长率（%）
印度	850.6	1 035.9	1 214.6	1 876.3	3 722.7	5 486.3	7.15
南非	13 636.4	15 069.7	11 667.5	20 430.8	26 715.1	25 727.9	2.38
哥伦比亚	3 773.5	6 234.8	6 766.8	8 095.5	13 945.1	13 587.4	4.86
土耳其	8 155.5	8 762.1	13 632.6	25 142.8	34 261.0	26 376.4	4.44
高收入经济体	44 138.1	55 717.1	56 099.8	73 135.7	85 623.3	93 472.1	2.82
中高收入经济体	2 996.3	3 699.2	4 106.3	6 395.8	12 976.3	19 107.1	7.10
世界	10 603.9	12 861.7	12 871.3	16 846.2	22 127.8	26 110.8	3.39

资料来源：世界银行网站，https://data.worldbank.org.cn

注：a 是 2014 年的数据，b 是 1991—2014 年的年均增长率。除年均增长率一列外，其余数据的单位为美元

表 7-1 显示，就绝对量看，按照现价美元计算的劳动生产率，1991 年，上述 30 个经济体中，超过 50 000 美元的经济体有 3 个，分别为日本、荷兰和芬兰，其中，日本最高，为 56 311.6 美元，荷兰最低，为 50 311.9 美元，平均值为 53 200.5 美元；超过 20 000 美元但不足 50 000 美元的经济体有 7 个，分别为新加坡、中国香港、西班牙、希腊、澳大利亚、新西兰和以色列，平均值为 34 320.8 美元；超过 10 000 美元但低于 20 000 美元的经济体有 6 个，分别为韩国、葡萄牙、阿根廷、巴西、墨西哥和南非，平均值为 14 178.6 美元；低于 10 000 美元的经济体有 14 个，分别为智利、乌拉圭、委内瑞拉、中国、马来西亚、泰国、巴拉圭、秘鲁、菲律宾、印度尼西亚、厄瓜多尔、印度、哥伦比亚和土耳其，其中，乌拉圭最高，为 9170.8 美元，中国最低，为 606.0 美元，平均值为 4605.2 美元。到了 2018 年，30 个经济体的现价美元计算的劳动生产率，超过 50 000 美元的经济体增加到 11 个，分别为日本、韩国、新加坡、中国香港、西班牙、荷兰、希腊、芬兰、澳大利亚、新西兰和以色列，其中，新加坡最高，为 115 259.5 美元，希腊最低，为 55 465.4 美元，平均值为 88 761.1 美元；超过 20 000 美元但不足 50 000 美元的经济体有 10 个，分别为葡萄牙、智利、乌拉圭、阿根廷、委内瑞拉、巴西、墨西哥、马来西亚、南非和土耳其，平均值为 30 440.4 美元；高于 10 000 美元但低于 20 000 美元的经济体有 6 个，分别为中国、泰国、巴拉圭、秘鲁、厄瓜多尔和哥伦比亚，平均值为 13 686.3 美元；低于 10 000 美元的经济体则减少至 3

个，分别为菲律宾、印度尼西亚和印度，其中，印度尼西亚最高，为 8304.4 美元，印度最低，为 5486.3 美元，平均值为 7184.2 美元。

就变动量看，现价美元劳动生产率增量最多的是新加坡，2018 年比 1991 年增加了 85 542.8 美元，最少的是印度，增加了 4635.7 美元。1991—2018 年，30 个经济体的劳动生产率平均增加了 27 835.2 美元。30 个经济体中，现价美元劳动生产率增量超过 10 000 美元的经济体有 21 个，除了新加坡外，还包括日本、韩国、中国香港、葡萄牙、西班牙、荷兰、希腊、芬兰、澳大利亚、新西兰、以色列、智利、乌拉圭、阿根廷、委内瑞拉、中国、墨西哥、马来西亚、南非和土耳其，占经济体总数的 70%；不足 10 000 美元的经济体有 9 个，占经济体总数的 30%。

如果比较年均增长率，最快的为中国，年均增长率达到了惊人的 13.40%，最慢的是日本，仅为 1.12%。除了中国和日本之外的其他 28 个经济体，1991—2018 年现价美元劳动生产率年均增长率超过 5%的经济体有 8 个，分别为新加坡、智利、乌拉圭、委内瑞拉、泰国、菲律宾、印度尼西亚和印度；超过 2%但不足 5%的经济体有 19 个，分别为韩国、中国香港、葡萄牙、荷兰、希腊、芬兰、澳大利亚、新西兰、以色列、阿根廷、巴西、墨西哥、马来西亚、巴拉圭、秘鲁、厄瓜多尔、南非、哥伦比亚和土耳其，超过 1%不足 2%的经济体有 1 个，为西班牙。比较中国、泰国和巴西这三个最为典型的中等收入经济体，1991—2018 年现价美元劳动生产率年均增长率之比为 5.38∶2.09∶1。

分组来看，截至 2017 年底已跨越中等收入陷阱的 16 个经济体（表 7-1 中的前 16 个），1991 年的平均现价美元劳动生产率为 29 661.5 美元，2018 年增加到 72 651.7 美元；其他正在跨越中等收入陷阱的 14 个经济体，1991 年的平均劳动生产率为 5343.4 美元，2018 年增加到 15 858.6 美元。前组经济体的劳动生产率对后组的倍数，1991 年为 5.55 倍，2018 年降为 4.58 倍。

为便于比较，表 7-1 同时还给出了 1991—2018 年高收入经济体、中高收入经济体和整个世界的现价美元劳动生产率。相同年份相比，高收入经济体的平均现价美元劳动生产率要远高于中高收入经济体，1991 年前者是后者的 14.73 倍，2018 年降为 4.89 倍。中高收入经济体的现价美元劳动生产率不仅与高收入经济体的差距很大，与整个世界相比也有一定差距，1991 年世界平均现价美元劳动生产率是中高收入经济体的 3.54 倍，2018 年为 1.37 倍。但从年均增长率看，中高收入经济体相对要高得多。1991—2018 年，中高收入经济体的年均增长率比高收入经济体高了 4.28%，比世界高了 3.71%。就中国来说，相对于其他 29 个经济体，1991—2018 年，虽然中国的年均增长率最高，但现价美元劳动生产率的绝对量仍然很低，2018 年的现价美元劳动生产率仅为高收入经济体的 19.3%。

（二）不变价美元劳动生产率的国际比较

现价美元劳动生产率实际上是名义劳动生产率，而消除年度的物价通胀因素和名义汇率因素后的实际劳动生产率，更能反映各经济体的单位劳动的产出效率。为进一步对劳动生产率及其变动情况进行国际比较，有必要进一步分析不变价美元衡量的劳动生产率及其年均增长率。这一数据的计算方法与上述现价美元劳动生产率的计算方法基本相同，不过 GDP 数据使用的不是现价美元 GDP，而是 2010 年不变价美元 GDP，即采用 2010 年的官方汇率将一国的不变价 GDP 由国内货币换算成用美元表示。劳动力总人数、失业率、2010 年不变价美元 GDP 的数据同样来自世界银行数据库。

我们仍从绝对量、变动量及年均增长率等方面对各经济体的不变价美元劳动生产率进行比较。就绝对量来看，按照 2010 年不变价美元计算的劳动生产率，1991 年，上述 30 个经济体中超过 50 000 美元的经济体有 8 个，分别为日本、西班牙、荷兰、希腊、芬兰、澳大利亚、新西兰和以色列，其中，荷兰最高，为 84 005.8 美元，希腊最低，为 53 003.2 美元，平均为 67 618.8 美元；低于 50 000 美元但高于 10 000 美元的经济体有 14 个，分别为韩国、新加坡、中国香港、葡萄牙、智利、乌拉圭、阿根廷、委内瑞拉、巴西、墨西哥、马来西亚、南非、哥伦比亚和土耳其，其中，新加坡最高，为 47 961.2 美元，哥伦比亚最低，为 11 562.8 美元，平均为 24 603.5 美元；低于 10 000 美元的有 8 个国家，分别为中国、泰国、巴拉圭、秘鲁、菲律宾、印度尼西亚、厄瓜多尔和印度，其中，厄瓜多尔最高，为 9 864.6 美元，中国最低，为 1 430.0 美元，平均为 5 506.9 美元。到了 2018 年，30 个经济体中，按照 2010 年不变价美元计算的劳动生产率，超过 50 000 美元的经济体增加到了 12 个，分别为日本、韩国、新加坡、中国香港、葡萄牙、西班牙、荷兰、希腊、芬兰、澳大利亚、新西兰和以色列，其中，澳大利亚最高，为 114 412.7

美元，葡萄牙最低，为 50 130.1 美元，平均为 83 204.7 美元；低于 50 000 美元但高于 10 000 美元的经济体增加到 15 个，分别为智利、乌拉圭、阿根廷、委内瑞拉、巴西、墨西哥、马来西亚、南非、哥伦比亚、土耳其、中国、泰国、巴拉圭、秘鲁和厄瓜多尔，其中，土耳其最高，为 42 566.3 美元，厄瓜多尔最低，为 10 869.1 美元，平均为 25 458.9 美元；低于 10 000 美元的经济体减少至 3 个，分别为菲律宾、印度尼西亚和印度，其中，印度尼西亚最高，为 8 332.2 美元，印度最低，为 5 727.3 美元，平均为 7 206.5 美元。

就变动量来看，不变价美元劳动生产率增加最多的是新加坡，2018 年比 1991 年增加了 55 993.8 美元，最少的是委内瑞拉，2014 年比 1991 年减少了 2 804.8 美元。1991—2018 年，30 个经济体的不变价美元劳动生产率平均增加了 14 331.3 美元。30 个经济体中，2010 年，不变价美元劳动生产率增加值超过 10 000 美元的经济体有 17 个，除了新加坡外，还包括日本、韩国、中国香港、葡萄牙、西班牙、荷兰、希腊、芬兰、澳大利亚、新西兰、以色列、智利、乌拉圭、中国、马来西亚和土耳其，占经济体总数的 57%；低于 10 000 美元的经济体有 13 个，占经济体总数的 43%。

就年均增长率来看，最快的为中国，达到了惊人的 8.91%，最慢的仍是委内瑞拉，1991—2014 年的年均增长率仅为−0.36%。除了中国和委内瑞拉，在其他 28 个经济体中，1991—2018 年不变价美元劳动生产率的年均增长率超过 2%的经济体有 11 个，分别为韩国、新加坡、中国香港、智利、乌拉圭、马来西亚、泰国、菲律宾、印度尼西亚、印度和土耳其，位于 1%—2%的经济体有 6 个，分别为葡萄牙、芬兰、澳大利亚、阿根廷、秘鲁和哥伦比亚，低于 1%的经济体则包括日本、西班牙、荷兰、希腊、新西兰、以色列、巴西、墨西哥、巴拉圭、厄瓜多尔和南非等 11 个。比较中国、马来西亚和巴西这三个中等收入经济体，1991—2018 年的年均增长率之比为 13.1∶3.82∶1。

分组来看，截至 2017 年底已跨越中等收入陷阱的 16 个经济体，1991 年的平均不变价美元劳动生产率为 48 321.5 美元，2018 年增加到 69 973.3 美元；其余正在跨越中等收入陷阱的 14 个经济体，1991 年的平均劳动生产率为 11 165.0 美元，2018 年则增加到 17 130.1 美元。1991 年，前一组的不变价美元劳动生产率是后一组的 4.33 倍，2018 年降为 4.08 倍。

就不变价美元劳动生产率来看，相同年份相比，高收入经济体的平均劳动生产率远高于中高收入经济体，1991 年，前者是后者的 9.74 倍，2018 年为 5.13 倍。中高收入经济体的平均劳动生产率不仅与高收入经济体的差距很大，与整个世界相比也有一定差距。1991 年，世界平均不变价美元劳动生产率比中高收入经济体多 10 298.7 美元，2018 年仍多 7421.5 美元。但从年均增长率看，中高收入经济体相对要高得多，1991—2018 年，中高收入经济体的年均增长率比高收入经济体高 2.43%，比世界高 2.19%。就中国来说，相对于其他 29 个经济体，1991—2018 年虽然中国的年均增长率最高，但不变价美元劳动生产率的绝对量仍然很低，2018 年中国的不变价美元劳动生产率仅为高收入经济体的 16%。

（三）不变价购买力平价劳动生产率的国际比较

相比现价美元劳动生产率，不变价美元劳动生产率能更好地反映各经济体的实际劳动生产率；而相比不变价美元劳动生产率，不变价购买力平价劳动生产率则更能反映各经济体的单位劳动的实际产出效率，其不仅消除了年度的物价通胀因素和名义汇率因素的困扰，且消除了基期的名义汇率因素的困扰。1991—2018 年日本等 30 个经济体的基于 2011 年不变价购买力平价衡量的劳动生产率及其年均增长率的数据的计算方法与上述劳动生产率的计算方法相同，不过 GDP 数据使用的 2011 年不变价购买力平价 GDP，数据同样来自世界银行数据库。

就绝对量看，按照 2011 年不变价购买力平价计算的劳动生产率，1991 年，上述 30 个经济体中超过 50 000 国际元的经济体有 10 个，分别为日本、新加坡、中国香港、西班牙、荷兰、希腊、芬兰、澳大利亚、新西兰和以色列，其中，荷兰最高，为 75 532.5 国际元，新西兰最低，为 51 661 国际元，平均为 62 673.6 国际元。超过 20 000 国际元但不足 50 000 国际元的经济体有 11 个，分别为韩国、葡萄牙、智利、乌拉圭、阿根廷、委内瑞拉、巴西、墨西哥、马来西亚、南非和土耳其；超过 10 000 国际元但低于 20 000 国际元的经济体有 7 个，分别为泰国、巴拉圭、秘鲁、菲律宾、印度尼西亚、厄瓜多尔和哥伦比亚；低于 10 000 国际元的经济体有 2 个，分别为中国和印度，其中，中国最低，为 2897 国际元。到了 2018 年，30 个经济体中，按照 2011 年不变价购买力平价计算的劳动生产率，超过 50 000 国际元的经济体增加到 15 个，分别为日本、韩国、新加坡、中国香港、葡萄牙、西班牙、荷兰、希腊、芬兰、澳大利亚、新西兰、以色列、智利、马来西亚和土耳其；其中，新加坡最高，为 152 417.9 国际元；低于 50 000 国际元但高于 20 000 国际元的经济体为 12 个，分别为乌拉圭、阿根廷、委内瑞拉、中国、巴西、墨西哥、泰国、秘鲁、印度尼西亚、厄瓜多尔、南非和哥伦比亚；低于 20 000 国际元的经济体有 3 个，分别为巴拉圭、菲律宾和印度，其中，印度最低，为 18 546.7 国际元。

就年均增长率来看，最高的为中国，达到 8.98%，最低的是委内瑞拉，仅为 −1.64%。除了中国和委内瑞拉之外，在其他 28 个经济体中，2011 年不变价购买力平价劳动生产率在 1991—2018 年的年均增长率超过 2%的经济体有 11 个，分别为韩国、新加坡、中国香港、智利、乌拉圭、马来西亚、泰国、菲律宾、印度尼西亚、印度和土耳其，位于 1%—2%的经济体有 7 个，分别为葡萄牙、芬兰、澳大利亚、新西兰、阿根廷、秘鲁和哥伦比亚，低于 1%的经济体有 10 个，分别为日本、西班牙、荷兰、希腊、以色列、巴西、墨西哥、巴拉圭、厄瓜多尔和南非。

分组来看，截至 2017 年底已跨越中等收入陷阱的 16 个经济体，1991 年的平均劳动生产率为 51 593.6 国际元，2018 年增加到 70 208.6 国际元；其他正在跨越中等收入陷阱的 14 个经济体，1991 年的平均劳动生产率为 20 232.8 国际元，2018 年增加到 32 986.4 国际元。1991 年，前一组是后一组的 2.55 倍，2018 年降为 2.13 倍。

就 1991—2018 年高收入经济体、中高收入经济体和整个世界的 2011 年不变价购买力平价的平均劳动生产率看，相同年份相比，高收入经济体的平均劳动生产率远高于中高收入经济体，1991 年前者是后者的 5.12 倍，2018 年为 2.72 倍。中高收入经济体的平均劳动生产率不仅低于高收入经济体，与整个世界相比也有一定差距。1991 年，世界的劳动生产率比中高收入经济体多 8284.5 国际元，2018 年多 1996.5 国际元。从年均增长率看，中高收入经济体相对要高得多，1991—2018 年，比高收入经济体高 2.41%，比世界高 1.72%。就中国来说，相对于其他 29 个经济体，1991—2018 年，虽然中国的年均增长率最高，比世界平均增长率高出 6.92 个百分点，但劳动生产率的绝对量却很低，2018 年的劳动生产率仅为高收入经济体的 31%。

第二节　模型设定与数据选取

要分析高等教育发展对经济体跨越中等收入进程中劳动生产率提升的影响，首先需要明确劳动生产率变动主要受到哪些因素的影响。马克思认为，从理论上说，影响劳动生产率变动的因素很多，其中主要包括“工人的平均熟练程度，科学的发展水平和它在工艺上应用的程度，生产过程的社会结合，生产资料的规模和效能，以及自然条件”[①]。上述因素大体上可以概括为劳动者素质与能力、科技进步水平、要素配置效率、资本投资与积累、自然条件等几个方面。近年来，对于世界各国特别是处于跨越中等收入陷阱过程中的中等收入经济体的劳动生产率的变动，我们也可以从上述几个方面找到原因。为了估计高等教育发展对劳动生产率提高的实际影响，我们将利用相关统计数据，设定计量模型进行实证分析。

一、模型设定

为了更好地论证高等教育发展对劳动生产率变动的实际影响，考虑到中国正在跨越中高收入阶段以及中外比较的需要，本部分使用中高收入经济体[②]的时间序列数据计量经济模型，在构建体现高等教育影响劳动生产率的计量模型的基础上，通过对变量进行单位根检验和协整关系分析，实证估计高等教育发展对劳动生产率水平提升的影响。

首先构建时间序列数据计量模型。出于数据可得性与尽可能扩大样本容量的考虑，时间序列数据模型将样本期间定为 1991—2017 年，模型设定如下

$$Lp_t = \alpha + \beta He_t + \sum_{i=1}^{n} \gamma_i Control_{it} + \mu_t \tag{7-1}$$

其中，Lp 表示劳动生产率，是模型的被解释变量；He 表示高等教育，是模

---

① 马克思：《资本论》第一卷，中共中央马克思恩格斯列宁斯大林著作编译局译，北京：人民出版社，2004 年，第 53 页。

② 模型将中高收入经济体作为一个整体进行研究，按照世界银行数据库，中高收入经济体主要包括中国在内的 60 个经济体。

型的核心解释变量，t 从 1 到 T 表示各时期，i 从 1 到 N 表示各控制变量。*Control* 为一系列影响表示劳动生产率水平的控制变量，α、β 和 γ_i 为待估参数，μ 为随机扰动项。劳动力人均实际固定资本存量是模型的主要控制变量，此外，模型中加入一个或多个哑变量 D_i，用以反映要素配置效率的变化。

模型设定为公式（7-1）主要出于如下考虑。劳动者素质与能力因素无疑是劳动生产率最为重要的影响因素。一般来说，一国劳动者的平均劳动熟练程度越高，其劳动生产率也就越高。从根本上说，劳动者的劳动熟练程度取决于劳动者的素质和能力，劳动者的素质和能力主要取决于人力资本的形成及其积累程度，而人力资本主要是通过劳动者接受教育特别是接受高等教育形成和积累起来的，因此模型使用经济体高等教育发展的指标来标识劳动者素质与能力这一因素。选取劳动力人均实际固定资本存量作为控制变量之一，以标识资本投资与积累因素。因为根据微观经济学理论，劳动与资本组合生产，在生产技术不变的条件下，要素的生产率取决于要素的配合比例。一般来说，如果一种要素固定不变，则随着另一种要素的增加，增加的要素的边际生产率就会下降，固定要素的边际生产率则会提高。因此劳动生产率在很大程度上取决于劳动力人均使用的资本量的规模，在其他条件一定的情况下，劳动力人均使用的资本量越多，劳动生产率就越高。我们选择使用科学技术水平，将其作为控制变量之一。正如马克思强调科学发展水平和它在工艺上应用的程度会影响劳动生产率水平一样，西方经济学理论——不管是新古典经济增长理论，还是新经济增长理论——也都强调科学技术进步对生产率的作用。西蒙·库兹涅茨（Kuznets，1966）就很清楚地表达过对技术主导作用的自信，“我们可以肯定地说，以科学发展为基础的技术进步——在电机、内燃机、电子、原子能和生物等领域——成为发达国家经济增长的主要源泉”。以索洛为代表的新古典经济增长理论主要把技术进步看作外生且固定的，而新经济增长理论则把技术进步内生化，并将其源泉主要归结为社会的研发投入。Mohnen（1996）在回顾技术研发对生产率影响的证据时也指出，有研究表明，40%的美国生产率增长和 66%的日本生产率增长均归因于研发增长。此外，我们还选择成人识字率、失业率、贸易依存度、铁路总公里数等变量作为模型的控制变量。成人识字率的高低会影响劳动者的素质和能力进而影响劳动生产率，一般来说，成人识字率与劳动生产率呈正相关。失业率的高低能够反映资源配置状况，失业率越高说明经济体的资源越没有实现最优配置。贸易依存度能够反映经济体的对外开放和交流程度，通常贸易依存度越高，经济体越能充分发挥其本身的比较优势，从而提高生产效率。铁路总公里数能够反映经济体的基本生产条件，通常基础设施和交通运输条件越发达，越能提高经济体的产出效率。最后，模型中还选取了哑变量，考虑到 2008 年全球金融危机的发生可能会对劳动生产率有影响，我们使用哑变量来控制 2008 年前后的时间变化。

二、数据选取与处理

1. 劳动生产率（*Lp*）

劳动生产率选取1991—2017年中高收入经济体2010年不变价美元的劳动生产率。

2. 高等教育（*He*）

从道理上说，高等教育培养的大学生的数量，可以选取毕业生人数、招生人数和在校生人数，考虑到高校学生毕业后才成为现实人力资本并成为劳动力，所以使用毕业生人数这一指标更为可取。不过，受制于数据的可得性，我们选取使用高等院校入学率这一指标来标识高等教育的发展水平。1970—2017 年的高等院校入学率数据来源于世界银行数据库。

3. 劳动力人均实际固定资本存量（*PK*）

我们用实际固定资本存量来度量资本投资，即对于劳动力人均资本投资，我们选取劳动力人均实际固定资本存量这一指标。估算实际固定资本存量常用的方法是由戈登史密斯（Goldsmith，1951）开创的永续盘存法，其基本公式为

$$K_t = I_t / P_t + (1-\delta)K_{t-1} \tag{7-2}$$

其中，K_t 是以基期价格计算的 t 期的实际固定资本存量，I_t 是以当期价格计算的 t 期的固定资本投资额，P_t 是 t 期的价格指数，δ 是资本折旧率。不难看出，估算实际固定资本存量涉及四个方面：固定资本投资流量的选取、价格指数的选取、基期资本存量 K_0 的确定以及资本折旧率的设定。对于固定资本投资额 I_t，选取当年中高收入经济体现价美元固定资本形成总额。对于价格指数 P_t，理论上说应使用固定资本投资价格指数，但由于统计数据缺失的原因，我们无法得到中高

收入经济体 1991—2017 年的固定资本投资价格指数。一个变通的方法是，借助世界银行数据库中给出的中高收入经济体现价美元 GDP 与 2010 年不变价美元 GDP，我们能够换算出现价美元与 2010 年不变价美元的年度比例，利用该比例将中高收入经济体现价美元固定资本形成总额换算成 2010 年不变价美元的固定资本形成总额，由于后者采用的 2010 年为基期的不变价，这在一定程度上解决了价格指数问题的困扰。我们选择 1991 年作为实际固定资本存量的基期，对于基期资本存量 K_0 的确定，按照 $K_0 = I_0 / I_0(g+\delta)$ 这一国际常用方法计算，其中，I_0 为基期的投资流量，g 是样本期固定资本投资的年均增长率，δ 是资本折旧率。对于 δ 的设定，国内外的研究一般采用 5%，我们也采用 5%。确定了固定资本投资流量、价格指数、基期资本存量和资本折旧率后，利用公式（7-2），我们可以估算得到中高收入经济体 1991—2017 年的实际固定资本存量（K）与劳动力人均实际固定资本存量（PK）。

4. 其他控制变量（*Control*）

对于科学技术水平，我们选取劳动力人均居民专利申请量作为替代变量；对于失业率，我们选取总失业人数占劳动力总数的比例；对于贸易依存度，我们选取商品贸易额占 GDP 的比例；对于成人识字率，我们选取识字的成人人口占 15 岁及以上总人口的比例，具体指的是能够理解、阅读和书写有关其日常生活的短文、年龄在 15 岁及以上人口占 15 岁及以上总人口的比例。对于铁路总公里数，我们选取劳动力人均铁路总公里数。此外，对于哑变量 D 的设置，1991—2007 年取值为 0，2008—2017 年取值为 1。

第三节　实证分析及其国际比较

一、实证分析及其主要结论

（一）实证分析

相关分析表明，1991—2017 年，中高收入经济体的实际劳动生产率与高等院校入学率、劳动力人均固定资本存量、劳动力人均居民专利申请量、失业率、商品贸易额占 GDP 的比例、成人识字率、劳动力人均铁路总公里数及哑变量的相关系数分别为 0.9867、0.9917、0.9281、0.3320、0.3560、0.8378、−0.5113 和 0.8968。多个相关系数达到了 0.8 以上，表明劳动生产率与多个解释变量特别是高等院校入学率、劳动力人均固定资本存量、劳动力人均居民专利申请量、成人识字率等变量之间存在显著的正相关关系。

为缓解样本数据的异方差性，我们对劳动生产率、劳动力人均固定资本存量、劳动力人均居民专利申请量、劳动力人均铁路总公里数均取其自然对数，对高等院校入学率、失业率、商品贸易额占 GDP 的比例、成人识字率和哑变量取其本身值进行实证分析。表 7-2 给出了模型所涉及变量的描述性统计。

表 7-2　劳动生产率等变量的描述性统计

变量	*N*	min	max	*M*	*SD*
ln（劳动生产率）	27	8.802 9	9.743 9	9.208 4	0.320 4
高等院校入学率（%）	27	9.543 8	52.069 9	26.629 1	13.409 3
ln（劳动力人均固定资本存量）	27	9.435 3	10.857 1	10.096 2	0.428 0
ln（劳动力人均居民专利申请量）（项/百万人）	27	2.742 5	6.914 6	4.826 5	1.208 9
失业率（%）	27	4.198 3	6.605 4	5.705 8	0.602 4
商品贸易额占 GDP 的比例（%）	27	29.583 1	55.489 1	42.810 8	7.542 6
成人识字率（%）	27	82.669 0	95.110 3	90.728 1	4.104 6
ln（劳动力人均铁路总公里数）	27	3.299 3	5.724 1	5.564 7	0.454 2
哑变量	27	0	1	0.370 4	0.492 1

表 7-3 给出了模型（7-1）的 OLS 回归结果，结果的第（1）列给出的是包含核心解释变量和设定的所有控制变量的 OLS 估计结果，第（2）列是包含核心解释变量和调整控制变量后的 OLS 估计结果。观察第（1）列不难发现，多数回归系数达到显著水平且符合其经济学意义，但劳动力人均铁路总公里数和成人识字率的回归系数并未达到显著水平，而劳动力人均居民专利申请量的回归系数为负，与通常的经验事实和经济学意义不符。检验发现，解释变量和控制变量之间存在着较为严重的共线性问题，因此我们尝试采用逐步回归法删除相关控制变量

以重新估计模型，最终确定删除劳动力人均铁路总公里数与劳动力人均居民专利申请量后的模型为最终模型，并由此得到第（2）列的回归结果。

表 7-3　模型（7-1）及调整模型的 OLS 回归结果

变量	未调整模型回归	调整后模型回归
高等院校入学率（%）	0.0037* （0.0019）	0.0037* （0.0020）
ln（劳动力人均固定资本存量）	0.6408*** （0.9997）	0.5337*** （0.0877）
ln（劳动力人均居民专利申请量）	−0.0316* （0.0160）	— —
失业率（%）	−0.0850*** （0.0107）	−0.0761*** （0.0102）
商品贸易额占 GDP 的比例（%）	0.0043*** （0.0007）	0.0038*** （0.0007）
成人识字率（%）	0.0053 （0.0035）	0.0072** （0.0035）
ln（劳动力人均铁路总公里数）	−0.0020 （0.0081）	— —
哑变量	0.0515** （0.0186）	0.0517** （0.0193）
常数项	2.6068*** （0.7678）	3.3198*** （0.7056）
R^2	0.9985	0.9981

第（2）列的回归结果良好，所有解释变量的回归系数都达到了显著水平，判定系数为 0.9981，各回归系数的经济学意义也都合理。但需要注意的是，因为模型中的变量都是时间序列数据，当用时间序列数据对时间序列数据做回归时，要防止伪回归（spurious regressions）问题。为此，需要检验模型所用的时间序列数据是否平稳。正如尤尔（Yule，1926）所强调的，如果变量是非平稳时间序列变量，用 OLS 估计时，即便样本很大，也可能持续存在伪回归现象。如果伪回归

现象确实存在，则意味着变量之间可能并不存在真正有意义的关系。

检验时间序列平稳性的基本方法是单位根检验（Unit Root Test）。采用增广迪基–富勒检验（Augmented Dickey-Fuller Test，ADF）方法，对调整后的模型即表 7-3 中第（2）列所涉及变量和被解释变量及其一阶差分进行单位根检验，结果表明，所有时间序列变量本身都存在单位根，即变量的水平序列都是非平稳的。这也表明，上述回归结果有可能是没有意义的虚假回归。为此，需要对变量之间的关系进行协整检验。这是因为，计量经济学理论证明，即使时间序列是非平稳的，但只要时间序列是协整的（cointegrated），变量之间就依然存在一种长期稳定的关系（达摩达尔・古扎拉蒂，2005）。因此，只要也只有证明变量之间存在协整关系，才能表明 OLS 的回归结果是有意义的，即变量之间存在着长期的或均衡的关系。在进行协整关系检验之前，需要验证变量是否单整。

变量一阶差分的单位根检验结果表明，尽管变量本身都存在单位根，但是它们的一阶差分却都是平稳的，即这些变量都是一阶单整序列，因此可以进一步对它们进行协整关系检验。常用的协整检验方法主要有两种：一是恩格尔和格兰杰（Engle，Granger，1987）提出的基于回归的残差序列的 ADF 检验，即对从回归方程中得到的残差进行 ADF 单位根检验，如果残差平稳，则表明变量间存在协整关系；二是约翰森（Johansen，1991）提出的在向量自回归模型下利用简约阵的秩来检验协整关系的方法，即 Johansen 协整检验。我们使用 Johansen 协整方法检验变量间是否存在协整关系，检验结果表明，无论是迹检验，还是最大特征值检验，在 5%的显著性水平上，变量之间确实存在协整关系。如果采用恩格尔和格兰杰的检验方法，对从 OLS 回归方程中得到的残差进行 ADF 单位根检验，检验结果显示残差序列平稳，同样表明变量之间确实是协整的。

协整关系的存在意味着变量之间有着长期稳定的均衡关系。这也表明，表 7-3 中第（2）列的回归结果是有意义的。高等院校入学率、劳动力人均固定资本存量、失业率、商品贸易额占 GDP 的比例、成人识字率以及哑变量等因素确实对实际劳动生产率具有显著影响。

（二）结论探讨

我们在比较和分析跨越中等收入陷阱典型经济体高等教育发展与劳动生产

率变动趋势的基础上，通过加入高等教育变量的方法，构建出体现高等教育发展影响劳动生产率的时间序列计量经济模型，利用 1991—2017 年高等教育发展和劳动生产率等相关数据进行的实证分析表明，1991—2017 年，高等院校入学率、劳动力人均固定资本存量、失业率、商品贸易额占 GDP 的比例、成人识字率等因素确实对中高收入经济体的实际劳动生产率具有显著影响。具体来说，在其他条件不变的情况下，平均来看，标识高等教育发展的高等院校入学率每提高 1 个百分点，中高收入经济体的实际劳动生产率将提高 0.37%；劳动力人均固定资本存量每提高 1%，中高收入经济体的实际劳动生产率将提高 0.53%。此外，在其他条件不变的情况下，平均来看，失业率每提高 1 个百分点，中高收入经济体的实际劳动生产率将降低 7.61%；商品贸易额占 GDP 的比例每提高 1 个百分点，实际劳动生产率将提高 0.38%；成人识字率每提高 1 个百分点，实际劳动生产率将提高 0.72%。

实证分析肯定了高等教育发展对劳动生产率提高具有积极作用。联系第四章对高等教育规模扩张的国际比较，以及上一章对高等院校入学率的国际比较，整体来看，顺利跨越中等收入陷阱经济体的高等教育发展速度普遍快于长期滞留于中等收入陷阱的经济体，较短时期顺利跨过中等收入陷阱的经济体的高等院校入学率的年均增长率普遍高于长期滞留中等收入陷阱的经济体。高等教育发展的差距同其他因素一起，导致不同经济体实际劳动生产率提升的差异，并成为导致不同经济体跨越中等收入陷阱绩效不同的重要原因。

实际上，不仅在跨越中等收入阶段过程中高等教育发展对劳动生产率提升有重要作用，即使在高收入阶段，教育发展特别是高等教育发展，包括企业对现有员工的培训等，都会通过影响潜在的或即时的劳动力的素质与能力，从而促进或制约实际劳动生产率的提升。梁军（2013，2014）的研究发现，第二次世界大战后很长时期内，在日本政府努力发展教育特别是高等教育的同时，日本企业也普遍重视对员工职业技术技能的培训，员工培训具有连续性、终身性和全员性的特点。企业对员工职业技术技能的培训提高了员工的素质、能力以及增强了其对本职工作的热爱和责任感，对企业乃至全社会劳动生产率的提升起到了积极的推动作用。然而，20 世纪 90 年代以来，伴随着泡沫经济的破灭和经济的持续低迷，很多日本企业降低了对员工的培训实施率。与此同时，出于降低工资成本与增加企业用工灵活性的需要，许多企业开始大量雇用派遣工、临时工等非正式员工，导致企业中非正式员工的比重不断上升。有调查数据显示，2011 年日本企业雇用员工中，非正式员工所占比例高达 35.2%。[①]相对于正式员工，日本企业对非正式员工的培训实施率更低。据统计，日本企业对正式员工实施在岗培训的比例为 53.9%，非正式员工仅为 32.2%；对正式员工实施脱岗培训的比例为 72.2%，非正式员工仅为 37.9%（转引自田思路，贾秀芬，2012）。员工培训实施率的降低，特别是大量非正式员工培训的缺失，对企业员工素质和能力的提升造成了较大抑制，由此也导致日本企业劳动生产率增速的下降。日本生产性本部发布的《国际劳动生产率比较报告》显示，2018 年日本的劳动生产率为每小时 46.8 美元，在七国集团（G7）中排在最后一位，仅为美国的 60%，在 OECD 的 36 个成员中排名第 21 位（蓝庆新，彭一然，2020）。

二、国际比较

上述回归结果证实了高等教育发展对中高收入经济体的实际劳动生产率具有显著正向影响，但不可否认的是，回归结果在一定程度上忽略了不同的中等收入经济体之间可能存在的异质性效应。为进一步分析不同中等收入经济体可能存在的差异并展开国际比较，我们选取韩国、墨西哥和中国这三个更为典型的中等收入经济体进行实证研究。选取原因在于，韩国是典型的已快速跨越中等收入陷阱的经济体，墨西哥是典型的身陷中等收入陷阱几十年且仍未跨越的经济体，中国则是经济发展成绩令世人瞩目且有望顺利跨越的经济体。

三个经济体的相关数据均来自世界银行数据库，我们采取上述同样的数据处理方法，以公式（7-1）为基准模型，具体使用表 7-3 第（2）列调整控制变量后的模型为基础模型进行 OLS 回归。经过反复甄选，最终得到三个经济体的回归结果如表 7-4 所示。

① 2011 年日本就业形势严峻 非正式员工数量庞大. 2012-02-21. http://intl.ce.cn/specials/zxgjzh/201202/21/t20120221_23090272.shtml.

表 7-4 韩国等三个经济体的 OLS 回归结果

变量	韩国	墨西哥	中国
高等院校入学率（%）	0.0006***	0.0026**	0.0040***
	（0.0002）	（0.0011）	（0.0013）
ln（劳动力人均固定资本存量）	1.4294***	0.1889	1.4443***
	（0.0440）	（0.2137）	（0.0461）
失业率（%）	−0.0194***	−0.0129***	—
	（0.0043）	（0.0037）	—
哑变量	0.0743***	−0.0266**	0.1434***
	（0.0164）	（0.0122）	（0.0248）
常数项	−6.4200***	7.9334***	−7.6830***
	（0.5035）	（2.3353）	（0.4889）
R^2	0.9949	0.7199	0.9978

表 7-4 的回归结果显示，1991—2017 年，韩国、墨西哥和中国的高等院校入学率对三国实际劳动生产率都具有显著的正向影响。然而，在其他条件不变的情况下，高等院校入学率同是提高 1 个百分点，对三国实际劳动生产率影响的程度却有较大差异，其中，中国最高，为 0.40%，墨西哥次之，为 0.26%，韩国最低，为 0.06%。韩国之所以更低，一个可能的原因是，在此期间，韩国已在很大程度上实现了高等教育的大众化，高等院校入学率的起点已经很高，高等教育发展对劳动力能力与素质的提升已呈递减趋势。中国和墨西哥在此期间的高等教育尚未实现大众化，还有很大的提升空间，考虑到高等院校入学率对实际劳动生产率提升影响程度的差异，再联系 1991—2017 年中国高等院校入学率 11.6%的年均增长率和墨西哥 3.84%的年均增长率，两国实际劳动生产率年均增速的巨大差异①就能够从高等教育发展方面得到一定程度的解释。

综合本章所述，我们通过一个简单的经济模型来引出劳动生产率的内涵，论证了劳动生产率提高对经济产出增长乃至对一个经济体顺利跨越中等收入阶段的重要意义，并从名义价格、实际价格和购买力平价等方面对典型经济体 1991—2018 年的劳动生产率进行了较为全面的分析与比较。不论是使用 1991—2017 年中高

① 经计算，1991—2017 年，中国的 2010 年不变价美元劳动生产率年均增长率为 9.06%，墨西哥只有 0.19%。

收入经济体的时间序列数据，还是使用韩国、墨西哥和中国的同一时期的数据，实证估计高等教育发展对实际劳动生产率影响的结果都表明，对于一个经济体，特别是正处于中等收入跨越阶段的经济体，高等教育的发展对劳动生产率的提升都具有显著的促进作用。深入比较和分析中等收入阶段各经济体劳动生产率的变动并论证高等教育发展对劳动生产率提升的积极影响，对于全面认识中国高等教育发展的现状，进一步强化并落实科教兴国战略，通过高等教育供给侧改革不断提高人力资本的数量与质量都具有重要意义。

第八章

高等教育推动人均 GNI 增长及其比较

人均 GNI 水平是判断一个经济体能否真正跨越中等收入阶段最为重要的衡量标准，想要顺利跨越中等收入陷阱，必须切实保障人均 GNI 的稳步增长。进一步说，实现人均 GNI 的稳步增长，对于一个经济体特别是像中国这样一个正在步入新时代的中高收入经济体来说，也是更好地满足本国人民日益增长的美好生活需要的基础。在前两章分析高等教育对科学技术进步和劳动生产率提升的影响的基础上，本章主要论证并比较高等教育发展对中等收入经济体人均 GNI 增长的影响。

本章将分析和比较典型经济体人均 GNI 的变动趋势，并使用时间序列数据，通过加入高等教育发展变量的方法，构建出体现高等教育影响人均 GNI 的计量经济模型，在对数据进行单位根检验和协整分析的基础上，采用向量自回归模型、脉冲响应函数分析等来估计高等教育发展对人均 GNI 增长的具体影响并进行国际比较。

第一节 人均 GNI 的变动趋势及其国际比较

在实证分析高等教育发展对中等收入经济体跨越中等收入陷阱过程中的人均 GNI 增长的具体影响之前，首先分析 20 世纪 80 年代以来典型经济体人均 GNI 的变动趋势并进行国际比较。在经济体的选择方面，我们仍选取上一章分析的 30 个典型经济体。

为使比较全面且有意义，我们的分析将使用三种不同的人均 GNI：一是按图表集法衡量的人均 GNI；二是 2010 年不变价美元的人均 GNI；三是 2011 年不变价购买力平价的人均 GNI。

一、按图表集法衡量的人均 GNI

表 8-1 给出了 1980—2018 年 30 个经济体按图表集法衡量的人均 GNI（现价美元）及其年均增长率的数据。按图表集法衡量的人均 GNI 数据来自世界银行数据库。

表 8-1　1980—2018 年相关经济体按图表集法衡量的人均 GNI 及其年均增长率

经济体	1980 年	1990 年	2000 年	2010 年	2018 年	年均增长率（%）
日本	10 860	27 810	36 230	43 440	41 340	3.58
韩国	1 860	6 360	10 740	21 260	30 600	7.65
新加坡	4 730	11 450	23 680	44 930	58 770	6.86
中国香港	5 730	12 660	26 930	33 620	50 310	5.88
葡萄牙	3 360	7 140	12 140	22 960	21 680	5.03
西班牙	6 220	12 220	15 790	32 130	29 450	4.18
荷兰	14 830	20 320	28 810	53 900	51 280	3.32
希腊	6 500	8 970	13 330	27 660	19 540	2.94
芬兰	11 450	26 000	26 420	49 330	47 820	3.83
澳大利亚	10 810	17 300	21 120	46 630	53 190	4.28
新西兰	7 670	13 640	14 080	29 690	40 820	4.50
以色列	6 060	12 110	19 160	29 640	40 850	5.15
智利	2 300	2 350	5 060	10 750	14 670	5.00
乌拉圭	2 870	2 840	7 060	10 440	15 650	4.56
阿根廷	2 190	3 190	7 470	9 270	12 370	4.66
委内瑞拉	3 610	2 670	4 120	11 810	13 080[a]	3.86[b]
中国	220	330	940	4 340	9 470	10.41
巴西	2 200	2 730	3 930	9 660	9 140	3.82
墨西哥	2 560	2 790	6 210	9 040	9 180	3.42
马来西亚	1 790	2 400	3 460	8 260	10 460	4.76
泰国	710	1 490	1 980	4 580	6 610	6.05
巴拉圭	—	—	1 440	4 070	5 680	5.44[c]
秘鲁	1 020	840	1 970	4 410	6 530	5.01
菲律宾	700	720	1 220	2 460	3 830	4.57
印度尼西亚	470	560	580	2 530	3 840	5.68
厄瓜多尔	2 110	1 370	1 550	4 390	6 120	2.84
印度	270	380	440	1 220	2 020	5.44
南非	2 500	3 350	3 070	6 190	5 720	2.20
哥伦比亚	1 250	1 330	2 340	5 610	6 190	4.30
土耳其	1 860	2 310	4 300	10 430	10 380	4.63

续表

经济体	1980年	1990年	2000年	2010年	2018年	年均增长率（%）
高收入经济体	10 017	18 652	25 766	39 681	44 166	3.98
中等收入经济体	677	856	1 229	3 634	5 340	5.59
世界	2 610	4 208	5 487	9 411	11 101	3.88

资料来源：世界银行网站，https://data.worldbank.org.cn/indicator/NY.GNP.PCAP.CD

注：a是2014年的数据，b是1980—2014年的年均增长率，c是1995—2018年的年均增长率，巴拉圭1995年的人均GNI为1680美元。除年均增长率一列外，其余数据的单位为美元

就绝对量看，1980年，上述30个经济体中，除巴拉圭（数据缺失）之外，按图表集法衡量的人均GNI超过10 000美元的经济体有4个，分别为日本、荷兰、芬兰和澳大利亚，其中，荷兰最高，为14 830美元，澳大利亚最低，为10 810美元；超过5000美元但不足10 000美元的经济体有5个，分别为中国香港、西班牙、希腊、新西兰和以色列；超过1000美元但低于5000美元的经济体有15个，分别为韩国、新加坡、葡萄牙、智利、乌拉圭、阿根廷、委内瑞拉、巴西、墨西哥、马来西亚、秘鲁、厄瓜多尔、南非、哥伦比亚和土耳其；低于1000美元的经济体有5个，分别为中国、泰国、菲律宾、印度尼西亚和印度，其中，中国最低，为220美元。

到了2018年，30个经济体中，除委内瑞拉（缺失2018年的数据）之外，按图表集法衡量的人均GNI超过30 000美元的经济体有9个，分别为日本、韩国、新加坡、中国香港、荷兰、芬兰、澳大利亚，新西兰和以色列，其中，新加坡最高，为58 770美元；超过10 000美元但不足30 000美元的经济体有8个，分别为葡萄牙、西班牙、希腊、智利、乌拉圭、阿根廷、马来西亚和土耳其；超过5000美元但不足10 000美元的经济体有9个，分别为中国、巴西、墨西哥、泰国、巴拉圭、秘鲁、厄瓜多尔、南非和哥伦比亚；低于5000美元的经济体有3个，分别为菲律宾、印度尼西亚和印度，其中，印度最低，为2020美元。

如果比较年均增长率，最高的是中国，达到了惊人的10.41%，最低的是南非，仅有2.20%。除了中国、南非、委内瑞拉和巴拉圭之外的其他26个经济体，1980—2018年人均GNI年均增长率在5%及以上的经济体有10个，分别为韩国、新加坡、中国香港、葡萄牙、以色列、智利、泰国、秘鲁、印度尼西亚和

印度；超过 3%但不足 5%的经济体有 14 个，分别为日本、西班牙、荷兰、芬兰、澳大利亚、新西兰、乌拉圭、阿根廷、巴西、墨西哥、马来西亚、菲律宾、哥伦比亚和土耳其；低于 3%的经济体有 2 个，为希腊和厄瓜多尔。比较中国、泰国和巴西这三个更为典型的中等收入经济体，1980—2018 年的年均增长率之比为 2.73∶1.58∶1。

分组来看，截至 2017 年底已跨越中等收入陷阱的日本等 16 个经济体（表 8-1 中前 16 个），1980 年的人均 GNI 的平均值为 6316 美元，2018 年增加到 33 839 美元；其他正在步入中等收入阶段或正在跨越中等收入陷阱的中国等 14 个经济体，1980 年的人均 GNI 的平均值为 1358 美元，2018 年增加到 6798 美元。1980 年前一组的人均 GNI 的平均值为后一组的 4.65 倍，2018 年上升为 4.98 倍。

为便于比较，表 8-1 还给出了 1980—2018 年高收入经济体、中等收入经济体和整个世界的按图表集法衡量的人均 GNI。相同年份相比，高收入经济体的人均 GNI 要远高于中等收入经济体，1980 年前者是后者的 14.80 倍，2018 年降为 8.27 倍。中等收入经济体的人均 GNI 不仅与高收入经济体差距很大，与整个世界相比也有较大差距，1980 年世界平均的人均 GNI 是中等收入经济体的 3.86 倍，2018 年为 2.08 倍。从年均增长率来看，中等收入经济体的年均增长率相对要高得多，1980—2018 年，中等收入经济体的年均增长率比高收入经济体高 1.61%，比世界高 1.71%。

就中国来说，相对于其他 29 个经济体，1980—2018 年，按图表集法衡量的人均 GNI 虽然年均增长率最高，但绝对量相对不高。就绝对量来说，1980 年中国的人均 GNI 只有 220 美元，是 30 个典型经济体中最低的，即使 2018 年增加到了 9470 美元，仅为同期高收入经济体的 21.4%。

二、2010 年不变价美元的人均 GNI

表 8-1 比较的人均 GNI 是按图表集法衡量的，即使不按现行名义汇率衡量而是按图表集法衡量，实际上主要还是各经济体的名义人均 GNI，消除通货膨胀因素和汇率变动因素后的实际人均 GNI 更能反映各经济体人均 GNI 的真实水平。为进一步对人均 GNI 及其变动情况进行国际比较，有必要选取基于不变价美元衡

量的人均 GNI 这一指标。相比于按图表集法衡量的人均 GNI，不变价人均 GNI 在一定程度上消除了通货膨胀因素和汇率变动因素的影响，能更好地反映各经济体实际的人均GNI水平。2010 年不变价美元衡量的人均 GNI 数据来自世界银行数据库[①]。

我们仍从绝对量与增长率等方面来分析和比较 30 个经济体的不变价美元人均 GNI。就绝对量来看，按照 2010 年不变价美元计的人均 GNI，1980 年，上述 30 个经济体中除了数据缺失的 4 个经济体之外，超过 20 000 美元的经济体有 5 个，分别为日本、荷兰、芬兰、澳大利亚和新西兰，其中，荷兰最高，为 30 535 美元；超过 10 000 美元但低于 20 000 美元的经济体有 7 个，分别为新加坡、中国香港、葡萄牙、西班牙、希腊、以色列和委内瑞拉；超过 5000 美元但低于 10 000 美元的经济体有 6 个，分别为智利、乌拉圭、阿根廷、巴西、墨西哥和南非；超过 1000 美元但低于 5000 美元的经济体有 7 个，分别为韩国、马来西亚、泰国、秘鲁、菲律宾、厄瓜多尔和哥伦比亚；低于 1000 美元的经济体只有印度，为 424 美元。最高经济体（荷兰）的人均 GNI 是最低经济体（印度）人均 GNI 的 72 倍。

到了 2017 年，30 个经济体按照 2010 年不变价美元计的人均 GNI 均有了不同程度的提高。2017 年，除数据缺失的委内瑞拉之外的 29 个经济体中，超过 50 000 美元的经济体有 4 个，分别为日本、新加坡、荷兰和澳大利亚，其中，澳大利亚最高，为 54 721 美元；超过 20 000 美元但低于 50 000 美元的经济体有 8 个，分别为韩国、中国香港、葡萄牙、西班牙、希腊、芬兰、新西兰和以色列；超过 10 000 美元但低于 20 000 美元的经济体有 7 个，智利、乌拉圭、阿根廷、巴西、墨西哥、马来西亚和土耳其；超过 5000 美元但低于 10 000 美元的经济体有 7 个，分别为中国、泰国、巴拉圭、秘鲁、厄瓜多尔、南非和哥伦比亚；低于 5000 美元的经济体有 3 个，分别为菲律宾、印度尼西亚和印度，其中，印度最低，为 1966 美元。最高经济体（澳大利亚）的人均 GNI 是最低经济体（印度）人均 GNI 的 27.8 倍。

如果比较年均增长率，最高的为中国，1995—2017 年的年均增长率为 8.51%；最低的是委内瑞拉，1980—2014 年的年均增长率仅为−0.15%。除了中国和委内瑞拉之外的其他 28 个经济体中，1980—2017 年的年均增长率超过 4%的经济体有 6

① 见 https://data.worldbank.org.cn/indicator/NY.GNP.PCAP.KD.

个，分别为韩国、新加坡、中国香港、马来西亚、泰国和印度，位于 2%—4%的经济体有 13 个，分别为葡萄牙、西班牙、荷兰、芬兰、澳大利亚、以色列、智利、乌拉圭、秘鲁、菲律宾、印度尼西亚、哥伦比亚和土耳其；高于 1%但低于 2%的经济体有 5 个，分别为日本、新西兰、巴西、巴拉圭和厄瓜多尔；低于 1%的经济体有 4 个，分别为希腊、阿根廷、墨西哥和南非。比较中国、马来西亚和墨西哥这三个更为典型的中等收入经济体，年均增长率之比为 8.77∶4.97∶1。

分组来看，截至 2017 年底已跨越中等收入陷阱的日本等 16 个经济体，1980 年的不变价美元人均 GNI 平均为 16 278 美元，2017 年增加到 40 665 美元；其余正在步入中等收入阶段或正在跨越中等收入陷阱的 14 个经济体，1980 年的不变价美元人均 GNI 平均为 3997 美元，2017 年增加到 7176 美元。1980 年前一组为后一组的 4.07 倍，2017 年上升至 5.67 倍。从年均增长率来看，东亚经济体的年均增长率较高，拉美经济体则整体偏低。8 个东亚经济体中，有 5 个经济体的年均增长率超过了 5%，8 个经济体的年均增长率的平均值高达 5.46%；而 10 个拉美经济体中，有 6 个经济体的年均增长率低于 2%，10 个经济体的年均增长率的平均值只有 1.67%，东亚经济体的年均增长率是拉美经济体的 3.27 倍。

就 1980—2017 年高收入经济体、中等收入经济体和整个世界的不变价美元人均 GNI 来看，相同年份相比，高收入经济体的人均 GNI 远高于中等收入经济体，2000 年前者是后者的 14.72 倍，2017 年为 8.66 倍。中等收入经济体的人均 GNI 不仅与高收入经济体差距很大，与整个世界相比也有差距。2000 年，世界的人均 GNI 是中等收入经济体的 3.38 倍，2017 年为 2.15 倍。从年均增长率来看，中等收入经济体相对要高一些，2000—2017 年，中等收入经济体的年均增长率比高收入经济体高 2.46%，比世界高 2.24%。就中国来说，相对于其他 29 个经济体，1980—2018 年，虽然中国的人均 GNI 的年均增长率最高，但人均 GNI 的绝对量比较低，即使到 2017 年，中国的人均 GNI 也只有世界的 68.3%、高收入经济体的 16.9%。

三、2011 年不变价购买力平价的人均 GNI

最后比较 30 个经济体的不变价购买力平价的人均 GNI。2011 年不变价购买力平价的人均 GNI 数据同样来自世界银行数据库。

就绝对量来看，按照 2011 年不变价购买力平价计算的人均 GNI，1990 年，上述 30 个经济体中除数据缺失的 3 个经济体外，超过 30 000 国际元的经济体有 3 个，分别为日本、新加坡和荷兰，其中新加坡最高，为 34 576 国际元；超过 20 000 国际元但低于 30 000 国际元的经济体有 8 个，分别为中国香港、葡萄牙、西班牙、希腊、芬兰、澳大利亚、新西兰和以色列；超过 10 000 国际元但不足 20 000 国际元的经济体有 7 个，分别为韩国、阿根廷、委内瑞拉、巴西、墨西哥、马来西亚和土耳其；低于 10 000 国际元高于 5000 国际元的经济体有 6 个，分别为智利、乌拉圭、泰国、厄瓜多尔、南非和哥伦比亚；低于 5000 国际元的经济体有 3 个，分别为秘鲁、菲律宾和印度，其中印度最低，为 1882 国际元。1990 年，新加坡的人均 GNI 是印度的 18.37 倍。

到了 2017 年，30 个经济体中，按照 2011 年不变价购买力平价计算的人均 GNI，超过 30 000 国际元的经济体增加到 10 个，分别为日本、韩国、新加坡、中国香港、西班牙、荷兰、芬兰、澳大利亚、新西兰和以色列，其中新加坡最高，为 81 500 国际元；低于 30 000 国际元但高于 20 000 国际元的经济体有 5 个，分别为葡萄牙、希腊、智利、马来西亚和土耳其；位于 10 000 国际元到 20 000 国际元的经济体有 13 个，分别为乌拉圭、阿根廷、委内瑞拉、中国、巴西、墨西哥、泰国、巴拉圭、秘鲁、印度尼西亚、厄瓜多尔、南非和哥伦比亚；在 10 000 国际元以下的经济体有 2 个，分别为菲律宾和印度，其中，印度最低，为 6446 国际元。2017 年，新加坡的人均 GNI 是印度的 12.64 倍。

就年均增长率来看，最高的为中国，达到 8.51%，最低的是希腊，仅为 0.58%。除了中国和希腊之外的其他 28 个经济体中，1990—2017 年按 2011 年不变价购买力平价计算的人均 GNI 的年均增长率超过 3%的经济体有 10 个，分别为韩国、新加坡、中国香港、智利、马来西亚、泰国、秘鲁、菲律宾、印度尼西亚和印度；位于 2%—3%的经济体有 3 个，分别为乌拉圭、哥伦比亚和土耳其；低于 1%的经济体 2 个，分别为南非和委内瑞拉；其余 13 个经济体的年均增长率位于 1%—25%。比较中国、马来西亚和墨西哥这三个更为典型的中等收入经济体，年均增长率之比为 7.95∶3.38∶1。

分组来看，截至 2017 年底已跨越中等收入陷阱的日本等 16 个经济体，1990

年的人均 GNI 平均为 21 419 国际元，2017 年上升为 37 554 国际元；其他正在步入中等收入阶段或正在跨越中等收入陷阱的 14 个经济体，1990 年的人均 GNI 平均为 7805 国际元，2017 年增加到 14 170 国际元。1990 年前一组为后一组的 2.74 倍，2017 年降为 2.65 倍。分区域来看，东亚经济体的年均增长率较高，拉美经济体则整体偏低。8 个东亚经济体的年均增长率都超过了 3%，年均增长率的平均值达到 4.04%；而 10 个拉美经济体中，有 6 个经济体的年均增长率低于 2%，年均增长率的平均值只有 1.97%，东亚经济体的年均增长率是拉美经济体的 2.05 倍。

就 1990—2017 年高收入经济体、中高收入经济体和整个世界的 2011 年不变价购买力平价的人均 GNI 来看，同一年份，高收入经济体的人均 GNI 远高于中等收入经济体，1995 年前者是后者的 6.95 倍，2017 年为 4.03 倍。中等收入经济体的人均 GNI 不仅低于高收入经济体，同样低于整个世界的人均 GNI，1995 年后者是前者的 2.04 倍，2017 年为 1.41 倍。就中国来说，相对于其他 29 个经济体，中国的年均增长率最高，但绝对量却很低，2017 年，中国的不变价购买力平价人均 GNI 仅为高收入经济体的 34.3%。

第二节　模型设定与回归分析

20 世纪 70 年代以来，中等收入经济体的人均 GNI 整体上取得了较快的增长速度，按照图表集法衡量，1970—2017 年的年均增长率为 6.90%。与此同时，其高等教育也取得了较快发展，同期高等院校入学率的年均增长率为 3.82%。高等院校入学率和人均 GNI 的相关系数高达 0.98，为了估计高等教育发展对中等收入经济体人均 GNI 增长的实际影响，本节我们先设定经济计量模型的变量，并确定计量回归的基准方法。

一、变量设定与方法选择

考虑数据的可得性，我们把中等收入经济体作为一个整体进行分析，将模型的样本期间设定为 1995—2017 年。在构建的计量模型中，被解释变量设定为人均 GNI（Y），核心解释变量设定为人均高等教育人力资本（He/p），以标识高等教育发展，为避免模型设定偏差，我们引入就业人口占总人口的比例（L/p）和人均资本形成额（K/p）两个解释变量作为控制变量。设定如上变量的理由在于，从理论上讲，GNI 恒等于国民总产出，在一定的技术水平条件下，国民总产出主要取决于投入的生产要素（如资本和劳动力）的数量和质量，是投入的资本和劳动力的数量和质量的函数。就劳动力来说，其数量可以用就业人口数衡量，其质量则取决于劳动力的人力资本水平，而后者显然与劳动力受到的教育与培训的程度相关，一般来说，劳动力的受教育程度越高，劳动力的教育人力资本越高，其质量也就相应越高。人均 GNI 是国民总产出人均化的结果，在国民总产出一定的情况下，人口总量越多，人均 GNI 则越少，实际上，人均 GNI 是投入的劳动力、资本以及总人口的函数。基于此，我们在模型中考虑使用人均高等教育人力资本、人均资本形成额，以及就业人口占总人口比例作为解释变量。上述变量的具体选取与数据处理方法如下。

1. 人均 GNI（Y）

在按图表集法衡量的人均 GNI、2010 年不变价美元人均 GNI 和 2011 年不变价购买力平价人均 GNI 中，我们考虑使用 2010 年不变价美元人均 GNI，一方面源于不变价美元人均 GNI 是实际人均 GNI，比名义人均 GNI 更有比较意义；另一方面出于同模型使用的其他变量，如人均资本形成额的单位保持一致的需要。中等收入经济体 2010 年不变价美元人均 GNI 的数据取自世界银行数据库。

2. 人均高等教育人力资本（He/p）

要准确度量高等教育发展这一变量，按照人力资本理论，最好是使用人均高等教育人力资本存量水平。国内外学术界估算教育人力资本存量，多是借鉴和使用永续盘存法来估算实际固定资本存量，该方法的核心是确定高等教育人力资本投资流量、基期高等教育人力资本存量和人力资本折旧率。然而，由于数据缺乏，我们无法获得中等收入经济体的年度高等教育人力资本投资量这一数据，曾试想采用高等教育毕业生人数来替代，但同样面临获取数据的困难。无论是年度高等教育毕业生人数，还是高等教育人力资本存量，与高等院校入学率都极为相关，一般来说，在同等人口条件下，高等院校入学率越高，高等教育毕业生人数越多，而累积的高等教育人力资本存量越高。为此，我们实际选取高等院校入学率这一指标作为人均高等教育人力资本存量的替代变量。1995—2017 年中等收入经济体的高等院校入学率的数据取自世界银行数据库。

3. 就业人口占总人口的比例（*L/p*）

我们使用就业人口数来度量劳动投入量。对于劳动投入量的实际数据，更为精确的指标是工作小时数，国外文献通常会使用工作小时数这一指标。但遗憾的是，世界银行数据库公布的统计数据中并没有这一指标，甚至没有中等收入经济体的就业人口的数据。幸运的是，世界银行数据库公布了中等收入经济体的就业人口的人均 GDP（2011 年不变价购买力平价）数据和按 2011 年不变价购买力平价衡量的 GDP 的数据，我们用后者除以前者，得到了中等收入经济体的就业人口的数据，并进一步用就业人口除以总人口，从而得到了 1995—2017 年中等收入经济体的就业人口占总人口比例的数据。

4. 人均资本形成额（*K/p*）的选取

为消除价格变动因素，我们使用实际资本量来度量资本投入量。年度实际资本量选用 2010 年不变价美元的资本形成总额这一指标，用年度实际资本量除以人口总数即可得到人均资本形成额。1995—2017 年中等收入经济体的 2010 年不变价美元的资本形成总额与人口总数取自世界银行数据库。

为了缓解样本数据的异方差性，我们对模型涉及的四个变量的数据均取其自然对数，表 8-2 给出了模型所涉及变量的自然对数的描述性统计。

表 8-2 人均 GNI 等变量的描述性统计

变量	*N*	min	max	*M*	*SD*
ln（2010 年不变价美元人均 GNI）	23	7.6639	8.5114	8.0694	0.2867
ln（高等院校入学率）（%）	23	2.2742	3.5720	2.9818	0.4111
ln（2010 年不变价美元人均资本形成额）	23	5.8425	7.4143	6.7049	0.5493
ln（就业人口占总人口的比例）（%）	23	3.7483	3.7791	3.7661	0.0088

统计表明，1995—2017 年，中等收入经济体的 2010 年不变价美元人均 GNI 总体上呈不断升高趋势，2017 年是 1995 年的 2.33 倍，年均增长率为 3.93%；高

等院校入学率同样呈逐年升高趋势，2017 年是 1995 年的 3.66 倍，年均增长率为 6.08%；2010 年不变价美元人均资本量从 1995 年的 716 美元提高到 2017 年的 1660 美元，2017 年是 1995 年的 2.32 倍，年均增长率为 3.90%。相对于前三个变量，中等收入经济体的就业人口占总人口的比例变动不大，2017 年是 1995 年的 1.02 倍，年均增长率为 0.09%。

我们还对各变量进行了相关分析，结果表明，1995—2017 年中等收入经济体的不变价人均 GNI 与高等院校入学率、人均资本形成额、就业人口占总人口的比例的相关系数分别为 0.9931、0.9607 和 0.4837，结果表明，人均 GNI 与多个解释变量，特别是高等院校入学率、人均资本形成额之间存在显著的正相关关系。

因为上述四个变量选用的都是时间序列数据，为避免直接估计可能导致的伪回归，我们需要检验时间序列的平稳性。考虑到序列本身可能存在的高阶滞后相关问题，我们采用 ADF 方法对变量本身及其差分进行单位根检验。在验证变量为单整序列的基础上，考虑到变量的多重性，我们采用 Johansen 协整检验方法以进一步验证变量之间是否存在协整关系。

在运用协整检验确认变量之间存在协整关系的基础上，我们需要具体估计出变量间的长期均衡关系方程。因为样本容量只有 23 个，检验涉及的变量有 4 个，而 Johansen 协整检验方法在样本不大时通常存在“肥尾”（fat tail）现象，并可能会导致模型估计产生实质性的均值偏差问题，所以，我们只是在检验变量是否存在协整关系时采用 Johansen 协整检验方法，而对变量间均衡方程的估计则不再采用该方法。考虑到人均 GNI、高等院校入学率、就业人口占总人口的比例、人均资本形成额等四个变量之间的相互影响以及变量之间难以避免的滞后效应，我们选择使用西姆斯（Sims，1980）提出的向量自回归模型来实际估计变量之间的长期均衡关系。向量自回归模型是一种分析和预测多个相互联系的时间序列变量之间关系的常用动态模型，与传统的计量经济模型不同，该模型并不严格区分模型中的内生变量和外生变量，也并不严格地拘泥于某种经济理论来确立变量间的因果关系，而是主要基于数据的统计性质，把相互联系的多个变量看作一个内在系统，系统中每一个内生变量都作为所有内生变量的滞后值的函数。相对于传统模型，向量自回归模型能在更大程度上反映出动态变量之间的相互影响与滞后性影响。本书采用的向量自回归模型的基本形式如下

$$Y_t = C + A_1 Y_{t-1} + \cdots + A_p Y_{t-p} + \mu_t \qquad (8\text{-}1)$$

其中，Y 为 k 维内生变量向量，C 为 k 维常数项向量，$A_1 \cdots A_p$ 是 $k \times k$ 维的系数矩阵，p 是最大滞后阶数，μ_t 为随机误差项。因为本书使用的计量模型中有四个变量，所以模型中的 k 取值为 4。

二、变量协整检验与向量自回归模型回归

在进行实证分析时，我们主要采用向量自回归计量经济模型，在进行回归分析之前，需要先对各时间序列变量进行单位根检验和协整关系检验，采用 ADF 方法对自然对数形式的各变量进行单位根检验，检验结果见表 8-3。

表 8-3 各变量的单位根检验结果

变量	检验类型（C，T，K）	ADF 值	1%临界值	5%临界值	10%临界值	结论
ln（人均 GNI）	（C，T，1）	−2.396 8	−4.467 9	−3.645 0	−3.261 5	非平稳
ln（高等院校入学率）	（C，T，0）	−0.373 7	−4.440 7	−3.632 9	−3.254 7	非平稳
ln（人均资本形成额）	（C，T，1）	−0.662 9	−3.788 0	−3.012 4	−2.646 1	非平稳
ln（就业人口占总人口的比例）	（C，T，1）	−2.140 5	−4.467 9	−3.645 0	−3.261 5	非平稳
▽▽ln（人均 GNI）	（C，T，1）	−5.500 8	−4.532 6	−3.673 6	−3.277 4	平稳
▽▽ln（高等院校入学率）	（C，T，1）	−4.639 8	−4.532 6	−3.673 6	−3.277 4	平稳
▽▽ln（人均资本形成额）	（C，T，0）	−1.975 8	−2.685 7	−1.959 1	−1.607 5	平稳
▽▽ln（就业人口占总人口的比例）	（C，T，0）	−4.767 2	−4.498 3	−3.658 4	−3.269 0	平稳

注：▽▽表示变量的二阶差分形式，检验类型中的 C 为截距项，T 为趋势项，K 为滞后阶数，滞后阶数的选择标准为赤池信息准则

表 8-3 中前四行的单位根检验结果表明，所有时间序列变量自身都存在着单位根，即变量的水平序列都是非平稳的。正如前文所述，如果变量是非平稳时间序列变量，用 OLS 估计时，即便样本很大，也可能持续存在伪回归现象。同时，计量经济学理论也证明，即使时间序列是非平稳的，但只要时间序列是协整的，变量之间就依然存在一种长期稳定的有意义的关系。因此，我们需要证明变量之间存在协整关系，而在进行协整检验之前，需要验证变量是否单整。表 8-3 中的

后四行给出了相关变量二阶差分的单位根检验结果。

变量二阶差分的单位根检验结果表明，尽管变量本身都存在单位根，但是它们的二阶差分却都是平稳的，即这些变量都是二阶单整序列，因此可以进一步对它们进行协整关系检验。这里我们使用 Johansen 协整检验方法，即在向量自回归模型下利用简约阵的秩来检验协整关系。表 8-4 和表 8-5 给出了 Johansen 协整迹检验和协整最大特征值检验的结果，结果表明，无论是迹检验，还是最大特征值检验，在 5%的显著性水平上，变量之间确实存在协整关系。

表 8-4 Johansen 协整迹检验结果

协整向量个数假设	特征值	迹统计量	5%临界值	p
None *	0.889 6	92.769 5	47.856 1	0.000 0
At most 1*	0.710 9	48.690 9	29.797 1	0.000 1
At most 2*	0.557 3	23.868 7	15.494 7	0.002 2
At most 3*	0.315 2	7.571 8	3.841 5	0.005 9

注：*表示在 5%的显著性水平上拒绝原假设

表 8-5 Johansen 协整最大特征值检验结果

协整向量个数假设	特征值	最大特征值统计量	5%临界值	p
None *	0.889 6	44.078 6	27.584 3	0.000 2
At most 1*	0.710 9	24.822 3	21.131 6	0.014 4
At most 2*	0.557 3	16.296 8	14.264 6	0.023 5
At most 3*	0.315 2	7.571 8	3.841 5	0.005 9

注：*表示在 5%的显著性水平上拒绝原假设

变量之间协整关系的存在意味着，变量之间确实存在着长期稳定的均衡关系。考虑到样本容量的有限性，以及人均 GNI、高等院校入学率、就业人口占总人口的比例与人均资本形成额等变量之间可能存在的相互影响关系，基于前面讨论过的原因，下面采用向量自回归模型来估计变量间的关系方程。在估计向量自回归模型之前，有必要对变量之间的关系进行 Granger 因果关系检验（Granger，1969），以进一步验证将相关变量的滞后变量引入其他变量的回归方程中是否有意义。表 8-6 给出了人均 GNI 与其他三个变量的 Granger 因果关系检验的结果。

表 8-6 Granger 因果关系检验的结果

原假设	观测值	F	p
ln(*He/p*)不是 ln(*Y*)的格兰杰原因	21	4.756 16	0.023 9
ln(*Y*)不是 ln(*He/p*)的格兰杰原因	21	0.174 48	0.841 5
ln(*K/p*)不是 ln(*Y*)的格兰杰原因	21	3.094 90	0.094 6
ln(*Y*)不是 ln(*K/p*)的格兰杰原因	21	13.809 10	0.001 5
ln(*L/p*)不是 ln(*Y*)的格兰杰原因	21	9.562 64	0.006 0
ln(*Y*)不是 ln(*L/p*)的格兰杰原因	21	4.439 20	0.048 6

表 8-6 的检验结果显示，除了不能拒绝人均 GNI 不是高等院校入学率的 Granger 原因的原假设之外，其他原假设均被拒绝，说明高等院校入学率、就业人口占总人口的比例与人均资本形成额均是人均 GNI 的 Granger 原因，因此应该将这三个变量的滞后变量引入向量自回归模型中。

综合考虑赤池信息准则、施瓦茨准则和汉南-奎因准则，并考虑样本自身容量的限制，我们将向量自回归模型（8-1）的滞后阶数确定为二阶。向量自回归模型回归结果见表 8-7。

表 8-7 向量自回归模型回归结果

变量	ln*Y*	ln*He/p*	ln*K/p*	ln*L/p*
ln*Y*(−1)	0.916 5 （−0.368 9） [2.484 5]	0.509 3 （−0.477 8） [1.0660]	4.599 5 （−2.876 7） [1.598 9]	−0.021 2 （−0.032 0） [−0.661 1]
ln*Y*(−2)	−0.439 3 （−0.355 8） [−1.234 7]	−0.214 3 （−0.460 8） [−0.465 0]	−5.561 3 （−2.774 2） [−2.004 7]	−0.024 9 （−0.030 9） [−0.806 9]
ln*He/p*(−1)	−0.078 5 （−0.245 1） [−0.320 4]	0.755 3 （−0.317 4） [2.380 0]	−1.297 1 （−1.910 8） [−0.678 9]	−0.003 2 （−0.021 3） [−0.149 0]
ln*He/p*(−2)	0.378 7 （−0.245 6） [1.542 2]	0.083 3 （−0.318 0） [0.261 9]	2.366 7 （−1.914 9） [1.235 9]	0.033 5 （−0.021 3） [1.572 1]
ln*K/p*(−1)	0.008 5 （−0.031 3） [0.270 9]	−0.029 2 （−0.040 6） [−0.719 9]	0.124 7 （−0.244 2） [0.510 8]	−0.001 2 （−0.002 7） [−0.453 3]

续表

变量	lnY	lnHe/p	lnK/p	lnL/p
lnK/p(−2)	0.035 1 （−0.032 8） [1.071 7]	−0.040 9 （−0.042 5） [−0.962 3]	0.466 2 （−0.255 6） [1.823 9]	0.002 7 （−0.002 8） [0.944 7]
lnL/p(−1)	−1.967 4 （−3.557 9） [−0.553 0]	−5.410 3 （−4.607 8） [−1.174 2]	−44.814 5 （−27.743 6） [−1.615 3]	1.041 4 （−0.308 6） [3.374 8]
lnL/p(−2)	2.240 4 （−2.827 2） [0.792 5]	4.371 4 （−3.661 4） [1.193 9]	46.922 8 （−22.045 5） [2.128 5]	−0.264 0 （−0.245 2） [−1.076 6]
C	2.049 2 （−4.212 4） [0.486 5]	2.541 3 （−5.455 5） [0.465 8]	−0.609 4 （−32.847 1） [−0.018 6]	1.111 5 （−0.365 3） [3.042 5]
R^2	0.998 2	0.998 4	0.975 4	0.981 3
调整 R^2	0.997 0	0.997 3	0.959 0	0.968 9
残差平方和	0.002 6	0.004 4	0.160 3	0.000 0
SE 方程	0.014 8	0.019 2	0.115 6	0.001 3
F	835.803 3	914.473 9	59.464 3	78.821 2
对数似然比	64.522 7	59.092 6	21.392 4	115.866 8
赤池信息准则	−5.287 9	−4.770 7	−1.180 2	−10.177 8
施瓦茨准则	−4.840 2	−4.323 1	−0.732 6	−9.730 1
因变量均值	8.106 8	3.046 7	6.725 9	3.767 8
因变量标准差	0.271 3	0.367 4	0.570 7	0.007 3
调整的决定性残差协方差			8.17×10^{-16}	
决定性残差协方差			8.71×10^{-17}	
对数似然比			269.096 1	
赤池信息准则			−22.199 6	
施瓦茨准则			−20.409 0	

注：括注（−1）和（−2）的变量分别为相应变量的滞后一期和滞后二期

表 8-7 的向量自回归模型回归结果可分为三部分：上面部分（第 1—27 行）是模型的系数估计值、估计系数的标准差（系数估计值下面小括号内）以及相应的 t 统计量的值（系数估计值下面中括号内）；中间部分（第 28—37 行）是各子

方程的相关检验结果；下面部分（最后五行）是针对此向量自回归模型整体的各项统计量。观察回归结果发现，虽然每个方程中并不是变量所有的滞后项都达到显著水平，但由于各参数是否显著并不是向量自回归模型所重点关注的，而且中间部分显示的 F 值都很高，不能拒绝滞后项联合统计显著的假设，为此回归方程保留所有滞后变量。

在分析回归结果之前，需要对模型进行稳定性检验。当改变模型中方程扰动项的任一单位的标准差时，若该方程对其他多元方程的冲击随时间推移而趋于 0，则认为该模型具有稳定性，反之则认为该模型不具有稳定性。向量自回归模型的稳定性检验通常借助观察特征方程的根在单位圆中的位置来判断，如果模型特征方程的根都位于单位圆内，则说明模型是稳定的。图 8-1 显示模型所有特征方程的根都位于单位圆内，由此可以认为模型是稳定的。

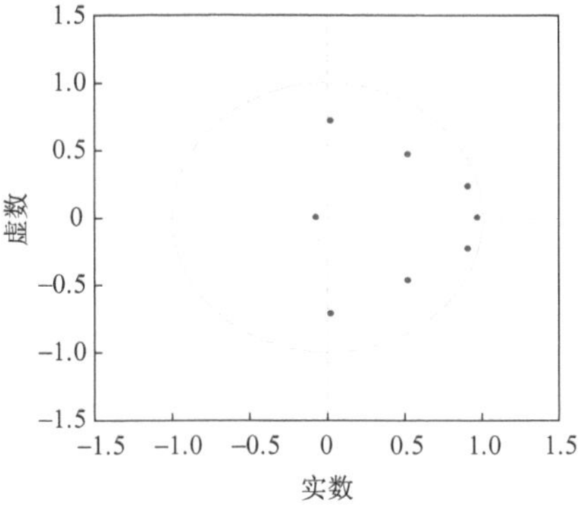

图 8-1 特征方程的根在单位圆中的示意图

三、脉冲响应函数分析与变量长期关系估算

下面对模型估计结果进行脉冲响应函数分析并估算变量之间的长期均衡关系。脉冲响应函数分析关注的是当某一变量的扰动项发生变化或者说模型受到一个标准差大小的单位冲击时，系统内其他变量在当前期和未来一段时间内的波动特征。为分析简便，我们只给出中等收入经济体的高等院校入学率变动对人均 GNI 的动态冲击对模型估计结果进行脉冲响应函数分析，结果显示，高等院校入学率从滞后一期开始就对人均 GNI 有促进作用，且随着滞后期的延长，其作用程度越来越强，约在滞后四期后达到最强，之后则基本保持这种促进作用。之

所以呈现出这种冲击，主要原因在于高等院校入学率反映的是高等院校在校生占 18—22 岁学龄人口总数的百分比，现有的高校在校生到毕业后成为社会的劳动力需要 1—4 年的时间。随着时间的延迟，当期的高等院校入学率越高，则毕业生的数量越多，并在大约 4 年后达到峰值，此时其对人均 GNI 的影响达到最大，之后会较为长期地保持这种影响，直到该劳动力退休且退出劳动力市场为止。

为进一步得到变量之间的长期均衡关系，根据表 8-6 的回归结果，我们把参数估计结果写成如下矩阵方程形式

$$\ln\hat{Y}=\begin{bmatrix}2.0492\\2.5413\\-0.6094\\1.1115\end{bmatrix}+\begin{bmatrix}0.9165&-0.0785&0.0085&-1.9674\\0.5093&0.7553&-0.0292&-5.4103\\4.5995&-1.2971&0.1247&-44.8145\\-0.0212&-0.0032&-0.0012&1.0414\end{bmatrix}\times\ln Y_{t-1}$$
$$+\begin{bmatrix}-0.4392&0.3787&0.0351&2.2404\\-0.2143&0.0833&-0.0409&4.3714\\-5.5613&2.3667&0.4662&46.9228\\-0.0249&0.0335&0.0027&-0.2640\end{bmatrix}\times\ln Y_{t-2} \tag{8-2}$$

我们研究的主要目的是得到高等院校入学率（ln*He*）对人均 GNI（ln*Y*）的关系方程。根据公式（8-2），得到如下关系方程

$$\begin{aligned}\ln\hat{Y}_t=&2.0492+0.9165\ln Y_{t-1}-0.4392\ln Y_{t-2}-0.0785\ln He_{t-1}\\&+0.3787\ln He_{t-2}+0.0085\ln K/p_{t-1}+0.0351\ln K/p_{t-2}\\&-1.9674\ln L/p_{t-1}+2.2404\ln L/p_{t-2}\end{aligned} \tag{8-3}$$

公式（8-3）等号右方的已估参数实际上反映的是各变量对人均 GNI 的短期影响，我们需要进一步分析各变量对人均 GNI 的长期影响。为得到变量之间的长期均衡关系，不妨简单令

$$\begin{aligned}&\ln Y_t=\ln Y_{t-1}=\ln Y_{t-2}\\&\ln He_t=\ln He_{t\text{-}1}=\ln He_{t\text{-}2}\\&\ln K/p_t=\ln K/p_{t-1}=\ln K/p_{t-2}\\&\ln L/p_t=\ln L/p_{t-1}=\ln L/p_{t-2}\end{aligned} \tag{8-4}$$

将公式（8-4）中的诸等式代入关系公式（8-3），整理得到如下关系

$$\ln \hat{Y}_t = 3.9203 + 0.5743 \ln He_t + 0.0834 \ln K / p_t + 0.5223 \ln L / p_t \quad (8\text{-}5)$$

公式（8-5）表明，1995—2017 年，中等收入经济体的高等教育发展与实际人均 GNI 之间存在着长期稳定的均衡关系，两者的变动与我们先前的预期一致，呈正相关关系。具体来说，在就业人数占总人口的比例以及人均资本形成额等条件不变的情况下，标识高等教育发展水平的高等院校入学率每提高 1%，长期来看，中等收入经济体的人均 GNI 平均提高约 0.5743%；同时，就业人数占总人口的比例、人均资本形成额与人均 GNI 也呈正相关关系。具体来说，在保持其他条件不变的情况下，长期来看，中等收入经济体的就业人数占总人口的比例每提高 1 个百分点，人均 GNI 平均提高约 0.5223%；人均资本形成额每提高 1 个百分点，人均 GNI 平均提高约 0.0834%，这表明总人口中就业人数的多寡和人均资本形成额的大小也是影响中等收入经济体人均 GNI 增长的重要因素。

正如上文所述，世界不同经济体的人均 GNI 的水平及其年均增长率有很大差异，这种差异不仅表现在不同收入阶段的经济体之间，也表现在同一收入阶段的经济体之间。东亚的中等收入经济体的实际人均 GNI 年均增长率就远高于拉美的中等收入经济体，1980—2017 年，前者是后者的 3.27 倍。从某种程度上可以说，教育发展的差异特别是高等教育发展的差异，与资本投资及劳动量投入的差异等因素共同导致不同经济体之间实际人均 GNI 增长速度的不同。以中国、印度和阿根廷为例，1995—2017 年，三国的 2010 年不变价美元的年均增长率分别为 8.51%、5.03%和 1.35%，高等院校入学率的年均增长率分别为 11.69%、7.55%和 4.00%，考虑高等院校入学率对实际人均 GNI 的具体影响，再联系三国高等院校入学率年均增长率的差异，三国人均 GNI 年均增长率的巨大差异就能够从高等教育发展差异方面得到一定程度上的解释。

本章中，我们在分析比较典型经济体近几十年来人均 GNI 及其变动趋势的基础上，采用向量自回归模型估计了高等教育发展对人均 GNI 增长的具体影响并进行了国际比较。回归结果显示，中等收入经济体的高等教育发展对实际人均 GNI 具有显著的促进作用。

21 世纪以来，经济全球化深度发展，知识经济日新月异。自主创新能力的提升成为一国在当今世界激烈竞争中占据优势的关键。总体来说，与高收入经济体相比，中等收入经济体的自主创新能力相对不足，教育人力资本质量不高和创新性人才培养水平的滞后是中等收入经济体自主创新能力不足最为基础的原因。当前，一些中等收入经济体尤其是一些中高收入经济体正在努力把经济增长从依靠要素投入转到依靠全要素生产率提高，特别是转到人力资本提升和技术进步上来。为此，这些经济体更需要加快高等教育发展，加快人力资本的数量积累和质量提升，努力培养出创新型人才。

第九章

高收入阶段前夜的中国高等教育发展

2019 年 7 月 1 日，中国国家统计局发布了《沧桑巨变七十载 民族复兴铸辉煌——新中国成立 70 周年经济社会发展成就系列报告之一》。该报告显示，中华人民共和国成立 70 年来，中国的国民经济和高等教育事业都取得了世人瞩目的发展成就。2019 年，中国人均 GNI 达到 10 390 美元，高等教育毛入学率达到 53.8%，均高于中高收入国家的平均水平。中国人均 GNI 已突破 10 000 美元，中国也将在未来几年内跨越中高收入陷阱而迈入高收入国家行列①。

近年来，中国经济发展开始进入一个新阶段、一个新时代，一个从“未发展起来”时期进入“发展起来之后”的时期（中共中央宣传部，2018）。党的十九大报告正式提出，我国经济已由高速增长阶段转向高质量发展阶段。新时代中国的高等教育要想更好地助力经济发展阶段的转变，该如何发展呢？

显然，经济的高质量发展需要高等教育的高质量发展，而新时代高等教育的高质量发展迫切需要加强高等教育供给侧改革，要在稳定提高高等教育供给数量的同时，重点提高高等教育的供给质量，走内涵式发展道路。基于经济高质量发展的要求，聚焦高等教育发展中的主要矛盾，积极探索推动高等教育改革和发展的路径与措施，加快高等教育供给侧改革与发展，不断提高高等教育的供给质量，不仅有助于完善中国的高等教育体系，更能为国家的经济发展与社会进步提供强有力的高素质人力与人才支撑。

第一节　新时代发展高等教育的重要性

上述几章的实证研究表明，对于一个经济体，特别是正处于跨越中等收入陷阱的经济体，高等教育的发展，无论是体现为高等院校入学率，还是体现为大专及以上人口数，都对科技进步、劳动生产率以及人均 GNI 具有显著的促进作用。从某种程度上可以说，高等教育发展的差异与投资及劳动量投入的差异等因素共同导致中等经济体实际人均 GNI 增长的差异，并进而导致经济体能否顺利跨越中

① 按照 2013—2018 年中国人均 GNI 的年均增长率（6.943%）来计算，中国有望在 2022 年突破人均 GNI 达到 12 000 美元大关，从而实现从中等收入阶段向高收入阶段的跨越。

等收入陷阱。中国改革开放走过了 40 多年，在中国处于从中高收入阶段跨入高收入国家行列的关键节点，同时在中国经济发展由高速增长阶段步入高质量发展阶段的关键节点，大力发展高等教育意义重大。

一、人口数量红利的消失与人口素质红利的发展需要大力发展高等教育

从理论上说，一国的经济发展和国民收入提升在一定程度上取决于该国人口的数量与质量。改革开放 40 多年来，中国从低收入国家逐步迈入中低收入国家，又进一步迈入中高收入国家，经济发展与居民收入提升取得的巨大进步主要取决于开放型经济的迅猛发展，而在开放型经济迅猛发展的诸多推动因素中，人口数量红利无疑是其中的重要一项。

人口数量红利通常是指一个国家的劳动年龄人口数量占总人口数量的比重较大，社会总抚养率较低，由此形成劳动力资源相对丰富、抚养负担轻、对国家经济发展非常有利的人口条件。在过去的数十年，中国的人口数量红利带来的丰富的劳动力资源和成本优势是中国经济实现高速增长并由此成为“世界工厂”和世界经济增长引擎的重要基础。

1978—2010 年，中国 15—64 岁人口占总人口的比例持续提高，从 1978 年的 57.75%提高到 2010 年 73.27%的峰值①；从中国 15—64 岁人口总数来看，1990 年为 7.47 亿人，2010 年达到 9.80 亿人②。巨大的人口数量红利在为中国的经济发展提供充足劳动力的同时，“中间大、两头小”的人口结构也使得年轻劳动人口需要承担的抚养任务相对较轻，从而有助于居民储蓄能力的提升和资本的持续积累，而处在城乡二元经济结构下的农村存在大量的剩余劳动力，同时城市存在大量的职位空缺，由此促进了劳动力从农村向城市的转移，通过提高劳动人口的再分配效率提升了国家整体的劳动效率，这些都大大促进了中国的经济发展和居民收入的提高。实证研究结果显示，自改革开放以来，中国人口转变所产生的人口数量红利对经济增长的贡献率为 15%—25%（晏月平，李新宇，2018）。

① 世界银行数据库，https://data.worldbank.org.cn/indicator/SP.POP.1564.TO.ZS?locations=CN&view=chart.

② 世界银行数据库，https://data.worldbank.org.cn/indicator/SP.POP.1564.TO?locations=CN&view=chart.

更为重要的是，中国经济发展的进程也正是世界经济全球化迅猛发展的时期。要素的国际流动是经济全球化区别于世界经济以前发展阶段的本质，要素国际流动的目标是寻求要素在全球范围内的优化配置。要素国际流动并非意味着要素会相对均匀地流入世界各国，恰恰相反，要素国际流动导致的是要素在某些国家和地区的集聚。也就是说，世界主要国家和地区的资本、技术、标准、品牌、优秀人才、跨国经营网络等广义要素会集聚到某些国家和地区，使这些国家和地区成为全球经济体系的主要生产者和出口者（张幼文，梁军，2007）。巨大的人口数量红利带来的丰富的劳动力资源和劳动力成本的廉价优势，使得中国具备了在全球化经济中集聚大量国际先进要素的重要条件，由此促使大量的外国资本、技术、品牌、优秀人才等高级要素在中国集聚，使得中国逐渐成为全球化经济中工业制成品的主要生产国和出口国，成为世人瞩目的“世界工厂”，并因此开启了中国经济迅猛发展的历史进程。

然而，伴随着人口出生率的下降和人口老龄化的加速，中国的人口数量红利开始逐步消失。数据显示，2014 年，中国 15—64 岁的人口数量自改革开放以来第一次出现了下降，比 2013 年绝对减少了 113 万人，此后持续下降，2019 年下降为 98 910 万人，占总人口的比重从 2013 年的 73.9%下降至 2019 年的 70.6%。[①]2003 年，中国东南沿海开始出现“民工荒”问题，此后劳动力短缺现象开始越来越普遍，2010 年后，劳动力供给短缺已成为影响中国经济增长的重要事实。以总抚养比作为人口数量红利测量指标进行的实证研究结果发现，总抚养比每上升 1 个百分点，中国的经济增长将平均下降 0.276%（晏月平，李新宇，2018）。人口数量红利的逐步消失对中国经济的持续增长和国民收入的持续提高构成了严峻的挑战。

为保持经济增长的动能，中国的人口红利必须实现从数量红利到素质红利的转变。正如第二章分析的那样，我们可以通过加大人力资本投资，用人口素质红利代替人口数量红利，以解决经济体迈入中等收入阶段后所必然面临的劳动力投入绝对数量逐步减少的问题。人力资本的增加可以极大地弥补劳动力数量的不足，挖掘人力资本红利能够塑造经济发展的新动能。在很大程度上说，中国经济未来的增长动力在于人口素质红利。

① 中国国家统计局统计资料，www.stats.gov.cn/tjsj/ndsj/2020/indexch.htm.

大力发展高等教育有助于中国人口素质红利的提升，并在人口数量红利消失后为中国经济的进一步发展提供更高层次的人口红利。表 9-1 给出了 1978—2017 年中国高等教育毕业生人数与高等教育人力资本。我们采用高等教育人力资本来表征高等教育发展所累积的人口素质红利。对于教育人力资本，常用的测度方法有劳动者报酬法、教育经费法和受教育年限法等，其中，受教育年限法兼顾了不同层级受教育的人口数与每一层级的受教育年数，因而成为国内外学界测度教育人力资本的主流方法。我们用以下计算公式来测量中国的高等教育人力资本

$$H_t = \sum_{k=1}^{2} N_{tk} h_k \tag{9-1}$$

其中，H_t 表示 t 期的高等教育人力资本，k 为教育的学历层级，参考国内外学者的做法，并考虑数据的可得性与一致性，我们将高等教育层级依次划分为大学生和研究生两个层级。h_k 为不同层级教育的年数，各教育层级的受教育年数设定为：大学生 16 年、研究生 19 年。N_{tk} 为 t 期第 k 受教育层级的人数。

表 9-1 1978—2017 年中国高等教育毕业生人数与高等教育人力资本 （单位：万人）

层级	1978 年	1979 年	1980 年	1981 年	1982 年	1983 年	1984 年	1985 年
研究生	0.000 9	0.014	0.047 6	1.166 9	0.405 8	0.449 7	0.275 6	1.700 4
大学生	16.5	8.5	14.7	14	45.7	33.5	28.7	31.6
H_t	264.02	136.27	236.10	246.17	738.91	544.54	464.44	537.91
层级	1986 年	1987 年	1988 年	1989 年	1990 年	1991 年	1992 年	1993 年
研究生	1.695	2.760 3	4.083 8	3.723 2	3.544	3.253 7	2.569 2	2.821 4
大学生	39.3	53.193	55.346 6	57.624 2	61.361 4	61.426 7	60.422 3	57.1
H_t	661.01	903.53	963.14	992.73	1 049.12	1 044.65	1 015.57	967.21
层级	1994 年	1995 年	1996 年	1997 年	1998 年	1999 年	2000 年	2001 年
研究生	2.804 7	3.187 7	3.965 2	4.653 9	4.707 7	5.467	5.876 7	6.780 9
大学生	63.7	80.5	83.9	82.9	83.0	84.8	95.0	103.6
H_t	1 072.49	1 348.57	1 417.74	1 414.82	1 417.45	1 460.03	1 631.34	1 786.92

续表

层级	2002 年	2003 年	2004 年	2005 年	2006 年	2007 年	2008 年	2009 年
研究生	8.084 1	11.109 1	15.077 7	18.972 8	25.590 2	31.183 9	34.482 5	37.127 3
大学生	133.7	187.7	239.1	306.8	377.5	447.8	511.9	531.1
H_t	2 293.28	3 214.27	4 112.32	5 269.21	6 526.21	7 757.15	8 846.36	9 203.06
层级	2010 年	2011 年	2012 年	2013 年	2014 年	2015 年	2016 年	2017 年
研究生	38.36	42.999 4	48.645 5	51.362 6	53.586 3	55.152 2	56.393 8	57.804 5
大学生	575.4	608.2	624.7	638.7	659.4	680.9	704.2	735.8
H_t	9 935.63	10 547.49	10 920.01	11 195.43	11 568.01	11 942.29	12 338.68	12 871.09

资料来源：国家统计局发布的《中国统计年鉴 2018》，www.stats.gov.cn/tjsj/ndsj/2018/indexch.htm

注：H_t为 t 期的高等教育人力资本，根据公式（9-1）计算得来

不难看出，2011 年以来，随着中国高等教育的发展，大学生与研究生毕业生人数不断增加，为中国经济发展提供了越来越大的年度人口素质红利，为中国在人口数量红利消失后经济的进一步发展提供了更高层次的人口红利，并由此构成了中国经济发展和参与国际竞争的新优势。正如 2018 年 10 月 24 日李克强总理应邀在中国工会第十七次全国代表大会上作经济形势报告时发言，“中国有 9 亿劳动者，1.7 亿受过高等教育或有专业技能的人才，这是世界上任何国家都无法比拟的巨大的人力人才资源。中国人不仅勤劳智慧，而且有韧性。中国 40 年的改革开放使广大劳动者的素质持续提升，技能水平不断提高。‘人口红利’加速向‘人才红利’转变，这是中国发展的最大‘底气’”。[①]新时代，中国需要进一步巩固和加强人力人才资源，因此需要更进一步地发展高等教育。

二、开放收益的提升需要大力发展高等教育

伴随着改革开放的逐步推进，中国走上了开放型经济的发展道路。改革开放 40 多年来，中国的发展取得了世人瞩目的成就，综合国力不断增强，国际地

① 李克强：“人口红利”加速向“人才红利”转变，这是中国发展的最大“底气”. 2018-10-25. http://www.gov.cn/xinwen/2018-10/25/content_5334370.htm.

位持续提升。中国发展成就的取得，一方面得益于国内体制改革与对外开放的逐步推进；另一方面得益于 20 世纪 90 年代以来经济全球化的迅猛发展。但如何在新时代不断提高开放收益是一个重大的现实课题，开放收益的提升不仅决定着中国未来的世界经济地位，也决定着中国跨越中高等收入阶段的时间长短。

要提升参与全球化经济的开放收益，就要深刻理解全球化经济的本质特征与国家参与经济全球化的收益分配原理。生产要素流动是全球化经济的基础与本质特征，而要素流动的基础与本质特征决定了开放经济体可以通过要素的流入与流出实现各种生产要素在国内与国外的国际组合，由此形成了一种不同于传统分工结构的要素合作型国际分工（张幼文，梁军，2007）。在这种新型的要素合作型国际分工中，决定国家开放收益分配的基础是，要素的流动性并不改变要素的所有权属性和要素的国民属性，而要素稀缺度决定要素价格的规律，决定了以国家参与国际要素合作的要素的相对稀缺度决定着国民相对利益大小的分配规律（张幼文，2005）。

改革开放后的一段时期内，由于资本缺乏与技术相对落后，中国参与经济全球化的优势要素主要是丰富而廉价的劳动力。开放初期的要素条件决定了这一时期中国参与经济全球化虽然极大地推动了就业扩大、出口增加和GDP的高速增长，但本土企业却因自身技术落后而难以真正大规模地进入高附加值产业或国际价值链的高附加值生产环节，致使中国参与经济全球化获得的国民收益相对较低，而自身技术的落后主要受制于当时我们的技术创新能力不足和高素质人才严重缺乏。

进入新世纪后，中国持续加大了自主创新的力度和高层次人才培养的力度。近些年特别是 2008 年世界金融危机后，中国本土企业的经济实力和研发能力快速提升，一批具有国际竞争力的企业纷纷崛起。据统计，1995 年，全球财富 500 强入围企业中，中国内地企业只有 3 家，到了 2020 年，中国内地和香港入围的企业达到了 124 家。[①]随着要素结构的改变和要素质量的提升，中国的开放收益不断提高，中国成为经济全球化发展的受益者和重要贡献者。

今天的中国正在从开放大国向开放强国迈进，开放发展的要素结构与要素质量发生了很大变化，参与经济全球化的传统的劳动力成本优势大幅减弱，而

---

① 数据来自美国《财富》杂志网站，2022-01-24，https://fortune.com/fortune500.

研发、技术、标准、品牌、营销等新的要素优势有待提升。显然，大力发展高等教育对于中国提升要素结构与要素质量意义重大。如上分析，高等教育的发展不仅会促进高层次人力资本的形成，培养创新型高级人才，而且还会推动知识积累和技术创新，从而为该经济体参与经济全球化提供高素质人力资源与研发技术的支撑。因此，新时代中国提升开放发展收益，仍然需要大力发展高等教育。

三、经济从高速增长向高质量发展的转变需要大力发展高等教育

新时代中国经济发展的基本特征是由高速增长阶段转向高质量发展阶段。推动高质量发展是保持中国经济健康发展的必然要求，是适应中国社会主要矛盾变化的必然要求，是遵循经济规律发展的必然要求（中共中央宣传部，2018）。

然而，在中国这样一个人口大国家，实现经济从高速增长向高质量发展的阶段性转变并非易事，人力资本素质约束就是阻碍这一阶段性转变的一大基础性因素。这是因为，经济从高速增长转向高质量发展，需要形成创新的发展动能、优化各种经济结构、实现企业转型升级、发挥市场的决定性作用并更好地发挥政府作用等。然而，这一系列工作的推进都迫切需要高素质人才的推动。可以说，只有具备高质量发展能力的人，才能推动经济的高质量发展。

“我国要走高质量发展道路，其中的一个基本问题，就是要从依赖劳动力红利的发展模式，转向依赖人力资本质量的发展模式。”（程虹，2018）实现经济高质量发展，完成发展阶段的顺利转变，从根本上说，则要靠教育特别是高等教育的发展。这是因为，只有发展教育特别是高等教育，才能从根本上提升国家的劳动者整体素质，提升劳动力要素的结构。

第二节　新时代高等教育供给存在的问题

大力发展高等教育，关键是不断增加与优化高等教育供给（higher education

supply）。一般来说，高等教育供给有微观和宏观两层含义：从微观上说，是指社会为了受教育者的个人发展，由各级各类高等教育机构提供给学生的受教育机会；从宏观上说，是指社会为了经济与社会的发展，由各级各类高等教育机构为社会培养的一定数量与质量的高级专业人才。就提供高等教育供给的高等教育机构来说，同样可以分为狭义和广义两个方面：狭义的高等教育机构，通常是指正规的高等教育机构（主要是指高等学校）；广义的高等教育机构除了包括正规的高等学校外，还包括各种非正规的高等教育机构，如成人高等教育机构、在职高等教育培训机构等。

伴随着改革开放的推进，特别是 21 世纪初期进入中等收入阶段以来，中国的高等教育供给获得了前所未有的进展，各级政府对高等教育的重视程度不断提高，高等教育经费投入持续保持增长，各类高校的招生人数、在校生人数与毕业生人数稳步扩张，教育层次结构、专业结构和办学模式不断优化。统计表明，2018 年，中国的普通本专科在校学生人数达到 2831 万人，比 1978 年增长了 32 倍；15 岁及以上人口的平均受教育年限由 1982 年的 5.3 年提高到 2018 年的 9.6 年；高等教育毛入学率则达到了 48.1%。[①]

高等教育事业的迅猛发展有效地提升了全民族的科技文化素质，为中国的社会主义现代化建设培养了大量的高层次人才。随着中国步入新时代，中国经济发展由高速增长阶段步入了高质量发展阶段，新时代经济高质量发展对高等教育实现高质量发展提出了迫切要求。从满足经济高质量发展对高素质人力资源的迫切需求看，新时代高等教育供给的改革与发展仍然存在着许多不能忽视的问题，比较突出地体现在供给数量稳定增长、供给分布区域发展均衡与供给质量相对不高等方面。

一、供给数量稳定增长问题

在本书第四章中，我们深入分析过改革开放以来中国高等教育规模的发展情况。尽管 40 多年来中国高等教育规模的扩张速度令世人瞩目，尽管迄今为止就

① 2018 年全国教育事业发展统计公报. 2019-07-24. http://www.moe.gov.cn/jyb_sjzl/sjzl_fztjgb/201907/t20190724_392041.html.

高校的数量和大学在校生规模来看中国已上升至世界首位，尽管中国伴随着人口数量红利的消失，人才素质红利得以部分替代，然而，无论是从跨越中等收入陷阱特别是跨越中高收入阶段的“关键一跃”对高层次劳动者的需求来说，还是新时代经济高质量发展对高素质人才的需求来说，目前中国高层次、高素质人才的供给数量仍然是不足的，高等教育供给数量仍然需要稳定持续增长。

在高等教育的供给数量问题上，我们应该认识到，高等教育供给存在着绝对规模和相对规模之分，绝对规模大不代表相对规模也大，绝对规模大也并不能抵消相对规模的偏低。中国是世界上人口最多的国家，也是世界上劳动人口最多的国家。就庞大的人口规模和劳动力规模来说，当前中国高等教育供给的相对规模仍然较低，人口平均受教育年限还相对较短，劳动力的人力资本水平还相对较低，在看到中国高等教育发展成就的同时，我们也要深刻认识到，与世界上高等教育发展先进的国家相比，中国仍然存在着一定的发展差距。

首先，从高等教育毛入学率看，中国的高等教育毛入学率提高很快。1978 年中国高等教育毛入学率只有 1.55%，1990 年达到 3.7%，1998 年上升至 9.76%。1999 年高校扩招后高等教育毛入学率快速上升，2002 年达到了 15%，高等教育从精英化阶段进入大众化阶段，2007 年高等教育毛入学率达到 23%，2012 年达到 30%，2018 年进一步达到了 48.1%，高等教育开始从大众化阶段逐步进入普及化阶段。[①]但是与许多国家相比，中国的高等教育毛入学率依然存在较大差距。根据联合国数据，2011 年中国高等教育毛入学率为 25.9%，这一水平远低于美国（94.8%）、法国（54.5%）和日本（59.0%）等西方发达国家水平，也明显低于俄罗斯（75.9%）、巴西（36.1%）等金砖国家，甚至与蒙古国（53.3%）、巴勒斯坦（50.2%）等亚洲周边国家也有较大的差距[②]。另据世界银行统计，2017 年，中国高等学校毛入学率达到 51%，同样不仅低于新西兰（82.0%）、以色列（62.7%）等发达经济体，也低于阿根廷（92.3%）、智利（91.5%）等发展中经济体，与高收入国家 77.1%的平均水平有较大差距，甚至低于中高收入国

① 数据来源于历年的《中国教育统计年鉴》，https://navi.cnki.net/knavi/yearbooks/YZKRM/detail.

② 数据来源于 Human Development Report 2013. https://hdr.undp.org/sites/default/files/reports/14/hdr2013_en_complete.pdf.

家 52.1%的平均水平。[①]

从高等教育占比（劳动力人口中接受过高等教育的人数比例）来看，中国教育部 2015 年 12 月发布的教育规划纲要总体评估报告显示，2014 年，中国主要劳动年龄人口中受过高等教育的比例为 15.83%，而 2014 年中国的人均 GDP 为 7591 美元[②]，根据收入阶段划分标准，2014 年中国已跨过中低收入经济体门槛的上限而成为中高收入经济体，但正如我们在第四章进行的国际比较所显示的，在高等教育占比这一指标上，中国无论是和处于同一收入阶段的拉美八国的平均值相比，还是和“亚洲四小龙”与日本的平均值相比，都存在很大差距。

上述比较表明，虽然当前中国的高等教育发展已进入普及化阶段，但从实现经济高质量发展并顺利跨越中高收入阶段的目标看，高等教育供给数量的相对不足仍是中国高等教育发展的重要问题之一。虽然中国的高等教育发展已开始从规模扩张为核心的外延式发展道路转向以质量提升为核心的内涵式发展道路，但高等教育内涵式发展也需要一定的外延扩展为基础和支撑。更为重要的是，新时代的中国仍然是一个发展中的人口大国，无论从跨越中等收入陷阱和经济高质量发展对高素质人才的需求来说，还是从新时代参与经济全球化并获取更高开放收益对开放新优势要素的形成来说，迄今为止，中国还远未到高等专业技术人才过剩的程度，供给数量的相对不足仍然是中国高等教育供给中不容忽视的一个问题。

制约中国高等教育供给数量相对不足的原因，主要还是在于政府和社会对高等教育的投入相对不足。改革开放后，由于经济建设的紧迫性，国家难以保证高等教育投入的优先性，而在教育投入方面，面对各层次教育的投入，国家也难以实现高等教育投入的优先性。因此，尽管国家财政性高等教育经费稳步增长，但其占 GNP 的比例却始终保持在一个极低的比例上，教育经费投入明显不足。1993 年，中共中央、国务院发布的《中国教育改革和发展纲要》明确提出，要“逐步提高国家财政性教育经费支出（包括：各级财政对教育的拨款，城乡教育费附加，

① 数据来源于世界银行数据库，https://data.worldbank.org/indicator/SE.TER.ENRR?view=chart.

② 主要劳动年龄人口中受过高等教育的比例来自中国教育部《教育规划纲要》贯彻落实情况总体评估报告（摘要）. 2015-12-10. http://www.moe.gov.cn/jyb_xwfb/xw_fbh/moe_2069/xwfbh_2015n/xwfb_151210/151210_sfcl/201512/t20151210_224178.html；GDP 来自世界银行数据库，https://data.worldbank.org/indicator/SE.TER.ENRR?view=chart.

企业用于举办中小学的经费，校办产业减免税部分）占国民生产总值的比例，本世纪末达到百分之四”，但这一比例目标直到 2012 年才得以首次实现。此外，与世界平均水平相比较，4%的比例明显偏低。长期以来，政府财政投入的不足直接导致中国高等教育发展规模及与之直接相关的高等学校招生规模的有限，进而导致高等教育供给数量的相对不足。与此同时，受高等教育管理体制改革滞后的影响，中国民办高校起步较晚，尽管发展速度不慢，但民办高校的数量相对有限。据统计，截至 2016 年，中国共有高等院校 2596 所，其中公办高等院校有 1854 所，民办高等院校有 742 所，占 28.6%。[①]正如前面所分析的，在美国、英国和日本等高等教育发达的国家，民办高校的办学规模很大，甚至远远超过公立高校的办学规模。政府对高等教育投入增长的缓慢，以及民办高校比例的偏低，极大地制约了中国高等教育供给数量的增长。新时代的中国要实现经济高质量发展，高等教育供给数量仍然需要保持稳定增长。

二、供给分布区域发展均衡问题

供给区域分布不均衡也是新时代中国高等教育供给存在的一大突出问题。中国高等教育供给区域分布不均衡，既体现在全国普通高校的区域分布不均衡上，也体现在教育部重点支持大学（如“双一流”大学）区域分布的不均衡上（表 9-2）。

从全国普通高校的地区分布上看，中国的高校主要集中在江苏、山东、广东等几个东部经济大省；而像西藏、青海、宁夏、新疆等西部地区的高校数量寥寥可数。2020 年，拥有普通高校数量排名前 10 位的地区（江苏、广东、山东、河南、四川、湖北、湖南、河北、安徽、辽宁）合计共有普通高校 1372 所，占全国普通高校总数的 50.11%；而排名后 10 位的地区（西藏、青海、宁夏、海南、甘肃、内蒙古、新疆、天津、上海、吉林）合计共有 403 所，占全国普通高校总数的比例仅为 14.48%。

① 2018年中国民办高等教育行业学校数量占比及渗透率增长空间分析. 2018-05-17. http://free.chinabaogao.com/wenti/201805/051I3M0R018.html.

表 9-2　2017 年中国首批“双一流”建设高校及其所在地区

序号	大学	所在地区	序号	大学	所在地区
1	北京大学	北京	22	厦门大学	福建
2	中国人民大学	北京	23	山东大学	山东
3	清华大学	北京	24	中国海洋大学	山东
4	北京航空航天大学	北京	25	武汉大学	湖北
5	北京理工大学	北京	26	华中科技大学	湖北
6	中国农业大学	北京	27	中南大学	湖南
7	北京师范大学	北京	28	中山大学	广东
8	中央民族大学	北京	29	华南理工大学	广东
9	南开大学	天津	30	四川大学	四川
10	天津大学	天津	31	电子科技大学	四川
11	大连理工大学	辽宁	32	重庆大学	重庆
12	吉林大学	吉林	33	西安交通大学	陕西
13	哈尔滨工业大学	黑龙江	34	西北工业大学	陕西
14	复旦大学	上海	35	兰州大学	甘肃
15	同济大学	上海	36	国防科技大学	湖南
16	上海交通大学	上海	37	东北大学	辽宁
17	华东师范大学	上海	38	郑州大学	河南
18	南京大学	江苏	39	湖南大学	湖南
19	东南大学	江苏	40	云南大学	云南
20	浙江大学	浙江	41	西北农林科技大学	陕西
21	中国科学技术大学	安徽	42	新疆大学	新疆

资料来源：根据教育部网站公布的资料整理，http://www.moe.gov.cn/

从 2017 年中国教育部公布的“双一流”建设高校的地区分布上看，首批 42 所“双一流”建设高校过度集中在了北京、上海等东部经济发达地区和陕西、湖北、湖南等中部文化大省，而西藏、青海、宁夏、贵州、广西等西部地区以及山西、河北等省份则一所也没有。[①]其实，教育部在确定“双一流”学校时已考虑到了中西部地区，从之前的“211 工程”大学和“985 工程”大学等教育部重点资助大学看，高等教育区域不均衡状况则更为明显。

① 2022 年 2 月，中国教育部公布了第二轮“双一流”建设高校及建设学科名单，入围的 147 所高校虽然分属中国 31 个省区市，但区域分布不均衡的状况依然明显。

从“211 工程”大学和“985 工程”大学的区域分布看，中国教育部重点高校过度集中在北京、江苏、上海等东部沿海地区，位于中西部内陆地区的高校数量很少。截至 2017 年中国教育部公布首批“双一流”大学之前，就“211 工程”大学的区域分布看，拥有数量排名前 5 位的地区（北京、江苏、上海、陕西、湖北）合计 59 所，占 112 所学校总数的比例为 52.7%，而河北、山西、内蒙古、浙江、江西、河南、广西、海南、贵州、云南、西藏、甘肃、青海、宁夏等 14 个地区都各自只有 1 所，14 个地区合计所占比例仅为 12.5%；而从“985 工程”大学的区域分布看，拥有数量排名前 5 的地区（北京、上海、湖南、陕西、天津）合计 20 所，占 39 所学校总数的 51.3%，但有 13 个地区一所“985 工程”大学也没有。①

高校数量区域分布的不均衡必然造成各地区人均高校数量存在很大差异，进而会造成不同地区劳动力人均受教育年限的差异。从每百万人拥有的高校数量看（表 9-3），拥有高校数量最多的 5 个地区分别为北京、天津、上海、宁夏、辽宁，其中北京为 4.01 所，最少的 5 个地区分别为四川、广东、贵州、河南和云南，其

表 9-3　2012 年我国不同地区每百万人拥有的高校数量　（单位：所）

地区	高校数量	地区	高校数量	地区	高校数量
北京	4.01	安徽	1.79	四川	1.06
天津	3.18	福建	2.05	贵州	1.18
河北	1.30	江西	1.67	云南	1.27
山西	1.86	山东	1.28	西藏	1.95
内蒙古	1.85	河南	1.19	陕西	2.10
辽宁	2.14	湖北	1.66	甘肃	1.44
吉林	1.75	湖南	1.60	青海	1.40
黑龙江	2.01	广东	1.13	宁夏	2.16
上海	2.65	广西	1.30	新疆	1.52
江苏	1.62	海南	1.92	平均	1.78
浙江	1.46	重庆	1.80		

资料来源：根据 2012 年中国各地区高校数量与人口数计算；高校数量来自教育部公布的资料，http://www.moe.gov.cn/；人口数根据中国统计年鉴，http://www.stats.gov.cn/tjsj/ndsj/2013/indexch.htm

① 根据教育部“211 工程”学校名单和“985 工程”学校名单整理，http://www.moe.gov.cn/srcsite/A22/s7065/200512/t20051223_82762.html；http://www.moe.gov.cn/srcsite/A22/s7065/200612/t20061206_128833.html.

中四川仅为 1.06 所，约为北京的 1/4。高校地区分布的严重不均直接影响了高等教育供给的地区均衡，其长期累积的结果必然会造成各地区形成的人力资本数量的不均衡，并直接影响不同地区的劳动生产率增长和人均收入提高的速度。

影响高等教育供给区域分布不均衡的原因很多，其中主要原因可以归结为以下三方面：一是区域经济发展程度的不均衡。如上所述，中国高校集中分布在东部沿海经济发达地区，究其原因是经济发展程度与高等教育发展水平存在相互影响。相关研究表明，虽然地区高等教育发展规模的差异没有显示出如地区经济发展那样明显的差异，但地区的高等教育发展程度和地区的人均 GDP 水平呈显著相关，由此表明了高等教育发展从根本上离不开经济发展水平的支持（晏成步，高金岭，2009）。一般来说，经济发展较好的地区对高素质人才的需求相对比较旺盛，对高等教育的投资意愿和投资力度也就较大，进而导致该地区高等教育资源供给增加较快，而高素质人才供给的增长反过来又会刺激该地区经济发展进而会进一步增加其对高等教育的投资。正如本书第二章所分析的，高等教育发展与经济发展水平之间存在着相互的良性反馈机制。二是人口的规模。根据国家统计局数据显示，2020 年，中国人口排名前 10 位的省份中，除浙江外，其他 9 个省份的普通高校总数也处于前 10 位（浙江处于第 11 位），人口总数和普通高校总数排名前 10 的重合度达到 90%。原因很简单，人口基数越大，高等教育的需求也就大。三是文化底蕴。例如，2020 年，北京既非经济规模大市（经济总量排名第 13 位），也非人口大市（人口总量排名第 26 位），但按普通高校总数排名来说，其排名第 14 位，按“211 工程”高校和“985 工程”高校数量排名，以及 2017 年第一批“双一流”建设高校数量排名来说，均是高居榜首。再如陕西，2020 年，按经济总量和人口总量排名，分别处于第 14 位和第 16 位，但按普通高校数量排名来说，位于第 13 位，按“211 工程”高校和“985 工程”高校数量排名来说，分别高居第 4 位和第 3 位，其 2017 年第一批“双一流”建设高校数量高居全国第 3 位。

三、供给质量相对不高问题

相对于数量不足和分布不均衡，供给质量相对不高是新时代中国高等教育供给中存在的最大问题，是制约高等教育发展发挥对中国经济发展的实际推动作用的主要原因，由此也成为新时代高等教育发展要着力解决的核心问题。高等教育供给质量不高，从根本上讲，是高等教育培养的专业人才的素质和能力相对不高。造成高等教育供给质量相对较低的原因体现在很多方面，其中既有现有高等教育办学条件方面的原因，也有现有民办高等教育质量参差不齐方面的原因，更有高等教育供求失衡方面的原因，诸多方面的原因导致中国高校培养的学生难以很好地满足新时代经济高质量发展对高素质人才的需求。

首先，许多高校的教育办学条件有待提高。高校的教育办学条件可分为硬条件和软条件两大方面。在办学硬条件上，伴随着高校招生规模的扩张，中国国内很多大学在不同程度上存在着教学生活用房紧张、仪器设备和实践实习基地不足等问题。办学硬条件的不足会直接影响在校大学生的学习质量。在办学软条件上，中国许多高校不同程度地存在着大学师资总量不足与质量欠缺等问题。

统计显示，中国普通高等学校的生师比由 2000 年的 16.3∶1 上升到 2020 年的 18.37∶1。[①]中国高校的生师比不仅远高于同期发达国家的水平，甚至高于同期整个世界的平均水平。中国研究生的生师比相对更高，许多高校中一个导师同时带 10 多名甚至数十名研究生的现象较为普遍。此外，中国高校师资队伍良莠不齐，整体水平不高，师资数量不足与质量不高成为制约中国高等教育质量提升的一大瓶颈。

其次，民办高等教育质量普遍偏低。为满足社会对高等教育需求的快速增长，党中央提出要实现办学主体多元化、努力发展民办高等教育，并由此制定了“积极鼓励、大力支持、正确引导、加强管理”的民办教育发展方针。但在中国民办高等教育发展的实践中，许多人简单地将发展民办高等教育等同于高等教育产业化、商业化，加上各级政府在发展民办高等教育问题上存在的越位与缺位问题，导致近些年来中国民办高等学校的数量在快速扩张的同时，民办高校的质量与公办高校相比存在着很大差异，一些民办高校甚至缺乏最基本的师资力量，与之相随的是管理混乱、教育教学质量低下等一系列民办高等教育发展中出现的问题，导致民办高等教育供给质量总体较低，难以达到国家和社会的期望，远不能满足

---

① 根据中国国家统计局统计数据计算，http://data.stats.gov.cn/easyquery.htm?cn=C01.

国家经济高质量发展对高素质人才的需求，也并不能有效地担负起推动高校办学主体多元化的目标。

最后，高等教育供求存在的结构失衡也是导致高等教育总体质量不高的重要原因，许多高校培养的大学毕业生难以很好地满足新时代经济社会发展的需求。实际上，不论是发达国家还是发展中国家，教育供求结构之间的矛盾都不同程度地存在着。中国不同层次的教育同样存在供求结构失衡的问题，而高等教育方面尤为严重。高等教育供求结构失衡的实质是高等教育供给的人才结构与经济社会发展对不同层次、不同专业的高素质人才需求的结构不相适应。众所周知，伴随着科学技术和生产力的不断发展，中国的产业结构不断变化，经济社会的发展对劳动力的需求结构也随之不断变化。然而，中国许多高等教育机构的招生计划、专业设置、课程设置等不同程度上存在着调整相对过慢的问题，不能及时适应经济社会发展对劳动力需求结构变化的需要，由此导致高等教育培养的人才的专业结构和层次结构难以满足经济社会发展对高等专业人才结构的需求，高校毕业生的就业岗位所需要的知识技能与所学专业的相关性不高，许多高校的部分专业设置与社会需要严重脱节，导致高等教育发展培养的学生难以很好地满足社会的需求，进而也大大降低了高等教育发展对经济社会发展的实际贡献。

更为重要的是，中国多数高校存在着重科研轻教学、教学重内容传授轻学生能力提升的问题，从而更加不利于高等教育供给质量的提高。大学是培养高级专业人才的场所，培养的人才的质量是考评高校质量和高校教师绩效的基本标准。然而，中国目前的高校考评体系偏重科研成果，各种大学排名看重的是科研项目、学术论文、成果获奖，导致多数高校和高校教师存在重科研而轻教学的问题，高校教师包括不同级别的名校名师在教学精力和时间上的投入不足，对教学的重视程度普遍不够。在具体的教学内容与教学模式上，多数高校教师仍然存在着重专业知识内容的传授而轻学生创新创业能力提升的问题。加速产业升级与经济发展方式转型、实现中高等收入阶段的跨越与经济的高质量发展需要的更多的是高素质、创新型的高级人才，在大学教学过程中，专业知识内容的传授固然不可缺少，但更重要的是引导、培养学生的知识素养和创新能力的提升。正如教育部高等教育教学评估中心原主任吴岩所说：“我们要首先明白大学是干什么的，大学是培养人才的，现在的问题是科研论文成为评价老师的主要方式，不重视

课堂教学，这种做法得改变。双一流大学的建设，首先是要做好一流的本科教育。”（刘旭，2016）

高等教育供给的数量不足、区域分布的不均衡和质量不高等问题是新时代中国高等教育改革与发展中存在的不能忽视的问题。这些问题的产生既与中国经济社会发展所处的阶段有关，也与政府和民间对高等教育投资的相对不足、高等教育管理体制改革的相对滞后、高等教育机构自身评价标准与评价机制存在偏差等因素有关。当前中国正处于从中高收入阶段向高收入阶段跨越的前夜，基于经济高质量发展的要求，解决中国高等教育中存在的问题，需要加强高等教育供给侧改革，采取有效措施推动中国高等教育的优先发展、结构优化与质量提升。

第三节　高质量发展背景下高等教育发展的战略与措施

伴随着经济全球化发展的是知识经济的日新月异，由此决定了技术创新是现代经济发展的核心。目前中国在总体上仍缺乏自主创新能力，特别是核心关键技术的自主创新能力，这是中国国家经济能力的最大弱点。人力资本质量不高和创新性人才培养水平的滞后极大地制约了中国自主创新能力的提升（梁军，2016b），为此，要提升科学技术创新水平、推动经济高质量发展、实现对中等收入陷阱的顺利跨越，中国必须大力发展高等教育。经济高质量发展需要我们在高等教育发展上坚持优先发展战略、结构优化战略和质量提升战略。

一、高等教育优先发展战略及其措施

实行高等教育优先发展战略，就是在教育发展战略上坚持高等教育改革的优先推进、高等教育投入的优先保障和高等教育事业的优先发展。

一个国家能否顺利跨越中等收入陷阱，取决于很多因素，从长远和根本上来说要靠教育。党的十九大报告指出，建设教育强国是中华民族伟大复兴的基础工

程，必须把教育事业放在优先位置，深化教育改革，加快教育现代化，办好人民满意的教育。高等教育是培养高级专业化人力资本的基本途径。相对于中小学教育，高等教育发展在培养创新型人才队伍、推动国家和社会科技创新发展方面独具优势。当前中国正处于跨越中高收入阶段的重要时期，跨越的关键是实现经济发展方式从高速增长向高质量发展的真正转变，推动产业升级和经济结构升级，保持经济持续稳定的增长，实现经济高质量发展。支撑产业升级和经济结构升级的人才结构必然是以高级专业化人才为核心的人才结构，这决定了中国的教育发展战略应适时地转向高等教育优先发展战略。从现实来说，虽然当前中国的高等教育已经进入普及化阶段，但高等教育供给数量的不足仍是制约科技创新和经济发展的主要问题之一。为此，发展教育必须转向坚持高等教育的优先发展，大力发展高等教育事业。

实施高等教育优先发展战略，需要一系列的战略措施作为保障。

第一，优先发展高等教育，要不断加大各级政府对高等教育的投资力度。政府投资是高等教育经费最为重要且稳定的来源，而且政府对高等教育的投资具有不可推卸的责任。因此，实现高等教育优先发展，扩大高等教育供给总量，首先应该逐步加大各级政府对高等教育的财政投入力度。要加大政府财政投入力度，前提则是要提高财政收入占 GDP 的比重。因此，应采取各种有效措施增加政府的财政收入，完善现行的财税体制，加强财税监督管理，严厉打击偷税漏税行为，落实个人所得税等各种税收政策，有效增强政府的教育投资能力。其次，要完善高等教育投资立法，用法律来保障各级政府对高等教育的财政投入。应在充分借鉴国外经验的基础上，制定专门的高等教育投资法，对各级政府承担的高等教育投资责任及相应的法律义务做出明确规定，从法律上保证国家教育投资政策的落实。最后，国家应出台硬性规定，把保持高等教育经费持续稳定增长作为一项基本要求。从国家层面来说，要确保高等教育公共财政支出绝对量和相对量同时增长；从地方层面来说，要确保地方政府在高等教育投入及比例上实现双增长，确保生均拨款水平达到国家规定的要求；从高校层面来说，则要确保教育教学经费比例逐年上升。

第二，优先发展高等教育，要不断探索和完善多元化的高等教育投资体制。经过不断的深化改革，中国高等教育投资体制的多元化有了一定程度的发展，但教育经费主要依赖各级政府财政投入的状况并没有得到根本性的改善。偏向单一型的高等教育投资体制，一方面大大抑制了民间的投资热情，另一方面也会造成高等教育资源的浪费和投资效率的低下。为此，需要进一步探索和完善中国的高等教育投资体制，使国家、企业和个人在高等教育投资方面各有侧重、共同负担，积极鼓励社会企业通过积极办学、无偿捐赠、设立奖学金等方式参与高等教育投资，以缓解政府财政投入存在的缺口。

第三，优先发展高等教育，要坚持高等教育的多种办学方式，继续大力发展民办高等教育。尽管与20世纪八九十年代相比，中国的民办高校有了较快发展，但与发达国家相比，中国民办高等教育的发展仍然滞后，这不利于调动社会各个阶层高校办学的积极性，不能充分挖掘民间高等教育的办学潜力，也会阻碍高等教育供给总量的继续扩大。因此，需要进一步改革高等学校办学体制和高等教育管理体制，消除束缚民办高等教育发展的消极因素，为高等教育供给扩大创造条件。一是进一步解放思想，消除束缚民办高等教育发展的思想枷锁，改变“单一靠政府办教育”的传统观念，树立“全民教育全民办”的观念。二是放宽政策，允许民办高等教育者适当盈利。适当对民办高等教育者进行物质利益刺激有利于激发其办学的积极性，政府的责任是积极监督指导，规范民办高校的各种行为。三是政府应对民办高等教育进行适当的财政支持。高等教育具有准公共产品性质（梁军，2000），这决定了民办高校的外部正效应，根据责任与义务对称原则，政府应对民办高等教育所获得的私人收益低于私人成本的部分加以适当补偿，补偿的方法除了包括直接财政资助外，还包括税收优惠或税费减免等。为此，政府需要制定相应政策，积极引导社会力量投资和发展高等教育。

二、高等教育结构优化战略及其措施

高等教育结构优化的目标在于纠正高等教育结构的失衡。高等教育结构失衡在很大程度上意味着高等教育供给过剩与高等教育供给不足同时存在，在高等教育有效供给短缺的同时又存在高等教育无效供给的现象。新时代中国高等教育存在的结构失衡表现在很多方面，前文强调的高等教育地区分布不均衡就是高等教育结构失衡的一种表现，此外，中国高等教育结构失衡还突出地表现在办学层次结构的失衡和学科专业布局结构的失衡等诸多方面。

对于高等教育结构失衡的问题，不能单纯地通过扩大供给或减少供给来实现平衡，应该着眼于“扩大短缺供给”和“抑制过剩供给”并举的原则，实行高等教育结构优化战略。具体来说，实行高等教育结构优化战略，就是要不断优化高等教育的层次、地区以及学科专业等结构，使高等教育的办学层次、地区分布以及学科专业更为合理化，不断适应社会经济发展对高素质人才的需要，满足人民群众对优质高等教育的需求。

实现高等教育结构优化也需要一系列的战略措施作为保障，其中，重点是不断优化高等教育的层次结构、地区结构以及学科专业结构，积极扩大短缺供给、抑制过剩供给，促进高等教育供给结构与社会经济发展对高等教育的需求结构相吻合。

首先，要不断优化高等教育的层次结构。迈入中等收入阶段后，伴随着高等教育规模的扩张，中国高等教育逐步进入大众化时代，高等教育层次结构也不断趋于多元化。当前，中国高等教育主要分为三大层级：一是最高层次的研究生教育；二是以专业型人才培养为目标的普通本科教育；二是以应用型人才培养为目标的高等职业教育。不同层次的高等教育培养的是不同层次、不同类型的高级人才。与成功跨越中等收入陷阱国家更注重更高层次的研究生教育和大力发展高等职业教育不同，当前中国高等教育的办学层次结构仍然以普通本科教育为主。现有的高等教育办学层次结构与中国经济社会发展对高层次创新型人才和高等职业型人才的大量需求并不适应，在高等教育总量供给不足的同时，存在着层次结构上的无效供给。为此，中国高等教育的改革与发展应坚持高等教育招生增量继续向高等职业教育和应用型本科教育倾斜，研究生教育招生增量继续向专业型研究生教育倾斜，同时使一般本科生的招生数量保持稳定乃至适当减少。

其次，要不断优化高等教育的地区结构。如上所述，中国高等教育发展存在着较为严重的地区分布不均衡问题，江苏、山东和广东等经济大省和河南、湖南等人口大省的高校比较集中，而西藏、青海、宁夏和新疆等西部地区的高校数量偏少。高等教育地区结构优化的重点是高等教育的布点要重点向中西部地区倾斜。要切实改变高等教育地区布局“重东轻西”的传统做法，从国家“一带一路”的发展需求和区域经济协调的战略发展需求出发，重新调整高等教育的地区结构布局，大幅提高中西部地区高等教育的供给比重。

最后，要不断优化高等教育的学科专业结构。促进中国高等教育的学科结构优化，首先要面向社会需求，制定合理的招生计划。这需要高等教育各级管理部门特别是各高校在设置学科专业以及确定各学科专业的具体招生人数与比例时，应全面分析社会经济产业结构、劳动力需求结构、社会人口数量等状况，特别是考虑处于中等收入阶段中国的产业结构和就业结构的变化、技术升级以及国家自主创新的需要。毕业生就业率是当前衡量高校学科专业结构是否合理的一个重要指标。高等教育主管部门和各高校应充分考虑各学科专业毕业学生的就业率，适时调整学科专业设置及各专业人数。人才培养要适应社会需求，最为重要的是尽可能准确地把握社会需求的真实信息，构建通畅的信息传递渠道。为此，相关高等教育管理部门应该对高等教育发展进行科学预测，并鼓励社会非官方高等教育预测评估机构的发展。

三、高等教育质量提升战略及其措施

提高教育质量是高等教育发展的生命线。提高高等教育质量既是世界各国进入高等教育大众化阶段后面临的共同问题，也是当前中国高等教育改革的主要目标。如上所述，相对于数量不足和分布不均，质量不高是新时代中国高等教育供给中存在的最大问题。这一问题如果不能得到很好解决，不仅难以满足广大受教育者的需求，也从根本上制约着高等教育对社会经济发展的实际推动作用。

为此，迈入中等收入阶段特别是成功迈入中高收入阶段后，中国的高等教育发展在继续有效扩大供给总量的基础上，应着力实行教育质量提升战略，推动高等教育从规模扩张的外延式发展向质量提升的内涵式发展转变。党的十九大报告提出：加快一流大学和一流学科建设，实现高等教育内涵式发展。实施高等教育质量提升战略，就是要不断提升高等教育的供给质量，提高高校学生的培养质量，提供符合社会需求的高质量的合格人才。要提升高等教育质量，针对当前阻碍高等教育质量提升的各种因素，需要采取以下战略措施。

首先，要花大力气加强高校师资队伍建设。习近平总书记在全国教育大会上说：“教师是人类灵魂的工程师，是人类文明的传承者，承载着传播知识、传播思想、传播真理，塑造灵魂、塑造生命、塑造新人的时代重任。”[①]《荀子·大略》中也写道：“国将兴，必贵师而重傅。”师资队伍建设是提升教育教学质量的重要一环。国家应加快实施高校师资队伍提升计划，在切实解决师资队伍总量不足问题的基础上，实施师资队伍能力培养计划，进一步加大“双师型”教师队伍建设，深入实施重大人才引进工程和培育工程，狠抓师德师风建设，强化高校教师的业务水平和教学能力。要不断提高高校教师工资水平，提高教师职业吸引力，把最优秀的人才吸引到大学师资队伍中来，用最优秀的人培养更优秀的人。合理的工资水平是提高教师职业吸引力、吸引和稳定优秀人才从教的重要影响因素。有研究表明，工资水平是吸引和保留合格教师、减少教师流失、保障教师供给数量和质量的重要因素（Hanushek et al.，2004；Bacolod，2007），教师工资水平对学生学业成就存在着显著的正向影响（Loeb，Page，2000）。

其次，要深化高校科研管理体制改革，推进人才培养和科学研究的融合发展。要积极探索教学与科研深度融合的机制与途径，不断完善高校科研优势向人才培养优势的转化机制。为此，国家相关部门要改革创新高校科研经费的使用方式，建立科研反哺教学、反哺人才培养的机制；要进一步改革科研管理方式，并坚持高水平教授本科教学常态化制度；引导高校重视实践教学改革，及时引入科研成果来改造和丰富教学实践，推进科研团队与教学团队融合的一体化建设。

再次，要大力推进高等教育评价改革，建立符合科学规律的高等教育评价制度。高等教育评价改革要从以往学科发展需求导向真正转向社会需求导向，从重视学科建设转向学科建设、人才培养和科学研究的“三位一体”建设，强调教研相长，以高水平科研支撑高质量人才培养，强调以培养高质量人才为根本。不断完善高等教育评估工作方式，让“学生为本”“人才培养为本”的理念融入高等教育评价，逐步形成高等教育质量高校自我保障的长效机制。

最后，要加快推进高等教育的管办分离，强化依法办学，完善内外联动的高等教育质量保障体系。政府应进一步简政放权，充分释放高校自身的办学活力，推动高校积极主动地适应经济社会发展需要。为此，需要国家加强高等教育立法

---

① 习近平在全国教育大会上发表重要讲话. 2018-09-10. http://edu.people.com.cn/n1/2018/0910/c1053-30283652.html.

工作，为高等教育质量保障体系建设提供法律保障，理顺国家、地方和学校之间在高等教育质量保障中的关系，引导高校以提高教育质量为目标分类设置、合理定位、办出特色。

综上所述，新时代中国的经济发展已经由高速增长阶段步入高质量发展阶段，经济高质量发展需要高等教育的高质量发展。当前中国的高等教育发展仍然存在着许多不能忽视的问题，并比较突出地体现在供给数量的进一步增加、供给分布的不均衡与供给质量的相对偏低等方面。在高收入阶段的前夜，为推动中高收入阶段向高收入阶段的顺利跨越，中国应以优先发展、结构优化和质量提升为核心，加快高等教育发展，推动高等教育在投资体制、办学体制和行政管理体制等方面进一步深化改革。百年大计，教育为本；国运兴衰，系于教育。大力发展高等教育对于中国顺利实现收入阶段跨越意义重大。尽管头绪众多，任务艰巨，但我们相信，在党中央、国务院和国家教育管理部门、全国高校和广大高等教育工作者的共同努力下，中国高等教育改革与发展的目标一定会顺利实现，从而为国家经济社会的发展、国民人均收入的提升、中等收入阶段的顺利跨越发挥应有的推动作用。

参考文献

埃尔赫南·赫尔普曼, 2007. 经济增长的秘密. 王世华, 吴筱, 译. 北京: 中国人民大学出版社.

蔡昉, 2008. 中国经济如何跨越“低中等收入陷阱”? 中国社会科学院研究生院学报, (1): 13-18.

蔡昉, 2011. “中等收入陷阱”的理论、经验与针对性. 经济学动态, (12): 4-9.

蔡昉, 2012. 未富先老与中国经济增长的可持续性. 国际经济评论, (1): 82-95, 5.

蔡昉, 2013. 中国经济增长如何转向全要素生产率驱动型. 中国社会科学, (1): 56-71, 206.

蔡昉, 王美艳, 2014. 中国面对的收入差距现实与中等收入陷阱风险. 中国人民大学学报, (3): 1-7.

蔡克勇, 1997. 我国高等教育体制改革及其综合效益分析. 北京: 人民教育出版社.

蔡增正, 1999. 教育对经济增长贡献的计量分析——科教兴国战略的实证依据. 经济研究, (2): 39-48.

陈彩娟, 2012. 借鉴日韩新发展经验: 跨越“中等收入陷阱”. 未来与发展, (6): 39-43, 38.

陈彩娟, 2015. “中等收入陷阱”: 国际经验教训与我国跨越路径选择. 杭州: 浙江大学出版社.

陈钊, 徐彤, 2011. 走向“为和谐而竞争”: 晋升锦标赛下的中央和地方治理模式变迁. 世界经济, (9): 3-18.

程虹, 2018-01-17. 高质量发展关键在于人. 第一财经日报, 第 A11 版.

程懋辉, 1987. 科技进步统计指标体系与衡量科技进步作用的统计方法. 统计研究, (1): 45-49.

楚红丽, 2001. 邓小平教育经济思想探微. 社会科学研究, (2): 149-153.

达摩达尔·古扎拉蒂, 2005. 计量经济学基础. 费剑平, 译. 北京: 中国人民大学出版社.

邓小平, 1993. 邓小平文选(第三卷). 北京: 人民出版社.

窦鹏飞, 陈诗波, 2012. 我国科技创新能力的绩效评估与影响因素分析. 科技进步与对策, (7): 133-138.

杜海清, 2015. 日本研究生教育发展轨迹探析——兼论其对大学师资供需的影响. 理论经纬, (1): 274-283.

范先佐, 2014. 教育经济学. 北京: 中国人民大学出版社.

高世楫, 卓贤, 2011. 发展中国家落入“中等收入陷阱”的原因分析和启示. 理论学刊, (12): 33-37.

高伟, 2010. 中等收入陷阱假说. 人民论坛, (19): 12-13.

高文书, 2014. 中等收入阶段的人力资本积累研究. 华中师范大学学报(人文社会科学版), (5): 36-42.

高益民, 2003. 战后日本高等教育发展的阶段性特征. 比较教育研究, (12): 31-37.
郭海湘, 黄毓芝, 诸克军, 等, 2008. 中国及各地区教育经济贡献率的软计算. 中国软科学, (9): 27-38.
郭庆旺, 贾俊雪, 2005. 中国全要素生产率的估算: 1979—2004. 经济研究, (6): 51-60.
韩宗礼, 1990. 我国教育投资的经济效益探评. 教育与经济, (1): 13-17.
胡建华, 2001. 百年回顾: 20 世纪的日本高等教育. 南京大学学报(哲学・人文科学・社会科学版), (4): 153-160.
华生, 汲铮, 2015. 中等收入陷阱还是中等收入阶段. 经济学动态, (7): 4-13.
黄福涛, 1997. 战后韩国研究生教育的发展改革与启示. 黑龙江高教研究, (3): 107-110.
黄梅波, 朱丹丹, 2015. 中国经济转型与跨越"中等收入陷阱". 福建论坛(人文社会科学版), (4): 5-12.
霍米・卡拉斯, 2011. 中国向高收入国家转型——避免中等收入陷阱的因应之道. 载林重庚, 迈克尔・斯宾塞, 中国经济中长期发展和转型: 国际视角的思考与建议. 余江, 等译. 北京: 中信出版社, 470-501.
吉田文, 沈晶晶, 2001. 日本远程教育的现状与未来. 陕西广播电视大学学报, (4): 61-65.
江时学, 2013. "中等收入陷阱": 被"扩容"的概念. 国际问题研究, (2): 122-131.
姜耀东, 2016-01-27. 从高校获国家奖 7 成以上谈双一流大学建设. 上海科技报, 第 8 版.
金永久, 2007. 韩国大学评价的新范式: 基于知识产出的大学评价模式. 韩国教育开发, (3): 34-40.
蓝庆新, 彭一然, 2020. 日本"数字新政"战略动机与发展特征. 人民论坛, (25): 128-131.
李金奇, 2002. 从失衡到调适: 我国高等学校内部管理体制改革的基本途径. 湖北社会科学, (12): 90-92.
李立国, 黄海军, 2015-12-08. 跨越中等收入陷阱高等教育作用更重大. 光明日报, 第 13 版.
李云驰, 陈晓飞, 2013. 我国高等教育供给: 问题、原因与对策. 新视野, (5): 83-86.
厉以宁, 2012. 论"中等收入陷阱". 经济学动态, (12): 4-6.
梁军, 2000-10-26. 高校收费的一种经济学解释. 社会科学报, 第 2 版.
梁军, 2009. 教育发展对中国经济增长影响的实证分析——基于 1980—2006 年的时间序列数据. 教育学报, (2): 100-108.
梁军, 2013. 简论日本经济持续萧条的原因与影响. 日本学刊, (6): 67-86.
梁军, 2014. 劳动生产率增速变动与日本经济长期低迷. 日本学刊, (6): 93-109.
梁军, 2016a. 高等教育推动中国跨越中等收入陷阱研究. 北京: 科学出版社.
梁军, 2016b. 教育发展、人力资本积累与中国经济增长——基于 1978—2014 年数据的实证研究. 教育学报, (4): 79-88.
梁军, 赵青, 2018. 教育人力资本及其溢出效应对中国科技创新的影响研究——基于省际面板数据的经验分析. 上海大学学报(社会科学版), (6): 122-131.
林岗, 王一鸣, 黄泰岩, 等, 2011. 迈过"中等收入陷阱"的中国战略: 2010 年中国经济改革发展报告. 北京: 经济科学出版社.
林钜垌, 2012. 邓小平、江泽民和胡锦涛的教育经济思想比较研究. 教育观察, (1): 45-49.
林李楠, 程程, 2015. 高校生均事业性经费支出的地区差异研究. 黑龙江高教研究, (9): 76-78.
刘福垣, 2011. 中等收入陷阱是一个伪命题. 南风窗, (16): 76-78.

刘旭, 2016-04-08. 2019 年大学毛入学率将超 50%. 北京青年报, 第 11 版.
刘志民, 2007. 教育经济学. 北京: 北京大学出版社.
柳瑞禹, 何志明, 范如国, 2016. 中部六省科技创新效率与影响因素研究. 资源开发与市场, (3): 277-283.
卢万青, 史怡好, 2013. 跨越“中等收入陷阱”的国别比较. 商业研究, (3): 180-185.
陆根尧, 朱省娥, 2004. 中国教育对经济增长影响的研究. 数量经济技术经济研究, (1): 17-21.
陆铭, 陈钊, 万广华, 2005. 因患寡，而患不均——中国的收入差距、投资、教育和增长的相互影响. 经济研究, (12): 4-14.
罗格纳·纳克斯, 1966. 不发达国家的资本形成问题. 谨斋, 译. 北京: 商务印书馆.
马陆亭, 2008. 我国高等教育管理体制改革 30 年——历程、经验与思考. 中国高教研究, (11): 13-15.
马晓河, 2011. 迈过“中等收入陷阱”的结构转型——国际经验教训与中国挑战. 农村经济, (4): 3-10.
马岩, 2009. 我国面对中等收入陷阱的挑战及对策. 经济学动态, (7): 42-46.
马岩, 2011. 中等收入陷阱的挑战及对策——中国经济增长方式的国际视角. 北京: 中国经济出版社.
彭国华, 2007. 我国地区全要素生产率与人力资本构成. 中国工业经济, (2): 52-59.
彭旸, 刘智勇, 肖竞成, 2008. 对外开放、人力资本与区域技术进步. 世界经济研究, (6): 24-28.
秦其文, 2007. 人的思想观念素质是人力资本的最重要内容. 重庆社会科学, (10): 22-26.
清华大学社会学系社会发展课题组, 孙立平, 清华大学凯风发展研究院社会进步研究所, 2012. “中等收入陷阱”还是“转型陷阱”. 开放时代, (3): 125-145.
全毅, 2012. 跨越“中等收入陷阱”: 东亚的经验及启示. 世界经济研究, (2): 70-75.
沈桂龙, 2015. 美国创新体系: 基本框架、主要特征与经验启示. 社会科学, (8): 3-13.
沈红, 1992. 美国高等教育发展对科技进步的推动作用. 高等教育研究, (2): 63-69.
施晓光, 2004. 我国大学内部管理制度之检讨与改造. 沈阳师范大学学报(社会科学版). (1): 90-94.
世界银行和国务院发展研究中心联合课题组, 2013. 2030 年的中国: 建设现代、和谐、有创造力的社会. 北京: 中国财政经济出版社.
舒元, 徐现祥, 2002. 中国经济增长模型的设定: 1952—1998. 经济研究, (11): 3-11.
斯蒂芬·帕伦特, 爱德华·普雷斯科特, 2010. 通向富有的屏障. 苏军, 译. 北京: 中国人民大学出版社.
宋大钊, 许飞飞, 2014. 韩国研究生教育及启示. 煤炭高等研究, (3): 78-82.
孙世路, 1981. 战后日本高等结构的演变. 比较教育研究, (2): 1-13.
田春生, 2013. “中等收入陷阱”有关研究的梳理. 人民论坛, (3): 6-7, 256.
田大洲, 2009. 我国产业科技人力资源对科技创新的贡献. 全球科技经济瞭望, (11): 42-45.
田国强, 陈旭东, 2015. 中国如何跨越“中等收入陷阱”——基于制度转型和国家治理的视角. 学术月刊, (5): 18-27.
田庆华, 李廷瑞, 2012. 教育发展对我国东部地区经济发展影响的实证研究. 统计与决策, (13): 136-138.
田思路, 贾秀芬, 2012. 日本非正式员工的“社会排斥”与权利回归. 日本学刊, (6): 123-137, 162.

王绍光, 2018. “中等收入陷阱”是个伪命题. 文化纵横, (6): 104-111.
王一鸣, 2011. 跨越“中等收入陷阱”的战略选择. 中国投资, (3): 24-29.
王玉珣, 1991. 孔子教育经济思想探微. 教育与经济, (2): 61-66.
魏晓栋, 2011. 中国普通高校生均教育经费变化分析与国际比较. 出国与就业, (15): 123.
沃尔特·罗斯托, 2001. 经济增长的阶段: 非共产党宣言. 郭熙保, 王松茂, 译. 北京: 中国社会科学出版社.
巫和懋, 冯仕亮, 2014. 人力资本投资与跨越“中等收入陷阱”. 当代财经, (8): 5-14.
吴敬琏, 2006. 中国增长模式抉择. 上海: 上海远东出版社.
伍业君, 张其仔, 2011. “中等收入陷阱”的理论解释. 产业经济评论, (4): 69-80.
西奥多·舒尔茨, 1982. 教育的经济价值. 曹延亭, 译. 长春: 吉林人民出版社.
西蒙·库兹涅茨, 1989. 现代经济增长. 戴睿, 易诚, 译. 北京: 北京经济学院出版社.
习近平, 2019. 深入理解新发展理念. 实践(思想理论版), (6): 5-10.
项贤明, 2010. 教育发展与国家竞争力的理论探析. 比较教育研究, (6): 1-7.
谢延龙, 2005. 当前我国高等教育管理体制存在的问题及对策. 广东工业大学学报(社会科学版), (1): 5-8.
晏成步, 高金岭, 2009. 大众化进程中我国高等教育与经济发展的空间特征探析. 现代大学教育, (6): 39.
晏月平, 李新宇. 2018. 人口红利期结束对我国跨越“中等收入陷阱”带来的挑战与机遇. 人口与社会, (1): 19-31.
杨承训, 张新宁, 2012. 科学运用“两期论”把握阶段性特征——兼析“中等收入陷阱”论的非科学性. 政治经济学评论, (1): 93-104.
姚东旻, 宁静, 韦诗言, 2017. 老龄化如何影响科技创新. 世界经济, (4): 105-128.
姚先国, 张海峰, 2008. 教育、人力资本与地区经济差异. 经济研究, (5): 47-57.
姚洋, 2011. 中等收入陷阱不是臆想. 南风窗, (17): 8.
姚洋, 2016. 深入的工业化是跨越中等收入陷阱的关键. 财经界, (7): 56-58.
姚益龙, 2004. 有关教育与经济增长理论的文献综述. 学术研究, (3): 32-36.
姚枝仲, 2014. 什么是真正的中等收入陷阱? 国际经济评论, (6): 75-88.
印德尔米特·吉尔, 霍米·卡拉斯, 2008. 东亚复兴——关于经济增长的观点. 黄志强, 译. 北京: 中信出版社.
余芳东, 2016. 世界银行关于国家收入分类方法及问题探讨. 中国统计, (6): 32-35.
袁振国, 等, 2013. 跨越中等收入陷阱国家教育变革的重大启示. 北京: 教育科学出版社.
岳昌君, 2011. 高等教育经费供给与需求的国际比较研究. 北京大学教育评论, (7): 92-104.
曾满超, 于展, 2008. 中日高等教育国际化问题研究——基于文献的分析. 教育发展研究, (21): 42-51.
翟振元, 2016. 我国高等教育由大向强的新步伐. 中国高教研究, (1): 1-3.
张德荣, 朱翔宇, 2013. “中等收入陷阱”与中国经济增长的阶段性动力问题——基于 TFPG 视角的分析. 江苏社会科学, (2): 93-102.
张其仔, 2014. 中国能否成功地实现雁阵式产业升级. 中国工业经济, (6): 18-30.
张涛, 张若雪, 2009. 人力资本与技术采用: 对珠三角技术进步缓慢的一个解释. 世界经济研究, (2): 75-82.

张勇，王慧炯，古明明, 2012. 发展教育是跨越“中等收入陷阱”的关键. 教育与经济, (2): 30-34.
张幼文，2005. 从廉价劳动力优势到稀缺要素优势——论“新开放观”的理论基础. 南开学报, (6): 1-8, 61.
张幼文，2006. 开放经济发展目标的动态演进——答华民教授的商榷意见. 国际经济评论, (1): 48-54.
张幼文，梁军, 2007. 要素集聚与中国在世界经济中的地位. 学术月刊, (3): 74-82.
赵青，梁军, 2010. 教育对经济增长影响的理论与实证分析. 中国电力教育, (22): 1-3.
赵曙明，陈天渔, 1998. 经济增长方式转型与人力资本投资. 江苏社会科学, (1): 43-48.
郑秉文, 2011. “中等收入陷阱”与中国发展道路——基于国际经验教训的视角. 中国人口科学, (1): 2-15.
支济祥, 2015. 我国高等教育投入与经济增长的关系研究. 现代经济信息, (10): 438, 475.
中共中央宣传部, 2018. 习近平新时代中国特色社会主义思想三十讲. 北京：学习出版社.
钟坚, 2002. 美国硅谷模式成功的经济与制度分析. 学术界, (3): 224-243.
周洪宇，2017-10-12. 努力让人民享受更好更公平的教育——深入学习习近平总书记教育思想(十一). 中国教育报, 第 1 版.
周学，2010. 经济大循环理论——破解中等收入陷阱和内需不足的对策. 经济学动态, (3): 48-57.
Altbach P G, 1999. Private higher education: Themes and variations in comparative perspective. Prospects, 29(3): 311-323.
Aoki M, 2012. The five-phases of economic development and institutional evolution in China and Japan. In Aoki M, Kuran T, Roland G (Eds.), Institutions and Comparative Economic Development(pp. 13-47). New York: Palgrave Macmillan.
Arellano M, Bond S, 1991. Some tests of specification for panel data: Monte Carlo evidence and an application to employment equation. The Review of Economic Studies, 58(2): 277-297.
Bacolod M, 2007. Who teaches and where they choose to teach: College graduates of the 1990s. Educational Evaluation & Policy Analysis, 29(3): 155-168.
Bassanini A, Scarpetta S, 2002. Does human capital matter for growth in OECD countries? A pooled mean-group approach. Economics Letters, 74(3): 399-405.
Becker G S, 1964. Human capital: A theoretical and empirical analysis, with special reference to education. University of Illinois at Urbana-Champaign's Academy for Entrepreneurial Leadership Historical Research Reference in Entrepreneurship.
Becker G S, 1985. Human Capital. Chicago: University of Chicago Press.
Benhabib J, Spiegel M, 1994. The role of human capital in economic development: Evidence from aggregate cross-country data. Journal of Monetary Economics, 34(2): 143-173.
Blundell R, Bond S, 1998. Initial conditions and moment restrictions in dynamic panel data models. Journal of Econometrics, 87(1): 115-143.
Chae J E, Hong H K, 2009. The expansion of higher education led by private universities in Korea. Asia Pacific Journal of Education, 29(3): 341-355.
Chen C, 2003. Mapping Scientific Frontiers: The Quest for Knowledge Visualization. London: Springer.

Dornbusch R, Edwards S, 1989. Macroeconomic populism in Latin America. NBER Working Paper, No. 2986.

Engle R F, Granger C W, 1987. Cointegration and error correction: Representation, estimation, and testing. Econometrica, 55(2): 251-276.

Goldin C, Katz L, 2001. The legacy of U.S. educational leadership: Notes on distribution and economic growth in the 20th century. American Economics Review, 91(2): 18-23.

Goldsmith R, 1951. A perpetual inventory of national wealth. NBER Studies in Income and Wealth, 14: 5-73.

Granger C W, 1969. Investigating causal relations by econometric models and cross-spectral methods. Econometrica, 37(3): 424-438.

Hall R, Jones C, 1996. The productivity of nations. NBER Working Paper, No.5812.

Hanushek E, Kain J F, Rivkin S G, 2004. Why public schools lose teachers. Journal of Human Resources, 39(2): 326-354.

Johansen S, 1991. Estimation and hypothesis testing of cointegration vector autoregressive models. Econometrica, 59(6): 1551-1580.

Jorgenson D W, Fraumeni B M, 1992. Investment in education and US economic growth. Scandinavian Journal of Economics, 94: 51-70.

Klenow P, Rodriguez-Clare A, 1997. The neoclassical revival in growth economics: Has it gone too far? NBER Macroeconomics Annual, 12: 73-103.

Kuznets S, 1966. Modern Economic Growth. New Haven: Yale University Press.

Landes D S, 1969. The Unbound Prometheus. New York: Cambridge University Press.

Liu Z, 2007. The external returns to education: Evidence from Chinese cities. Journal of Urban Economics, 61(3): 542-564.

Loeb S, Page M E, 2000. Examining the link between teacher wages and student outcomes: The importance of alternative labor market opportunities and non-pecuniary variation. Review of Economics & Statistics, 82(3): 393-408.

Lucas R E, 1988. On the mechanics of economic development. Journal of Monetary Economics, 22(1): 3-42.

Madsen J, 2014. Human capital and world technology frontier. Review of Economics and Statistics, 96(4): 676-692.

Mankiw G, Romer D, Weil D, 1992. A contribution to the empirics of economic growth. Quarterly Journal of Economics, 107(2): 407-437.

Martin T, 1973. Problems in the transition from elite to mass higher education. Coference on Future Structures of Post-Secondary Education.

Mincer J, 1958. Investment in human capital and personal income distribution. Journal of Political Economy, 66(4): 281-302.

Mitch D, 2001. The rise of mass education ang its contribution to economic growth in Europe, 1800-2000. Prepared for the Fourth European Historical Economics Society Conference, Merton College, Oxford.

Mohnen P, 1996. R & D externalities and productivity. STI Review, 18: 39-66.

Mokyr J, 1990. The Lever of Progress: Technological Creativity and Economic Progress. Oxford: Oxford University Press.

Moretti E, 2004. Worker's education, spillovers, and productivity: Evidence from plant level production functions. The American Economic Review, 94(3): 656-690.

Nelson R, Phelps E, 1966. Investment in humans, technological diffusion, and economic growth. American Economic Review, 56(2): 69-75.

Ohno K, 2009. Avoiding the middle-income trap: Renovating industrial policy formulation in Vietnam. ASEAN Economic Bulletin, 26(1): 25-43.

Petrakis P, Stamatakis D, 2002. Growth and educational levels: A comparative analysis. Economics of Education Review, 21(5): 513-521.

Pritchett L, 2001. Where has all the education gone? World Bank Economic Review, 15(3): 367-391.

Romer P M, 1986. Increasing returns long-run growth. Journal Political Economy, 94(5): 1002-1037.

Rosenberg N, 1982. Inside the Black Box. New York: Cambridge University Press.

Schultz T W, 1961. Investment in human capital. American Economic Review, 51(1): 1-17.

Simon M, 1997. Imagining ivy: Pitfalls in the privatization of higher education in Australia. Comparative Education Review, 41(4): 460-480.

Sims C, 1980. Macroeconomics reality. Econometrica, 48(1): 1-48.

Solow R, 1956. A contribution to the theory of economic growth. Quarterly Journal of Economics, 70(1): 65-94.

Solow R, 1957. Technical change and the aggregate production function. Review of Economics and Statistics, 39(3): 312-320.

Svein K, 2004. Structural changes in higher education systems in Western Europe. Higher Education in Europe, 29(3): 393-409.

Teixeira A, Natercia. F, 2004. Human capital, innovation capability and economic growth in Portugal, 1960-2001. Portuguese Economic Journal, 3: 205-225.

Uzawa H, 1965. Optimum technical change in an aggregative model of economic growth. International Economic Review, 6(1): 18-31.

Young A, 1995. The tyranny of numbers: Confronting the statistical realities of the East Asian growth experience. Quarterly Journal of Economics, 110(3): 641-680.

Yule G U, 1926. Why do we sometimes get nonsense-correlations between time series? A study in sampling and the nature of times series. Journal of the Royal Statistical Society, 89(1): 1-6.

后　记

本书是国家社会科学基金教育学一般课题（课题编号：BFA150039）的最终研究成果。

项目设计论证过程中，荣幸地得到了曲阜师范大学胡钦晓教授和张英魁教授的启发指导，项目开题过程中，华东师范大学的郑雄飞教授，曲阜师范大学的张玉忠教授、柳士斌教授、尹世久教授，日照市委党校的胡映章教授，针对项目研究的内容、思路和方法提出了许多中肯的意见和建议，对项目研究的顺利开展和本书的最终完成大有帮助。值此书稿完成与出版之际，谨对给予我们帮助的各位教授致以衷心的感谢。

时光荏苒。从一个农村孩子成长为一名大学教师，一路走来的我，得到了多位恩师的眷顾，其中包括但不限于大学期间的马立国教授和冯继康教授、博士读书期间的张幼文教授和谢康教授。各位恩师给予的学业指导、学术启发和多方提携，至今想来依然暖心满怀。老师永远是一盏明灯，照亮学生前行的路。

衷心感谢我的家人。课题研究与写作期间，远在农村的父母虽然可能并不完全明白教课之外的我在忙些什么，也并不完全理解他们的儿子为何要时常熬夜，但却毫无怨言地在物质上和精神上给予我莫大的支持。妻子是我的大学同学，与我相知相伴 30 个春秋，我取得的点滴成绩的背后离不开妻子的默默付出。书稿完成之际，正值女儿大学毕业，即将远赴重洋去海外求学。衷心祝愿我的女儿学有所成、一切顺利，衷心祝愿我的亲人一生平安。亲人的温暖，永远是我前行的动力。

本书的撰写与出版得到了科学出版社的大力支持，特别是付艳、卢淼和冯雅萌三位编辑老师付出了大量的时间和精力。没有她们的积极沟通和辛苦工作，本书的出版不会如此顺利。

此外，在高等教育发展、中等收入陷阱及其比较融合研究方面，国内外学者有着较为广泛的研究，并产生了多部不同体系、不同特色的优秀著作。拙著参考了许多专家学者的研究成果，从多位前辈的研究中吸收了营养，在此一并表示衷心的感谢。

限于著者水平，书中难免存在缺陷和不足，敬请各位专家、学者与读者批评指正。

梁 军

2022 年于曲阜师范大学日照校园